위대한 The Great Marriage 결혼

김양재 목사의 큐티강해

창세기 6

위대한 The Great Marriage 결혼

김양재 지음

QTM

이 책을 펴내며

우리 인생에서 가장 어려운 프로젝트를 꼽으라면 저는 '결혼'이라고 말하고 싶습니다. 배우자를 찾기도 어려운데, 고르고 골라서 결혼한 배우자와 끝까지 살아 내는 건 더 어렵습니다. 그래서일까요? 이 세상은 결혼도, 이혼도, 재혼도 너무나 쉽게 생각합니다.

창세기를 통틀어 가장 긴 장인 24장은 이삭의 결혼 이야기입니다. 이 결혼이 얼마나 중요한지 장장 67절에 걸쳐서 긴 호흡으로, 자세히, 반복해서 이야기하고 있습니다. 왜 그럴까요? 약속의 씨인 이삭의 결혼은 아브라함 한 가정을 넘어 인류의 구원이 달린 결혼, 하나님의 언약을 잇는 결혼이기 때문입니다. 그러므로 이삭을 신(信)결혼시키는 것은 아브라함에게 마지막 사명이자, 절체절명의 사명이었습니다. 우리도 마찬가지입니다. 믿음의 부모요, 자녀인 우리에게 가장 중요한 사명은 신결혼입니다. 가장 위대한 결혼은 화려한 결혼도, 세기의 결혼도 아니요, 신결혼입니다. 그러면 우리가 어떻게 이 신결혼을 이룰 수 있겠습니까?

저는 이 위대한 결혼의 주역으로 누구보다 사라를 주목하고 싶습니다. 비록 그녀는 이삭이 결혼하는 것도 보지 못하고 떠났지만, 남편 아브라함을 여러 민족의 아버지요, 아들 이삭을 믿음의 자녀로 이끈 것은 사라였습니다. 사라의 인생이 어땠습니까? 하나뿐인 남편 아브라함은 자기 혼자 살겠다고 반복해서 사라를 팔아먹고, 첩을 둘이나 얻고서 다른 아들을 낳습니다. 또 어렵게 얻은 아들 이삭은 비실비실해서 희롱이나 당합니다. 그야말로 총체적 고난 속에서 평생을 지낸 사람이 사라입니다.

만일 사라가 옳고 그름으로만 따졌다면 이 결혼을 어찌 지켜 냈겠습니까. 그러나 결혼은 인간적인 사랑으로 좌지우지되는 것이 아닙니다. 결혼의 목적도 행복이 아니라 거룩입니다. 사라가 이것을 알고 묵묵히 아브라함을 기다렸습니다. 남편 사랑 못 받고, 자식은 비실비실하니까 이 모든 고통 가운데서 날마다 기도했습니다. 내 힘으로 할 수 있는 게 아무것도 없어서 날마다 기도하다가 마침내 예수 신랑을 만났습니다. 영원하신 신랑을 만나니 아브라함의 사랑이 아무것도 아닌 겁니다.

저도 힘든 남편과 살며 이혼과 죽음까지 생각했지만, 예수 신랑을 만난 후로는 인간의 사랑이 초개같이 보였습니다. 예수님이 나의 신랑이시고, 내가 이 땅의 사랑과는 비교할 수 없는 주님의 사랑 안에 있는데 무엇이 두렵겠습니까! 주님이 저의 육을 무너뜨리심으로 최고의 사랑을 알게 하신 겁니다. 그리고 그 사랑이 지금까지 저를 살게 하는 원동력입니다.

가장 복된 결혼은 한 남편, 한 아내로 자리매김하기 위해 숱한 고통을 치르며, 내 힘으로 할 수 없어서 하나님만 부르짖으며 가는 것입니다. 위대한 결혼은 우리가 알고 있는 결혼의 모든 고정관념을 깨뜨립니다. 남편이 돈 잘 벌어서, 아내가 예뻐서 사는 게 아니라 "하나님만이 이 가정을 이끌어 가실 수 있다"고 고백하며 하나님께 내 가정을 맡겨 드리는 것이 위대한 결혼입니다. 사라가 이런 위대한 사랑을 보여 주고 떠났기에 이삭이 위대한 결혼을 할 수 있었습니다. 위대한 결혼의 중심에는 위대한 사라가 있었습니다.

자녀가 신결혼하기 원합니까? 가정이 지켜지기를 원합니까? 다른 길이 없습니다. 힘든 가정, 뛰쳐나가고 싶은 가정이라도 내가 온몸으로 살아 내며 예수를 보여야 합니다. 이런 위대한 인생이 우리 가정은 물론이요, 우리 자녀를 위대한 결혼으로 이끌 줄 믿습니다. 여러분 모두가 사라처럼 믿음으로 나아가 위대한 결혼의 주인공이 되기를 간절히 축원합니다.

2022년 4월

우리들교회 담임목사 김양재

차
례

이 책을 펴내며 _05

Part 1 부모의 마지막 사명, 신결혼

01 부모의 자녀 결혼 준비 (창 24:1~9) _12

02 주께서 정하신 만남 (창 24:10~27) _38

03 결혼과 하나님의 인도 (창 24:28~49) _64

04 결혼의 결단 (창 24:49~61) _94

05 참결혼 (창 24:61~67) _122

Part 2 가장 찬란한 유산, 믿음

06 위대한 결혼 (창 25:1~6) _150

07 찬란한 유산 (창 25:1~11) _176

08 그치지 않는 복 (창 25:12~23) _198

Part 3 택자이기 때문에

09 택하심 (창 25:22~34) _224

10 택자의 연약함 (창 26:1~11) _252

11 여호와께서 복을 주시므로 (창 26:12~22) _280

12 올라감의 축복 (창 26:23~25) _300

13 너는 여호와께 복 받은 자 (창 26:26~33) _324

—

Part

1

부모의 마지막 사명 신결혼

01.

부모의 자녀 결혼 준비

창세기 24:1~9

________ 하나님 아버지,
우리에게 맡기신 영적 후사의 신결혼을
위해서 준비해야 할 것이 무엇인지
말씀하여 주옵소서. 듣겠습니다.

'어떤 남자가 배우자감으로 좋은가'라는 연구 결과를 토대로 쓴 한 칼럼을 읽었습니다. 결론부터 말하자면 못생겨도 성실한 남자가 제일이랍니다. 인기 속에서 살아가는 꽃미남보다는 못생겨도 성실한 남자가 낫다는 겁니다. 잘생긴 데다 성실하기까지 한 남자가 있다면야 좋겠지만 생물학적 차원에서 볼 때 그런 남자는 찾아보기 어렵다죠. 얄궂은 표현으로 인물값은 꼭 하게 마련이랍니다.

동물 세계라고 다르지 않습니다. 많은 수컷이 짝을 짓기 위해서 최선을 다합니다. 그러다 막상 짝짓기가 끝나면 암컷은 물론이고 새끼조차 나 몰라라 한답니다. 그런데 겉모습이 잘생긴 수컷일수록 이런 현상이 더하답니다. 화려함의 대명사인 수컷 공작은 짝을 지은 후 모든 정력과 에너지를 오로지 꼬리 치장에만 투자한답니다. 반면에 조금 덜 화려하고 못생긴 수컷이 새끼를 더 책임감 있게 돌본다는 겁니다. 그런데도 겉모습이 화려한 수컷이 늘 암컷의 인기를 독차지한답니다.

실제로 미국 테네시대학의 제임스 맥널티 박사 팀은 “꽃미남일수록 가정생활은 덜 행복하다”라는 연구 결과를 내놓았습니다. 신혼부부 82쌍을 조사한 결과 남자의 외모가 여자보다 매력적인 부부일수록 결혼생활에 대한 만족도가 떨어졌다는 겁니다. 예쁜 여자보다 예쁜 남자가 더 문제랍니다. 이런 조사를 토대로 예일대의 수잔 앨론조 교수는 “성실하고 책임감이 강해서 자녀 양육을 잘 도울 수 있다는 인상을 남기는 게 좋은 여성을 만나는 길이 될 수 있다”고 조언하기도 했습니다.

이 모든 게 대단한 발견 같지만, 결국 ‘남자는 일에, 여자는 남편과 자식에게 매여 살리라’ 하신 하나님의 형벌이 그대로 드러난 현상 아니겠습니까(창 3:16~17). 짐승에게까지 이 형벌의 구조가 내려간 것이죠. 이것은 하나님이 만드신 구조입니다. 이 세상은 형벌입니다.

이 세상 최고의 만남은 하나님과의 만남입니다. 이것이 복 중의 복입니다. 그리고 그 복이 후대에까지 이어지기 위해서는 배우자를 잘 만나야 합니다. 주 안에서 함께 영적 후사를 낳고 길러 낼 믿음의 배필을 만나야 합니다. 이 일이 얼마나 중요한지 창세기 24장을 전부 할애해서, 총 67절이라는 긴 호흡으로 이삭과 리브가의 만남을 기록하고 있습니다.

이 세상은 악하고 음란합니다. 그러므로 예수를 알지 못하면 남자든지, 여자든지 이기적일 수밖에 없습니다. 특별히 잘생기고 예쁜 사람일수록 더 그렇습니다. 인물값을 꼭 합니다. 그러니 외모 너무 따지지 마십시오. 통계적으로도 꽃미남 남편을 둔 가정이 덜 행복하다고 하지 않습니까. 못생기고 가시투성이인 수컷 가시고기는 아무것도 자랑할 것이 없어서 자기를 치장할 시간에 바위틈에 붙어서 새끼를 돌본답니다. 부성애를 다룬 드라마 〈가시고기〉라는 제목이 여기서 나왔습니다.

결혼할 때 상대의 외모보다 중요한 것은 믿음입니다. 신(信)결혼을 해야 합니다. 아브라함에게 마지막 사역이자 가장 중요한 사역이 바로 자녀를 신결혼시키는 것이었습니다. 자녀의 결혼에서 부모의 역할은 절대적입니다. "서로 좋으면 됐지" 하면서 결코 안일하게 생각해서는 안 됩니다. "자녀가 믿음의 배우자를 만나려면 부모가 어떻게 해야 하는가"가 24장의 주제입니다.

23장 사라의 장례식에 이어서 24장에는 이삭의 결혼식 이야기가 나옵니다. 이는 죽었으면 또 새로 일어나야 한다는 의미입니다. 이삭의 결혼은 이삭 한 사람의 일을 넘어 언약을 계승하는 중대한 사역이었습니다. 부모로서 자녀의 결혼을 어떻게 인도 받아야 하는지 본문 말씀을 통해 살펴보겠습니다.

범사에 복을 받는 준비를 평생 해야 합니다

> 아브라함이 나이가 많아 늙었고 여호와께서 그에게 범사에 복을 주셨더라_창 24:1

아브라함이 100세에 아들 이삭을 얻습니다(창 21:5). 그리고 사라가 127세에 죽고 2~3년 후부터 이삭의 짝 찾기가 시작됩니다. 이후 아브라함이 140세에, 이삭이 40세에 리브가를 아내로 맞이합니다(창 25:20). 그런데 왜 사라가 죽고 나서 이삭을 결혼시켰을까요? 자녀의 결혼에 어머니의 역할이 얼마나 중요합니까. 저는 이것이 편부모라도 자녀를 신결혼시킬 수 있다는 하나님의 위로라고 생각합니다. 그래서 사라를 먼저 데려가지 않으셨나 싶습니다. 아름다운 작별을 한 아브라함은 아내 사라가 곁에 없어도 흔들림 없이 하나님의 언약을 붙들게 되었습니다.

'범사에 복을 주셨더라'는 말씀에서 '복'은 바라크(ברך), 여호와를 경배하고 찬양하는 복을 말합니다. 즉, 범사에 하나님을 예배하는 복을 아브라함에게 주신 것입니다. 아브라함 인생에 시련도 많았지만, 주님은 때마다 시마다 아브라함을 도우셨습니다. 재물도 주시고, 자녀도 주시고, 무려 메시아의 조상으로 세움 받는 축복까지 주셨습니다. 그리고 이제 이삭의 시대가 오기 전 아브라함의 삶을 마감하는 한 구절이 "여호와께서 그에게 범사에 복을 주셨더라"입니다. 이 얼마나 복된 인생입니까! 여러분도 마지막에 '여호와께서 범사에 복을 주셨더라'라고 말할 수 있는 인생, 하나님을 예배하는 인생을 살고 있습니까? 이것이 성도 인생의 관건입니다. 부모로서 자녀에게 이런 모습을 보여 주어야 합니다. 우리가 여호와께 범사에 복을 받은 인생을 살면 주님이 우리 자녀들까지 책임지실 줄 믿습니다.

그렇다면 '범사에 복을 주셨다'라는 것은 구체적으로 무엇을 말할까요? 로마서 4장 18절을 보면 "아브라함이 바랄 수 없는 중에 바라고 믿었으니 이는 네 후손이 이같으리라 하신 말씀대로 많은 민족의 조상이 되게 하려 하심이라"고 합니다. 아브라함은 바랄 수 없는 중에 바라고 믿었습니다. 그리고 주께서 자신의 후손들 역시 바랄 수 없는 중에 바라고 믿는 인생을 살게 해 주시리라고 믿었습니다. 나의 후손들이 이런 복을 받으려면 어떻게 해야 합니까? 부모인 내가 하나님을 예배하는 모습을 보여 주는 것밖에 없습니다. 아브라함은 바랄 수조차 없게 하는 많은 사건을 지나면서 점점 하나님만을 의지하게 되었습니다. 어떤 사건을 만나도 주를 예배하면서 점점 성자 같은 모습으로 바뀌었습니다. 아들 이삭을 번제로 드리라는 마지막 시험에서는 요동조차 하지 않았습니다. 이것이 범사에 주신 복입니다.

고린도후서에서 바울은 이렇게 고백합니다.

"항상 우리를 그리스도 안에서 이기게 하시고 우리로 말미암아 각처에서 그리스도를 아는 냄새를 나타내시는 하나님께 감사하노라. 우리는 구원 받는 자들에게나 망하는 자들에게나 하나님 앞에서 그리스도의 향기니. 이 사람에게는 사망으로부터 사망에 이르는 냄새요 저 사람에게는 생명으로부터 생명에 이르는 냄새라 누가 이 일을 감당하리요"(고후 2:14~16).

우리는 그저 냄새요, 우리에게서 그리스도를 아는 냄새를 나타내시는 이는 하나님입니다. 그런데 나의 냄새가 누군가에게는 생명의 냄새이지만, 누군가에게는 사망의 냄새라고 합니다. 하나님 앞에서는 내가 그리스도의 향기라도, 사람에게는 욕을 먹을 수 있고 칭찬을 듣기도 한답니다. 그러므로 타인의 태도에 너무 연연하지 마십시오. 여전히 내가 상대의 말 한마디에 천국과 지옥을 오간다면 범사에 복 주시는 삶을 보이기에는 멀었습니다.

바울 시대나 구약시대나 똑같습니다. 아브라함인들 그를 비난하는 사람이 없었겠습니까? 그러나 그리스도의 향기는 내가 내는 것이 아니라 하나님이 나타내시는 것입니다. 그러므로 나를 향한 칭찬도, 비난도 하나님이 다 듣고 계십니다. 우리가 요동하지 말아야 할 이유가 여기에 있습니다. 물론 인간은 연약하기에 칭찬을 들으면 우쭐하고 비난을 들으면 열등감에 싸이게 마련입니다. 그러나 주님을 신뢰하는 자라면 이제는 일희일비하는 태도에서 좀 벗어나야 하지 않겠습니까? 타인의 반응에 따라서 쉽게 요동하면 여호와께서 주신 범사의 복을 보일 수 없습니다. 그러므로 "내가 좋은 냄새가 되어야지"보다는 "어떤 말에도, 사건에도 요동하지 말자"가 더 정확한 적용입니다. 나는 그리스도의 냄새요, 그 냄새를 나타내시는 이는 하나님이기 때문입니다. 아브라함이 이런 순종을 하게 되었습니다. 어떤 일에도 요동하지 않는 것이 복입니다.

부활하신 주님이 제일 먼저 빌어 주신 것이 평강입니다(마 28:9; 눅 24:36). 평강은 요동함이 없는 것입니다. 아브라함이 뭐 대단한 삶을 살았습니까. 오히려 박복하고 치졸한 삶의 연속이었습니다. 그러나 그런 모든 나날을 지나오며 점점 요동함이 사라졌습니다. 여호와께 범사에 복을 받았다는 것은 이런 것입니다. 남이 나를 생명의 냄새로 맡건, 썩은 내로 맡건 그들은 자기의 복을 자기가 받을 것입니다. 과거나 현재나 미래나 나는 그리스도의 냄새일 뿐인데 왜 불안에 떨며 일희일비합니까? 나이가 들수록 우리는 이런 범사의 복을 누려야 합니다. 이것이 자녀를 신결혼시키기 위해 부모가 갖춰야 할 삶의 자세입니다.

- 내가 요즘 인내하지 못하는 일은 무엇입니까? 타인의 말 한마디, 사소한 문제에도 일희일비하며 천국과 지옥을 오가지는 않습니까?
- 하나님을 예배하면서 어떤 일에도 요동함이 없는 모습을 자녀에게 보이고 있습니까?

진실한 동역자가 있어야 합니다

아브라함이 자기 집 모든 소유를 맡은 늙은 종에게 이르되 청하건대 내 허벅지 밑에 네 손을 넣으라_창 24:2

아브라함이 자기 집 모든 소유를 맡은 늙은 종을 불러 이삭의 짝을 찾는 일을 맡깁니다. 이 늙은 종은 아브라함이 상속자로 삼으려 했던 엘리에셀로 추정됩니다(창 15:2). 본문 당시 그는 70~80세가량의 노인으로, 60여 년을 아브라함과 함께 일한 신실하고 충성스러운 종이었습니다. 자신의 모든 소유를 맡길 만한 동역자가 있다는 것은 그만큼 아브라함이 이타적인 삶을 살았기 때문입니다. 가족도 아닌데 내 소유를 믿고 맡길 만한 사람이 있다니, 정말 복 중의 복 아니겠습니까.

아브라함이 재물을 내려놓았기에 이런 진실한 동역자를 허락하셨다고 생각합니다. 이렇게 아브라함 옆에는 그를 생명의 향기로 여기는 사람이 많았습니다.

반면에 아브라함의 조카 롯 옆에는 동역자 한 명이 없었습니다. 아브라함과는 달리 롯은 마지막까지 재물을 내려놓지 못했기 때문입니다. 그러다 결국 부인을 소금 기둥으로 만들고 말았습니다(창 19:26). 다윗과 사울도 그렇습니다. 다윗은 세계적인 선지자 사무엘과 사울의 아들 요나단을 동역자 삼아 예수님의 조상으로 우뚝 섰습니다. 반면에 사울은 같은 사람들을 곁에 두고서도 예수님의 조상이 될 다윗을 죽이고자 했습니다. 사무엘의 말을 좀체 듣지 않았습니다. 그러니 그리스도의 향기가 누군가에게는 사망의 냄새요, 누군가에게는 생명의 냄새라는 말씀은 진리입니다.

이쯤 되니까 아브라함도 옳은 결정을 하는 것을 봅니다. 늙은 종에게 이삭의 혼사 문제를 간절히 부탁합니다. 여러분도 한번 돌아보십시오. 나의 중대사를 맡길 동역자가 곁에 있습니까?

바울에게도 신실한 동역자들이 있었습니다. 고린도후서 8장에서 바울은 고린도 교인들에게 마게도냐 교회들을 모범으로 제시합니다. 환난과 극심한 가난 가운데서도 그들이 기쁨으로 풍성한 연보를 했다고 전합니다(고후 8:1~2). 여기서 '연보'를 원어로 보면 '간절한 마음'이라는 뜻이 있습니다. 또한 바울은 디도와 다른 두 사람을 헌금 위원으로 고린도 교회에 파송하면서, 그들을 가리켜 '교회에서 칭찬을 받는 자요, 주의 영광을 나타내기 위해 힘쓰는 자며, 간절한 마음을 가진 자'라고 소개합니다(고후 8:16~22). 동역자가 많아도 마게도냐 교인들과 디도처럼 하나님 나라를 위해 한마음으로, 간절함으로 일할 사람을 만나기란 쉽지 않습니다. 환난당하고 빚지고 원통한 사람들이 모여 주를 위해 한마음이 되면 연보할 마음이 생깁니다. 하나님 나라 외에 다른 일은 생각하지 않는 겁니다.

사라가 떠났어도 아브라함이 절망하지 않은 것은 아름다운 작별을 했기 때문입니다. 또한 한마음으로 믿음의 일을 함께 이어 갈 동지가 있기 때문입니다. 자신과 같이 영적 후사를 잇는 일을 귀하게 여기며 의논하고 부탁할 지체가 있기에 아브라함이 믿음의 걸음을 계속 걸을 수 있었습니다.

그러면 이 늙은 종은 어떤 사람입니까? 그는 주인의 명에 매사 토 달고 합리화하는 그런 종이 아니었습니다. 이삭을 신결혼시키는 일이 얼마나 절체절명의 사역입니까. 아브라함의 명에 절대적으로 순종해야 하는 일입니다. 그런데 꼭 토를 다는 사람이 있습니다. "왜 먼 데까지 가서 신붓감을 찾아야 하냐", "날 때부터 예수 믿는 사람이 어디 있냐, 결혼해서 믿게 하면 되지" 하면서 이런저런 의문을 제기합니다. 물론 그래야 할 경우도 있습니다. 그러나 지금은 절대적으로 주인의 명을 따라야 할 때입니다.

당시 허벅지 밑에 손을 넣어 맹세하는 것은 '절대 순종하겠다'라는 의미였습니다. 만일 명을 어기면 저주를 받는 것도 불사하겠다는 절대적인 맹세였습니다. 또한 생식의 상징인 사타구니에 손을 넣음으로 대를 이어 충성한다는 의미도 포함됩니다. 앞에서도 이야기했지만 엘리에셀은 아브라함의 상속자로도 거론되었던 종입니다(창 15:2). 그런 그가 이제 진짜 상속자의 신붓감을 찾기 위해 먼 길을 떠납니다. 이런 진실한 지체 덕분에 아브라함이 이삭을 신결혼시킬 수 있었습니다.

배우자가 죽었다고 널브러지지 않고 '이제 내가 할 일이 무엇인가' 아브라함이 치열히 고민했기에, 주님이 신실한 동역자를 허락하셨다고 믿습니다. 아브라함이 삶으로 믿음을 보여 주었기에 엘리에셀 같은 동역자가 있지 않았겠습니까. 이처럼 생명 같은 지체를 곁에 둔 부모가 자녀를 신결혼시킵니다.

우리도 신실한 중매자가 되어야 합니다. 비단 자녀의 결혼 문제만 두고 이야기하는 게 아닙니다. 다른 사람을 그리스도께 인도하는 복음의 중매자가 되어야 합니다. 내게 보내신 사람들을 그리스도와 결혼시키는 중매자 역할에 최선을 다하면, 하나님이 진실한 동역자도 붙여 주실 줄 믿습니다. 하나님 마음에 맞는 자라면 반드시 동역자를 보내 주십니다. 환난당하고 빚지고 원통한 일투성이라도 요동함 없이 범사에 복을 보이면 주께서 돕는 지체와 손길을 허락하십니다.

- 나의 모든 것을 맡기고 중대사를 의논할 진실한 지체가 있습니까?
- 내가 복음의 중매자가 되어서 그리스도께 인도해야 할 사람은 누구입니까?

분명한 원칙이 있어야 합니다

3 내가 너에게 하늘의 하나님, 땅의 하나님이신 여호와를 가리켜 맹세하게 하노니 너는 내가 거주하는 이 지방 가나안 족속의 딸 중에서 내 아들을 위하여 아내를 택하지 말고 4 내 고향 내 족속에게로 가서 내 아들 이삭을 위하여 아내를 택하라_창 24:3~4

범사에 복을 받고 하나님 나라의 일에 한마음인 지체가 있다면 그다음은 '원칙'을 세워야 합니다. "불신결혼은 절대 안 된다"는 확고한 원칙을 지닌 부모가 되어야 합니다. 자녀의 배우자는 오직 믿음으로 구해야 합니다. 배우자를 고를 때 가장 중요한 조건은 '믿는 족속인가, 아닌가'입니다. '가나안 족속인가, 내 고향 족속인가' 이것이 관건입니다. 그래서 아브라함도 "내가 거주하는 이 지방 가나안 족속의 딸 중에서 택하지 말고 내 고향 내 족속에게로 가서 택하라"고 당부합니다. 가나안 여인은 절대 안 된다고 분명하게 선을 긋습니다.

아브라함이 이런 분명한 원칙을 세운 이유가 무엇입니까? 그는 사라에게서 난 아들이 아니라면 영적 후사가 될 수 없다는 것을 전 인생을 통해 철저히 배웠습니다. 또한 하갈이 아무리 아들을 낳아 주었어도 고민도 없이 이스마엘을 애굽 여인과 결혼시키는 것을 보면서, 믿음의 결혼이 얼마나 중요한지 깨달았을 것입니다(창 21:21).

아브라함은 그랄 왕 아비멜렉과 교분을 맺기도 하고, 헷 족속 에브론과 친밀함을 나누기도 했습니다. 가나안 족속과 무역하고 거래

하며 이익을 취하기도 했습니다. 그런데 왜 그들과의 결혼만은 한사코 안 된다고 하는 겁니까? 세상에 거하니 세상 것이 좋아 보일 수 있습니다. 그러나 하늘나라 백성은 결코 세상과 섞여서는 안 됩니다. 아브라함이 매장지를 위해 막벨라 땅을 산 것은 세상과 동화되려는 게 아니라 세상을 변화시키기 위해서였습니다. 배우자이자 믿음의 동역자는 반드시 '내 고향 내 족속'이어야 합니다. 하나님 나라의 시민권을 가진 자로 골라야 합니다.

아브라함의 아버지 데라는 갈대아 우르에 살면서 월신(月神)을 섬겼습니다(수 24:2). 그러면 가나안과 아브라함의 고향이 무슨 차이가 있느냐고 물으시는 분도 있을 겁니다. 당시 가나안의 우상숭배는 극에 달해 있었습니다. 문란하고 부패하기가 그지없었습니다. 아브라함의 고향 땅과는 비교조차 할 수 없었습니다. 그렇다고 아브라함 고향 사람들의 행위가 의로워서 그중에서 신붓감을 고르라는 말이 아닙니다. 리브가의 오라버니 라반도 얼마나 욕심이 사나운 사람인지 모릅니다. 그런데 아브라함이 고향 땅을 떠난 지 65년이 지나면서 친족들에게 아브라함이 믿는 하나님의 이름이 조금씩 전해졌습니다. 친족들은 가나안에 오지 않고 그 땅에 계속 머무르며 믿음을 보존할 수 있었습니다. 그 예로 창세기 31장에서 라반이 야곱과 언약을 세우면서 "아브라함의 하나님, 나홀의 하나님, 그들의 조상의 하나님"이라고 말하는 것을 볼 수 있습니다(창 31:53). 비록 욕심은 사나워도 하나님의 이름을 부르는 족속이 되었다는 겁니다.

여기 사람이나 저기 사람이나 다 거기서 거기지만 그래도 구별

된 사람 중에서 배우자를 택해야 합니다. 아브라함의 혈통에서 예수님이 나실 것이기에 예수 씨(seed)를 골라야 합니다. 불신자라도 이왕이면 믿음의 근거가 있는 사람을 택해야 한다는 겁니다. 아예 무신론자보다는 무엇을 믿는 사람이 더 낫습니다. 무엇인가라도 믿는 사람은 자신의 나약함을 인정하고 신(神)을 의지하는 겸손함이라도 있는데 무신론자는 자기가 신입니다. 최고의 우상숭배는 자기를 믿는 것입니다.

특별히 행위가 올발라서 내 고향 내 족속 중에서 데려오라는 것이 아닙니다. 아무리 콩가루 같은 족속이라도 그들이 하나님의 이름을 부르기 때문입니다. "아브라함의 하나님, 나홀의 하나님, 모든 조상의 하나님"을 부르고 있지 않습니까. 하나님에 대한 지식이 어느 정도 있었던 겁니다.

무엇보다 아브라함은 말씀에 의거해서 결혼의 원칙을 세웠습니다. 창세기 9장에서도, 15장에서도 하나님은 가나안을 향해 멸망당할 족속이라고 말씀하셨습니다(창 9:25; 15:16). 멸망할 세상과 어찌 혼인 관계를 맺을 수 있겠습니까. "남편들아 이와 같이 지식을 따라 너희 아내와 동거하라"는 말씀처럼(벧전 3:7), 지식, 곧 말씀을 열심히 보아야 바른 결혼도 할 수 있습니다. 내가 선 곳, 하나님이 가라고 지시하신 땅에 뼈를 묻어야 하지만 그곳을 변화시키기 위해서는 가나안 사람, 세상 사람을 택해서는 안 됩니다. 이 세상을 함께 변화시킬 동역자는 오직 하늘나라 시민권자뿐입니다.

이스마엘도 아브라함 자손인데 이방 여인과 결혼했습니다. 아무리 아버지가 아브라함이라도 어머니 하갈이 애굽 여인이다 보니 그 자녀를 약속의 땅으로 인도하지 못했습니다. 어머니가 정말 중요합니다. 그래서 유대인의 계보는 모계를 따릅니다. 헬라인 아버지를 둔 디모데도 유대인인 외조모 로이스와 어머니 유니게의 신앙 교육 덕에 믿음의 후손으로 성장하지 않았습니까(딤후 1:5)?

그런데 내 고향, 내 족속에서 배우자를 택하라고 하니까 "국제결혼은 하면 안 되냐"고 묻는 분도 계시더군요. 성경을 문자적으로만 보아서 그렇습니다. 그런 뜻이 아닙니다. 자녀 결혼에서 중요한 원칙은 오직 "믿는 자인가, 아닌가"입니다. 이것을 기억하기 바랍니다.

- 자녀의 배우자감이나 나의 신랑감, 신붓감을 믿음의 고향, 믿음의 족속 가운데서 택하고자 노력합니까? 예수 씨가 있는 자보다 세상 능력이 있는 자를 찾지는 않습니까?
- 배우자를 고를 때 나는 어떤 원칙을 따릅니까?

불신결혼은 절대 안 된다는 원칙을 타협해서는 안 됩니다

종이 이르되 여자가 나를 따라 이 땅으로 오려고 하지 아니하거든 내가 주인의 아들을 주인이 나오신 땅으로 인도하여 돌아가리이까_창 24:5

아브라함이 내 고향 내 족속 중에서 이삭의 아내를 택하라고 명하자 종이 묻습니다. "만일 색시가 안 따라오면 이삭을 데리고 그곳으로 가야 할까요?" 이는 곧 "너무 좋은 배필감인데, 예수 안 믿는 것 하나 빼고는 다 좋은데 그러면 데리고 와서 믿게 할까요?" 하는 말입니다. 그러자 아브라함이 어떻게 대답합니까?

아브라함이 그에게 이르되 내 아들을 그리로 데리고 돌아가지 아니하도록 하라_창 24:6

이 말은 곧 "그의 환경과 조건이 아무리 좋을지라도 예수를 믿어야 한다"라는 의미입니다. 이렇게 말씀으로 굳세게 인도 받아야 합니다. 결혼에서 사랑이 전부가 아닙니다.

하늘의 하나님 여호와께서 나를 내 아버지의 집과 내 고향 땅에서 떠나게 하시고 내게 말씀하시며 내게 맹세하여 이르시기를 이 땅을 네 씨에게 주리라 하셨으니 그가 그 사자를 너보다 앞서 보내실지라 네가 거기서 내 아들을 위하여 아내를 택할지니라_창 24:7

"이 땅을 네 씨에게 주리라." 결혼의 목적은 땅과 씨입니다. 하나님이 주신 땅, 가나안 땅을 정복하려면 믿음의 자손들이 이어져야 합니다. 믿음의 후사를 낳기 위해 결혼해야 한다는 겁니다. 결혼도 구원 때문에 해야 합니다. 하나님 나라의 지경을 넓히기 위해서, 영적 자손을 생산하기 위해서 결혼해야 합니다.

그러니 결혼의 조건 중에 사랑은 없습니다. 다만 구원 때문에 선택한 결혼이라면 서로 사랑하도록 하나님이 인도해 주실 줄 믿습니다. 인간은 사랑을 할 수도 만들 수도 지을 수도 없지만, 하나님은 사랑 그 자체이시기에 내가 하나님 때문에, 믿음 때문에 결혼했다면 사랑을 할 수도 만들 수도 지을 수도 있게 됩니다. 나는 이 사람이 아니면 죽을 것 같습니까? 그런 건 없습니다. "하나님이 결혼시키시면 하고 안 시키시면 안 하겠다!" 이것이 믿는 자의 태도입니다.

또 결혼할 때 항상 부모의 허락을 받아야 하는 것도 아닙니다. 하갈을 보세요. 아무리 믿음 좋은 아브라함의 부인이라도 영적으로 전혀 안 통합니다. 실제로 어떤 부모는 예수 잘 믿는다고 하면서 교회 형제와 오랫동안 사랑을 키운 딸의 결혼을 반대한답니다. 형제의 직업이 못마땅하다는 이유입니다. 그러면서 "내가 기도해 보니 너희가 결혼하면 하나님이 치신대" 하며 딸을 협박한다는 겁니다. 이런 걸 믿음으로 인도 받았다고 할 수 있습니까? 도대체 하나님이 치시는 것이 무엇입니까? 물론 부모를 거슬러 내 맘대로 결혼해서도 안 됩니다. 그러나 이 부모는 믿음을 빙자해 기복(祈福)을 들이대고 있습니다. 이는 자녀를 불신결혼으로 내모는 것이나 다름없습니다. 믿음으로 배우자를 구하면 하나님께서 그분의 사자를 앞서 보내십니다. 이 말씀을 믿어야 합니다.

> 만일 여자가 너를 따라오려고 하지 아니하면 나의 이 맹세가 너와 상관이 없나니 오직 내 아들을 데리고 그리로 가지 말지니라_창 24:8

아브라함은 "만약 여자가 따라오지 않는다고 해도 아들은 결코 보낼 수 없다"고 거듭 강조합니다. 믿음은 바라는 것들의 실상이요 보이지 않는 것들의 증거라고 했습니다(히 11:1). 바라는 것을 실상으로 놓고 보이지 않는 것을 증거하는 것, 즉 보지 않고도 믿는 것이 믿음입니다. 그러므로 지금 이삭의 신붓감도 이삭을 보지 못해도 믿음으로 바라며 오라는 겁니다. 보지 않고 믿으라는 것이죠. 그런데 누가 그럴 수 있겠습니까?

요즘 이혼 사유 1위가 성생활이 맞지 않아서라고 합니다. 그래서 성관계를 미리 가져 보고 결혼해야 한다는 풍조가 팽배합니다. 사실 성생활이 막혀 부부관계가 나빠지는 것이 아닙니다. 부부관계가 나쁘기에 성생활도 막히는 것이죠. 부부가 서로 사랑하지 않기 때문입니다. 따라서 성생활을 이유로 헤어지는 것은 말이 안 됩니다. 또 남녀가 미리 함께 살아 본다고 잘 사는 것도 아닙니다. 결혼 전 동거한 경험이 있는 부부가 이혼 확률이 더 높다는 조사 결과도 있습니다.

교회 다니는 청년들이라고 다릅니까? 자기 멋대로 불신결혼을 하고는 갖은 이유를 끄집어내서 바람피우고 이혼합니다. 예수를 믿어도 자기 인생을 해석하지 못해서 그렇습니다. 저는 미혼 청년들에게 반드시 혼전 순결을 지킬 것을 강조합니다. 이 원칙에도 결코 타협이 있을 수 없습니다. 불신결혼을 하지 않으려면 혼전 순결의 원칙도 지켜야 합니다. 그런데 제가 이렇게 날마다 부르짖어도 혼전 임신하여 괴로워하는 청년들이 끊임없이 나옵니다.

내 자녀가 순결한 가정, 하나님이 기뻐하시는 가정을 이루려면 자녀뿐 아니라 부모부터 아브라함 같은 시각을 가져야 합니다. “자기들끼리 좋으면 됐지”라는 말은 “영적 후사에는 관심 없어”라는 말과 같습니다. 결혼은 정말 ‘잘’ 해야 합니다. 내 눈에 보기 좋은 꽃미남, 꽃미녀라고 덥석 결혼했다가는 큰일 납니다. 서두의 연구에서도 남편이 잘생기면 얼굴값을 꼭 한다잖아요. 그 얼굴값을 치르기 위해 갖은 전쟁이 기다리고 있는 겁니다. 상대의 집안, 학벌, 재력, 외모가 아니라 앉으나 서나 믿음을 보아야 합니다. 다시 말하면 ‘이 사람이 하나님이 나에게 붙여 주신 사람인가, 아닌가’를 생각해 보아야 합니다. 내게 육적인 유익을 주는 사람이 아니라 하나님이 붙여 주신 사람을 찾아야 합니다.

미혼의 청년이라면 마음을 열고 만나면서 상대를 잘 관찰하십시오. 많은 청년이 상대를 한 번 보고는 “내 타입이 아니야!” 하면서 만남을 종결해 버립니다. 오랫동안 만나 보지 않으면 상대를 잘 알 수 없는데, 이런 노력조차 하지 않는 건 외모로만 판단하기 때문입니다.

하나님은 호세아 선지자에게 창기를 데려와 결혼하라고 명하셨습니다(호 1:2). 이런 이해할 수 없는 명령에도 호세아가 순종했는데 이 부인이 글쎄, 호세아를 배반하고는 가출을 합니다. 그런데 하나님은 호세아를 향해 그녀를 다시 찾아오라고 말씀하십니다(호 3:1). 왜 그러셨을까요? 결혼의 목적은 행복이 아니라 땅과 후사이기 때문입니다. 그런데 어떤 기독교 서적을 보니까 배우자감을 고를 때 ‘그가 교회에 열심히 나가는지, 성품이 온화한지, 일을 잘하는지, 집안 내력이 어떤지 관찰해 보라’고 하더군요. 부지런하고 성품이 온유하고 일도 잘해서 골랐는데 결혼해서 실망하면 이혼해야 합니까? 성경 어디에도 행위가 온전한 사람은 없습니다. 아브라함, 야곱, 다윗…… 모두 치졸한 사람들입니다. 가장 중요한 것은 '그리스도 안에서 자기 죄와 부족을 보는 사람인가'입니다. 내 조상이 죄를 지었다는 것을 인정하고 나도 그 죄의 씨로 잉태되었음을 고백하는 사람입니다.

예수님은 이 세대의 특징을 "악하고 음란하다"라고 딱 두 가지로 말씀하셨습니다. 그러므로 행위가 아니라 "나는 이렇게 예수 믿었다"의 신앙고백이 배우자를 고르는 조건이 되어야 합니다. "아버지가 술 먹고 바람피워서 힘들었는데 그런 아버지의 죄가 내게도 흘러 내려와 내가 음행을 즐기는 걸 깨달았다" 이렇게 자기 죄를 고백하는 사람이 합당한 배우자감입니다. 창기라도 자기가 죄인임을 아는 사람이 "나는 죄가 없다"면서 모든 조건을 갖춘 사람보다 훨씬 낫습니다. "우리 집만큼 좋은 집안이 있으면 나와 보라고 해" 자랑하는 집이 가장 나쁜 집입니다. 나의 죄와 부족을 알아야 합니다.

북이스라엘이 망하기 직전, 문란하고 부패한 백성을 바라보시는 하나님의 아픈 마음을 겪어 보라고 하나님께서 호세아에게 이상한 아내와 문제 자녀들을 식구로 붙여 주셨습니다. 우리도 하나님이 나에게 붙여 주신 사람을 찾아야 합니다. 그렇다고 호세아처럼 일부러 힘든 사람을 만나라는 말이 아닙니다. 나는 그리스도의 냄새일 뿐입니다. 내가 잘난 것 하나 없어도 하나님이 나를 예수 믿게 해 주셨습니다. 그러므로 나를 생명의 냄새로 알고 찾아온 사람과 결혼해야 합니다. 서로를 생명의 냄새로 여기고 연결된 사람끼리 하는 것이 신결혼입니다. 그러니 세상 조건이 들어갈 자리가 없습니다. 결혼에서 가장 중요한 것은 '내 고향 내 족속인가, 아닌가'입니다.

자녀의 불신결혼은 전적으로 부모에게 책임이 있습니다. 부모가 '불신자라도 괜찮다'라는 가치관을 어려서부터 심어 주었기 때문입니다. 말로만 불신결혼은 안 된다고 하면서 세상을 따르는 걸 온몸으로 보여 주었기 때문입니다. 또 율법적으로 신결혼만 부르짖어서도 안 됩니다. 그러면 오히려 자녀가 튕겨 나갑니다. 부모가 삶으로 보여 주어야 합니다. 신결혼이 왜 좋은지 온몸으로 살아 내며 보여 주어야 합니다. 내게 붙여 주신 사람들과 동역자를 신실히 섬겨야 합니다.

자녀를 신결혼시키려면 우리는 어떤 환경에도 요동함 없는, 범사에 복을 받은 모습을 보여야 합니다. 또한 신실한 동역자가 있어야 합니다. "불신결혼은 안 된다"는 분명한 원칙을 세우고서 결코 타협하지 말아야 합니다. 내 자녀를 영적 후사로 키워 내려면 부모가 먼저 잘 살아야 합니다. 부부가 주 안에서 사랑하고 믿음으로 가정을 지켜야 합니다. 내 대(代)에서 모든 저주가 끝나고 자녀를 신결혼시키기 위해 지금부터라도 분명한 원칙을 가지고 타협하지 않기를 예수님의 이름으로 축원합니다.

- 자녀가 믿음은 없어도 학벌, 재력, 외모를 갖춘 사람과 결혼하겠다고 한다면 어떻게 하겠습니까?
- 자녀의 결혼, 나의 결혼을 두고서 타협하고 있는 부분은 무엇입니까?

"불신결혼은 절대 안 된다"는
확고한 원칙을 지닌 부모가 되어야 합니다.
자녀의 배우자는 오직 믿음으로 구해야 합니다.

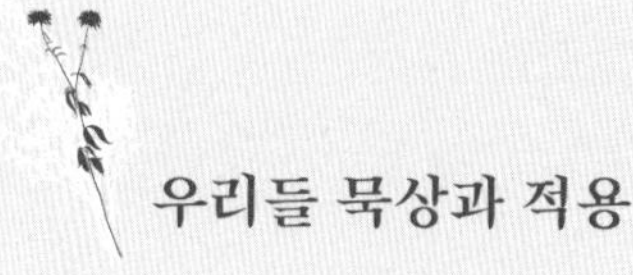

우리들 묵상과 적용

결혼 전부터 성실히 사회생활을 한 저는 남편과 맞벌이해서 돈을 빨리 모으면 안정되고 행복하게 살 수 있으리라 생각하고 결혼했습니다. 하지만 노조 위원장이던 남편은 회사의 오너가 바뀌면서 잘 다니던 직장을 그만두게 되었습니다. 갑작스러운 퇴사 후 남편은 여러 사업에 투자했지만 족족 실패하여 집에만 있었습니다. 저는 시간이 갈수록 남편이 무시되었고, 딸들을 잘 키워서 수고한 제 삶을 보상 받고 싶었습니다.

하나님의 언약을 신뢰한 아브라함은 자신의 모든 소유를 맡은 충성된 종이자 동역자인 엘리에셀에게 이삭의 아내를 찾아오라 명하면서 자기 족속의 딸 중 택하도록 맹세시킵니다(창 24:2~4). 반면 저는 딸들에게 믿음이 아닌 세상 행복을 택하도록 가르치며 맹세시켰습니다. 아브라함과 달리 저는 하나님을 예배하며 범사에 복 받은 인생을 살지도, 자녀의 결혼을 믿음으로 준비하지도 못했습니다(창 24:1). 그럼에도 하나님은 큰딸이 교회에서 만난 사위와 믿음의 결혼을 하도록 후대해 주셨습니다.

그러나 작은딸은 믿음 없는 제 가르침을 따라 돈을 많이 벌어 이 세상에서 편하고 즐겁게 살겠다며 교회를 떠났습니다. 예전에 작은딸은 교회를 잘 다니며 힘들어하는 친구들을 전도하기도 했습니다. 그런데 믿지 않는 남자 친구와 교제를 시작하더니 하나님과 멀어져 갔습니다. 처음에는 남자 친구와 같이 예배를 드렸지만, 나중에는 제게 예배를 강요하지 말라고 선전포고까지 했습니다. 그래도 저는 한 가닥 희망을 놓치지 않고 문자로 말씀과 기도문을 보내 주고 있었는데, 하루는 작은딸이 "교회에 나올 마음이 없어"라고 답했습니다. 그 말을 듣자 제 마음은 무너져 내렸습니다. 이 모든 일이 영혼 구원에 관심 없던 제 삶의 결론임을 인정하게 되었습니다. 또한 교회를 떠난 작은딸의 모습이 세상 행복만 좇도록 맹세시킨 제 죄의 대가임을 깨달아 애통함으로 뉘우칠 수 있었습니다(창 24:3).

영적 후사인 딸을 거룩하신 하나님의 성전으로부터 멀어지게 한 저의 죄와 욕심을 진심으로 회개합니다. 주의 사자를 엘리에셀보다 앞서 보내어 일하실 것을 믿고 하나님을 의지한 아브라함의 믿음이 저의 믿음이 되길 소망합니다(창 24:7). 작은딸이 주께 돌아와 믿음의 가치관 가지고 신결혼하기를 기도하며, 하나님이 제게 맡기신 역할을 잘 감당하겠습니다.

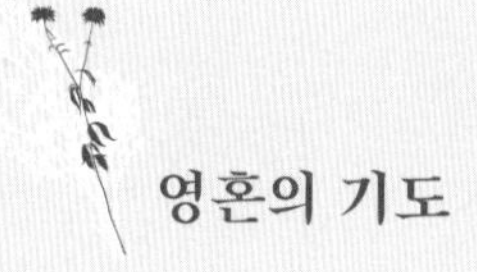

영혼의 기도

주님, 부모 인생에서 가장 중요한 자녀의 결혼에 대해 말씀해 주시니 감사합니다. 그런데 자녀가 믿음의 결혼을 하기를 바라고 기도하면서도, 부모로서 예배가 인생의 목적임을 보이지 못합니다. 또 때마다 사건마다 요동합니다. 마음과 정신이 오락가락합니다. 그래서 예수님을 믿어도 모든 것을 맡길 만한 신실한 동역자 한 명이 내 옆에 없습니다. 교회를 다녀도 늘 외롭습니다. 불쌍히 여겨 주옵소서.

그래도 주님, 자녀를 불신결혼시켜서는 안 된다는 원칙을 꼭 지키고 싶습니다. 이것이 마음대로 되지 않고, 삶이 따라 주지 않는 것도 알지만 주께서 도와주옵소서. 우리 자녀가 불신결혼의 유혹에 빠지지 않도록 주님이 지켜 주옵소서. 육신의 정욕과 안목의 정욕, 이생의 자랑에 끊임없이 넘어지며 타협하고 싶어 하는 우리를 불쌍히 여겨 주옵소서. 내가 잘나서 주님이 나를 택하신 것이 아니기에, 우리 자녀들이 믿음의 결혼을 하도록 붙잡아 주옵소서.

사랑이 아니라 땅과 씨, 거룩이 결혼의 목적이라고 말씀하십니다. 또한 겉모습은 형편없어도 하나님 나라의 지경을 넓히며 약속의 후사가 되고자 노력한 사람들이 예수님의 조상이 된 것을 성경에서 보았습니다. 그러므로 힘들고 콩가루 같은 환경에서 자란 사람이라고 해도 나의 죄와 부족을 보는 사람을 고르게 하옵소서. 외모가 아니라 자기 죄와 부족을 보는 것이 신결혼의 제일가는 자격임을 깨닫게 하옵소서. 하나님이 나에게 맡기신 사람인지, 내가 찾아가야 할 하나님의 사람이 누구인지 볼 수 있는 눈을 허락해 주옵소서. 그래서 우리의 가정이 하나님 나라의 로열패밀리가 되도록 역사해 주옵소서.

문제아는 없고 문제 부모만 있다고 하셨습니다. 문제 부모인 내가 먼저 회개하기 원합니다. 부모가 삶으로 본을 보이면 자녀들이 신결혼하게 될 줄 믿습니다. 이 땅의 부모들에게 이런 마음과 은혜를 허락해 주시옵소서. 예수님 이름으로 기도하옵나이다. 아멘.

02.

주께서 정하신 만남

창세기 24:10~27

________ 하나님 아버지,
우리의 만남이 주께서 정하신
만남이 되기를 원합니다.
말씀하여 주옵소서. 듣겠습니다.

이성에 대한 이상과 현실을 다룬 한 칼럼을 읽었습니다. 칼럼 기자는 여자들이 남자에게 품는 이상과 실제 사이에 현격한 차이가 있다고 말합니다. 예를 들어, 결혼 적령기로서 배우자감을 찾고 있는 한 여자가 있다고 합시다. 그녀는 A의 화끈하고 잘 노는 성격과 B의 왕성한 정욕, C의 변함없는 헌신을 두루 갖춘 남자를 만나기 원합니다. 그러나 A처럼 화끈한 남자는 개인적인 문제를 의논하며 조용히 차 한 잔을 마시기보다 늘 파티를 열고 싶어 안달합니다. B처럼 정욕이 왕성한 남자는 한 여자에게 만족하지 못하고 늘 다른 여자에게 눈을 돌립니다. 또한 C의 한결같은 헌신은 '에너지가 없어서 여러 일을 감당하기 어렵다'는 뜻이기도 합니다. 결국 완벽한 남자는 없다는 말입니다.

모든 것을 갖춘 배우자를 찾기란 어렵습니다. 행여 있다고 해도 교만이 하늘을 찔러 괴물이 되기 쉽습니다. 그러므로 내가 원하는 배필감의 부정적인 측면도 헤아려야 합니다. 제가 경험해 보니 남자는 결혼 전에 제일 잘해 줍니다. 그러니 결혼 후에 더 잘해 줄 것을 기대하지 마십시오.

아들이 며느릿감을 데려왔을 때 저의 첫마디는 "다시 생각해 보라"였습니다. 며느리에게 아들의 부정적인 면과 약점을 이야기해 주면서 우리 아들과 결혼하면 고생한다며 말렸습니다. 제가 아들의 결혼을 망치려고 그랬겠습니까. 결혼을 결단하기까지 하나님께 묻고 또 물어야 한다는 걸 강조하기 위해서였습니다. 상대의 약점도 헤아려 보라는 건 행위의 옳고 그름을 따져 보라는 말이 아닙니다. 모든 것을 넘어서는 '주께서 정하신 만남'이어야 한다는 뜻이지요. 그러면 어떻게 해야 우리 만남이 주께서 정하신 만남이 될 수 있을까요?

모든 좋은 것으로 준비해야 합니다

> 10 이에 종이 그 주인의 낙타 중 열 필을 끌고 떠났는데 곧 그의 주인의 모든 좋은 것을 가지고 떠나 메소보다미아로 가서 나홀의 성에 이르러 11 그 낙타를 성 밖 우물 곁에 꿇렸으니 저녁때라 여인들이 물을 길으러 나올 때였더라_창 24:10~11

마침내 종이 이삭의 배필을 구하고자 떠납니다. 그런데 그가 "주인의 모든 좋은 것"을 가지고서 떠났다고 합니다. 이는 아브라함이 이삭의 신부를 맞이하고자 준비한 예물입니다. 영적 후사의 배필을 구하는 일이니까 아까운 것이 없습니다. 주님이 우리에게 재물을 주시는 것은 이처럼 영적 후사를 위해 쓰라는 뜻입니다. 아브라함이 브엘세바에 에셀 나무를 심고, 거저 주겠다는 막벨라 굴을 한사코 값을 치러서 산 것도 영적 후사를 위해서였습니다(창 21:33; 23:7~18). 재물은 이렇게 쓰는 것입니다.

주께서 정하신 배필을 만나기 위해서는 모든 좋은 것으로 예비해야 합니다. 그중 가장 좋은 것이 무엇이겠습니까? Good News! 복음이 제일 좋은 선물입니다. 그래서 아브라함의 종도 800km의 머나먼 길을 노구를 이끌고서 복된 소식을 들고 갑니다. 복음을 받아들이는 사람은 가장 좋은 것을 받는 사람입니다. 배우자 중 최고의 배우자는 예수 신랑입니다. 예수 신랑을 만나게 해 주려고 지금 늙은 종이 고생도 마다하지 않고 먼 길을 가는 겁니다.

누군가를 주님을 만나게 하려면 내가 값을 치러야 합니다. 아브라함의 종이 이삭의 아내를 구하고자 주인의 모든 좋은 것을 가지고서 메소포타미아로 떠났듯, 우리도 하나님의 모든 좋은 것을 가지고서 택함 받은 영혼에게 가야 합니다. 주께서 정하신 사람을 만나려면 가장 좋은 '복음'으로 준비해야 합니다. 이것이 최고의 준비입니다.

- 나는 물질을 어떻게 쓰고 있습니까? 지출도, 저축도 구원을 위해서 합니까?
- 주께서 정하신 배우자, 사위, 며느리를 얻기 위해 내가 먼저 복음을 듣고 지키며 준비되고 있습니까? 우리 가정이, 내 배우자가 예수를 만나기 위해 내가 치러야 할 값은 무엇입니까?

언약에 근거한 기도를 해야 합니다

그가 이르되 우리 주인 아브라함의 하나님 여호와여 원하건대 오늘 나에게 순조롭게 만나게 하사 내 주인 아브라함에게 은혜를 베푸시옵소서_창 24:12

성경 내용의 길고 짧음도 우리에게 주시는 메시지입니다. 창세기에서 가장 긴 장인 24장은 아브라함의 종이 이끄는 이야기입니다. 아브라함이나 이삭, 야곱이 아니라 한 종이 주인공입니다. 문맥으로 미루어 엘리에셀이라고 추정되지만, 성경은 그 이름조차 언급하지 않습니다. 그러므로 비록 이 땅에서 이름도 없이, 빛도 없이 섬길지라도 우리를 예수께 중매한 그 한 사람이 천국에서 가장 길게 언급될 줄 믿습니다.

그런데 이 엘리에셀이 목적지에 이르자마자 한 일이 무엇입니까? 바로 '기도'입니다. 떠날 때도 아브라함에게 기도를 받고, 도착해서도 가장 먼저 하나님께 인도해 주시기를 간구합니다. 이삭의 배우자를 구하는 모든 과정은 기도로 시작해서 기도로 끝이 납니다.

"오늘 나에게 순조롭게 만나게 하사 내 주인 아브라함에게 은혜를 베푸시옵소서." 여기서 은혜는 원어로 '헤세드(חסד)'입니다. 이는 하나님이 인간에게 베푸시는 은혜와 자비, 사랑을 총칭하는 단어입니다. 엘리에셀은 단순히 이삭의 배필감을 찾는 자기 사명만을 위해서 기도하지 않습니다. "내가 너를 여러 민족의 아버지가 되게 함이니라" 약속하신 하나님의 언약에 근거해서 영적 후사를 바라는 내 주인 아브라함에게 은혜를 베풀어 달라고 겸손히 기도합니다(창 17:5).

우리가 눈앞의 문제보다 항상 영적 후사를 위해 간곡히 기도하면 문제는 저절로 해결될 줄 믿습니다. 결혼을 두고서 앉으나 서나 학벌, 외모, 재력만 구하기 때문에 "네 씨가 크게 번성하여 하늘의 별과 같고 바닷가의 모래와 같게 하리라" 약속하신 복을 못 누리는 겁니다(창 22:17). 오직 영적 후사를 위해서, 약속의 말씀에 근거해서 기도할 때 주께서 육적인 것도 허락해 주실 줄 믿으십시오.

- 어떤 일이든지 기도로 시작해 기도로 끝맺고 있습니까?
- 자녀나 나의 결혼을 두고서 하나님께 무엇을 구합니까? 약속의 말씀에 근거해서 영적 후사를 구하고 있습니까?

구체적인 테스트 기도를 해야 합니다

13 성중 사람의 딸들이 물 길으러 나오겠사오니 내가 우물 곁에 서 있다가 14 한 소녀에게 이르기를 청하건대 너는 물동이를 기울여 나로 마시게 하라 하리니 그의 대답이 마시라 내가 당신의 낙타에게도 마시게 하리라 하면 그는 주께서 주의 종 이삭을 위하여 정하신 자라 이로 말미암아 주께서 내 주인에게 은혜 베푸심을 내가 알겠나이다_창 24:13~14

배우자 기도를 구체적으로 하라고 하면 보통 "키는 몇 센티미터에, 용모는 이렇고, 학벌은 저렇고……" 이런 기도를 합니다. 그런데 엘리에셀의 기도는 다릅니다. 우물에 물을 길으러 나오는 소녀에게 "나로 마시게 하라" 청했을 때 자기뿐만 아니라 낙타에게까지 물을 마시게 하는 소녀가 있다면 그 소녀야말로 주께서 이삭을 위해 정하신 배필인 줄로 알겠다는 겁니다.

하나님은 겸손한 자에게 늘 지혜를 주시는데, 엘리에셀이 모든 것을 한 번에 알아볼 방법을 생각해 냈습니다. 나그네뿐 아니라 그의 낙타에게도 물을 마시게 하는 처자라면 따듯함과 배려심을 두루 갖춘 배필감 아니겠습니까. 즉, 엘리에셀은 배필감의 영적인 면모를 알아보고자 육적으로 섬기는 모습을 보여 달라고 기도한 것이죠. 가장 영적인 것이 가장 육적인 것이기도 하기에, 그야말로 예리한 인격 테스트를 해 보겠다는 겁니다.

지금 엘리에셀이 나홀의 성에 이르렀는데 아브라함의 동생인 나홀은 지난 창세기 22장에서도 등장했습니다. 아브라함이 이삭을 번제로 드리라는 하나님의 시험을 통과한 후에, 성경은 나홀의 족보를 기록합니다(창 22:20~24). 그런데 이때 이삭의 배필이 될 리브가의 이름도 언급합니다. 이는 하나님이 이삭의 짝을 예비해 두셨다는 것을 보여 줍니다. 그러나 하나님이 미리 정하셨어도 내가 기도로 찾아가야 합니다. 어떤 일이든지 하나님의 예정 아래 있지만, 내가 구체적인 기도를 통해 묻고 인도 받아야 합니다.

엘리에셀은 주께서 정하신 배필이 저녁때쯤 우물가에 나오리라 생각하고 그곳에 낙타를 꿇리고서 기다립니다. 당시 우물은 마을의 중심지로, 여러 사람을 만나며 정보를 얻을 수 있는 곳이었습니다. 또 저녁때는 모두 자기 물 긷기에 바쁠 시간이니 신붓감의 면모를 테스트해 보기에도 적당한 때입니다. 800km를 걸어왔는데도 엘리에셀은 쉬지 않고 치밀하고도 충실하게 사명에 착수합니다.

'영적 후사를 위한 일인데 왜 이렇게까지 야비하게 시험하느냐'고 말하는 분도 있을지 모르겠습니다. 그러나 영적 후사를 위한 시험이니까 더욱 신중하게 준비해야 하지 않겠습니까. 자기 이해타산이 걸린 일도 아닌데 엘리에셀은 마치 자기 일처럼 사력을 다합니다. 이렇게 신실한 사람만이 주께서 정하신 자를 만날 수 있습니다. 능력 있는 사람이 아니라 겸손한 마음으로 기도하는 사람이 주께서 정하신 자를 만납니다.

아무리 하나님이 모든 것을 예비하셨다고 해도 내가 때마다 시마다 기도하면서 응답을 받아야 합니다. 엘리에셀이 "나와 낙타에게 물을 마시게 하는 소녀가 주께서 정하신 자인 줄 알겠나이다"라고 구체적으로 기도한 이유가 무엇이겠습니까? 그 한 가지 행동이 가정교육과 신앙 배경, 소녀의 성품까지 보여 준다는 걸 오랜 경험으로 알았기 때문입니다. 엘리에셀이 리브가를 우연히 만난 것이 아닙니다.

결혼은 신중하게 결정해야 합니다. 상대와 사계절을 겪어 보는 것도 필요합니다. 그러나 그보다 믿음의 부모나 선배가 더 실제적인 도움을 줄 수 있다는 걸 본문을 통해서 봅니다. 사시사철이 아니라 5년, 10년을 겪어 본다고 해도 연애는 그저 연애에 불과하기 때문입니다. 엘리에셀의 기도와 인도로 이삭과 리브가는 서로 얼굴도 모르고 결혼을 결정하지 않습니까? 그러므로 사랑은 결혼의 필수 조건이 아닙니다. 한 집사님은 이제야 인연을 만났다면서 아내와 이혼하겠다고 제게 선포(?)를 하시더군요. 전문직에 종사하며 나름 이름이 알려진 분인데 유흥업소의 여자에게서 사랑을 느꼈다는 겁니다. 이 '사랑'에 속지 마십시오.

영국의 극작가이자 소설가인 조지 버나드 쇼(George Bernard Shaw)는 결혼을 가리켜 "가장 폭력적이고, 가장 어리석고, 가장 기만적이며, 가장 덧없는 감정의 영향력 아래서 두 사람을 하나로 묶어 주는 제도"라고 평했습니다. 죽음이 서로를 갈라놓을 때까지 비정상적인 흥분 상태를 유지하겠다는 맹세가 결혼이라는 겁니다. 이는 죽을 때까지 열정을 유지하리라는 인간의 비현실적인 기대를 풍자한 말입니다. 이처럼 세상은 오직 사랑만이 결혼의 기반이라고 여깁니다.

미국의 작가이자 역사가인 스테파니 쿤츠(Stephanie Coontz)의 책 『진화하는 결혼』에 나오는 내용입니다. 어떤 시대나 문화권에서는 사랑과 결혼을 양립할 수 없는 것으로 여겼다고 합니다. 예를 들어, 고대 인도 사람들은 결혼 전에 사랑에 빠지는 것을 파괴적이다 못해 반사회적인 행동으로 보았습니다. 그리스인들은 상사병을 일종의 광기로 생각했고, 중세 프랑스에서는 사랑을 정신착란이라고 정의했습니다. 그래서 아들이 아무리 부인을 사랑해도 며느리가 집안을 해치면 부모가 이혼을 강요할 수 있었고, 시부모의 권리를 위협하는 며느리는 당장에 친정으로 돌려보냈다고 합니다. 또 당시 지나치게 아내를 사랑하는 남자를 간부(姦夫)라고 치부하기도 했습니다. 이외에도 많은 문화권에서 사랑을 결혼의 전제 조건으로 보지 않았다고 합니다.

근대 유럽 사람들 사이에는 이런 속담이 유행했답니다. "사랑 때문에 결혼하는 사람은 밤은 즐겁지만 낮은 괴롭다." 오늘날 결혼생활에 환멸을 느끼는 남편이나 아내들도 이런 말을 할 것입니다. "내가 뭐에 홀려 당신을 사랑해서 결혼까지 한 거지?" 그러므로 결혼을 두고서 구체적인 테스트를 해야 합니다. 함께 믿음의 계보를 이어 갈 사람인지 아닌지 영적인 테스트가 필요합니다.

- 배우자 기도를 할 때 무엇을 구합니까? 영적인 것을 우선순위에 두고 구하고 있습니까?
- '사랑하니까 다 괜찮아' 하면서 결혼을 밀어붙이고 있지는 않습니까? 영적인 테스트를 하면서 믿음의 분별을 하고자 노력합니까?

합당한 기도를 할 때 신속히 응답을 받습니다

15 말을 마치기도 전에 리브가가 물동이를 어깨에 메고 나오니 그는 아브라함의 동생 나홀의 아내 밀가의 아들 브두엘의 소생이라 16 그 소녀는 보기에 심히 아리땁고 지금까지 남자가 가까이하지 아니한 처녀더라 그가 우물로 내려가서 물을 그 물동이에 채워가지고 올라오는지라_창 24:15~16

엘리에셀이 말을 마치기도 전에 리브가가 물동이를 메고 나옵니다. 엘리에셀의 기도에 하나님이 신속히 응답하신 것입니다. “그들이 부르기 전에 내가 응답하겠고 그들이 말을 마치기 전에 내가 들을 것이며”라는 이사야 말씀이 그대로 이루어진 순간입니다(사 65:24).

‘리브가’라는 이름에는 “신속히 매다”, “올가미”, “고리”라는 뜻이 있습니다. 그 이름대로 언약의 혈통을 잇는 고리 역할을 리브가가 합니다. 엘리에셀은 아직 모르지만, 성경의 저자는 리브가가 아브라함의 동생 나홀의 본처인 밀가의 아들 브두엘의 소생이라는 걸 알고 있습니다. 아브라함이 그토록 원했던 내 고향 내 족속이요, 적자(嫡子) 소생입니다. 게다가 보기에 심히 아리땁기까지 합니다. 남자가 가까이하지 아니한 성결한 처녀로 행실과 정절, 신앙과 미모를 골고루 갖춘 그야말로 일등 신붓감입니다.

먼저 엘리에셀은 리브가가 자신에게 맡겨진 일을 성실히 수행하는 여인인 것을 보았습니다. 당시 우물은 지금처럼 두레박으로 물을 길어 올리는 구조가 아니었습니다. 커다란 웅덩이 형태로, 한번 물을 길으려면 나선형 계단을 내려가 물을 뜬 후 다시 계단을 걸어 올라와야 했습니다. 상당히 번거롭고 수고가 따르는 일인데도 리브가는 묵묵히 자기 일을 담당합니다.

> 종이 마주 달려가서 이르되 청하건대 네 물동이의 물을 내게 조금 마시게 하라_창 24:17

리브가가 물동이를 채우고 올라오자 엘리에셀이 마주 달려갑니다. 가만히 앉아서 하나님이 인도해 주시기만 구하는 게 아닙니다. 내가 할 일을 하면서 구해야 합니다.

> 18 그가 이르되 내 주여 마시소서 하며 급히 그 물동이를 손에 내려 마시게 하고 19 마시게 하기를 다하고 이르되 당신의 낙타를 위하여서도 물을 길어 그것들도 배불리 마시게 하리이다 하고 20 급히 물동이의 물을 구유에 붓고 다시 길으려고 우물로 달려가서 모든 낙타를 위하여 긷는지라_창 24:18~20

엘리에셀이 "물을 내게 조금 마시게 하라" 청하니 리브가가 물동이를 급히 내려 마시게 합니다. 그러고는 부탁도 하지 않았는데 그의 열 마리 낙타까지 배불리 마시게 합니다. 물 없이 여러 날을 지낼 수 있는 낙타는 한 번에 약 95L의 물을 마신다고 합니다. 고대 항아리는 11L 정도의 물을 채울 수 있는 크기였습니다. 따라서 한 낙타를 먹이려면 족히 8번에서 10번은 우물을 오가야 합니다. 그런데 열 마리를 배불리 마시게 했다고 하니 따져 보면 우물길을 백 번 정도 오르락내리락한 겁니다. 엘리에셀이 참 힘든 프로젝트를 시험했습니다.

리브가는 일상생활을 잘 사는 여인이요, 초인적인 의지를 가진 훌륭한 처녀였습니다. 그냥도 아니고 급히 붓고, 달려가서, 길었다고 합니다. 물동이를 '급히' 내려 엘리에셀을 마시게 하고, 구유에 물을 '급히' 부어 낙타도 마시게 한 뒤 다시 길으러 달려갑니다. 누구보다 부지런히 섬깁니다. '급히'라는 말이 두 번이나 반복해 나오는 것은 리브가와의 만남이 기도의 응답임을 강조하기 위해서입니다. 그녀가 바로 이삭의 신붓감이었습니다.

리브가가 하나님의 어려운 시험을 통과했습니다. 그녀는 물 긷는 일상생활에 성실했습니다. 또 불편을 감수하며 늙은 나그네와 낙타까지 섬기는 긍휼함과 진실함을 가졌습니다. 엘리에셀이 그런 그녀를 묵묵히 주목합니다.

> 그 사람이 그를 묵묵히 주목하며 여호와께서 과연 평탄한 길을 주신 여부를 알고자 하더니_창 24:21

하나님의 인도를 잘 받는 비결은 끝까지 잘 지켜보는 것입니다. 엘리에셀이 기도하자마자 그대로 이루어졌으니 얼마나 흥분되었겠습니까. 그러나 엘리에셀은 침착하게, 끝까지 리브가를 지켜봅니다.

> 낙타가 마시기를 다하매 그가 반 세겔 무게의 금 코걸이 한 개와 열 세겔 무게의 금 손목고리 한 쌍을 그에게 주며_창 24:22

엘리에셀이 하나님의 응답이라는 걸 확신하고 약혼 예물, 즉 언약의 선물을 리브가에게 줍니다. 당시로는 최고의 예물이었습니다.

누군가는 "너무 성급히 결정한 것 아닌가. 어떻게 도착하자마자 응답을 받을 수 있는가?" 반문할지도 모르겠습니다. 하지만 하나님이 시간을 버리지 않도록 인도하신 것입니다. 쓸데없이 지체하지 않고 하루바삐 돌아오게 하십니다. 돌아보면 주님은 저 또한 시간을 낭비하지 않도록 이끄셨습니다. 하루 만에 남편을 천국에 데려가시며 간호하는 데 시간을 쓰지 않게 하셨습니다. 물론 아픈 가족을 돌보면서 주의 일을 하는 분도 많습니다. 저는 그보다 온 땅에 복음 전하는 사명을 받은 것이지요. 그때부터 지금까지 제가 시간을 허투루 쓰는 법이 없습니다.

또 "열심히 기도하니 성품도, 배경도 잘 갖춘 배필을 만났구나" 하고 본문을 문자적으로 읽어서도 안 됩니다. 우리가 믿음의 조상이라 부르는 사람들을 보십시오. 야곱의 유명하고 자랑스러운 아들 요셉은 애굽 여인과 결혼했습니다. 또 야곱의 맏아들 르우벤은 아버지의 첩인 빌하와 통간했습니다. 넷째 아들 유다는 어떻습니까? 가나안 여인과 불신결혼을 하고는 두 아들이 죽자 며느리 다말과 동침해서 아들까지 낳았습니다. 그런데 그 아들 베레스가 예수님의 조상이 되었습니다. 주께서 정하신 자는 리브가처럼 잘 갖춘 사람도 있지만 다말같이 비천한 사람도 있습니다. 이를 증명이라도 하듯, 마태복음 1장 예수님의 족보에 리브가는 없는데 다말은 그 이름이 찬란히 올랐습니다. 그러므로 주께서 정하신 만남에 대해 윤리적 잣대로 생각해서는 안 됩니다.

죄 많은 곳에 은혜도 많습니다. 겉보기에 부족해도 주께서 정하신 배우자일 수 있습니다. 죄가 많아도 주님께 나아가 자기 죄를 통회하는 자라면 그보다 훌륭한 배우자감이 어디 있겠습니까. 신결혼을 위해서 구체적으로 기도하라는 것은 곧 영적으로 구하라는 뜻입니다. 그런데 우리는 주께서 정하신 만남에는 관심 없고 끊임없이 내가 정한 만남에만 관심이 있습니다. 내가 배우자를 정합니다. 내가 돈이 많고, 내가 공부 잘하고, 내가 선하고, 내가 공을 세웠다고 생각하기에 내가 만남을 정합니다. 그래서 복음은 뒷전에다 배우자 기도조차 하지 않습니다. 내가 하려고 하니까 걱정, 근심도 많습니다. '어차피 잘못될 결혼을 뭐 하려고 해?', '하나님이 정말 내 짝을 정해 주시겠어?', '왜 나는 교제만 하면 이상하게 꼬여 버리지?', '결혼은 나를 구속할 뿐이야!', '더는 상처 받기 싫어, 화려한 싱글로 살겠어!', '결혼했다가 이혼하면 어쩌지?'…… 결혼 못 할 이유만 백 가지입니다.

우리가 하나님께 구하지 않는 건 죄성 때문입니다. 우리는 다 죄인이기에 본성부터 죄에 물들어 있습니다. 죄는 인간의 행위뿐만 아니라 사고와 감정까지 오염시킵니다. 이 죄성을 기반으로 사람을 판단하고 비전과 목표를 세우기 때문에 주께서 정하신 만남을 만날 수 없는 겁니다.

기독교 심리 상담의 권위자인 래리 크랩(Lawrence J. Crabb)은 "오늘날 우리는 즉석 처방의 시대에 살고 있다"고 지적합니다. 요즘은 알약 한 알이면 불면도 단잠으로 바뀝니다. 드라마 속 가정 문제는 극이 끝나기 전에 반드시 해결됩니다. 드라마가 방영되는 2~3개월, 길면 6개월이라는 시간 안에 모든 문제가 마무리됩니다. 모두가 이런 급속 해결에 익숙해져서 결혼 문제에서도 신속하고 간편한 해답만을 구하려 합니다. 부부 관계가 손쓸 수 없이 심각한 상태에 빠졌는데도 쉬운 해

법을 제시해 줄 곳만 찾아 헤맵니다. 단순히 행동 방식만 문제라면 잘못된 행동을 찾아서 옳게 고치기만 하면 되지요. 그러나 행위만 바뀐다고 존재까지 바뀌지는 않습니다. 인간의 행동을 좌우하는 이기심과 두려움은 간단한 교정으로는 해결되지 않습니다.

현대의 전문 상담가들은 인간의 삶을 복잡한 심리학 이론으로 설명하려 합니다. 기독교 심리학자들조차 인간의 죄와 책임보다는 무의식적 동기와 정서적 상처만을 다룹니다. 그러나 그것만으로는 문제가 해결되지 않습니다. 사람의 마음을 바꾸려면 반드시 하나님의 손길이 닿아야 합니다. 그리스도 안에서 내 모든 필요가 이미 채워졌다는 사실을 인식하지 못하면, 오로지 공허함이 삶을 이끄는 동기가 됩니다. 외로워서 아무나 만나고, 마음의 빈자리가 클수록 관계에 집착합니다. 그러나 죄인인 인간은 스스로 필요를 채울 수 없습니다.

저도 예수님을 인격적으로 만나기 전에는 채워지지 않는 공허함에 삶이 외롭고 힘들었습니다. 그러다 그리스도께서 피로써 내 죗값을 온전히 지불하셨다는 진리를 깨닫고서는 모든 필요가 채워졌습니다. 질그릇이 깨어져 그리스도의 보배가 드러나자 남편의 사랑과는 비교할 수 없는 그리스도의 사랑이 제 삶을 채웠습니다(고후 4:7). 그때부터는 상처를 곱씹지 않고 다른 사람을 돕는 자로 지경이 넓어졌습니다.

"그리스도께서 나를 위해 죽으셨다!" 어떤 만남에서도 이 진리를 믿으십시오. 그러면 나는 이미 모든 것이 채워진 자이기에 누구에게 구걸하고 빌붙고 거짓말할 필요가 없습니다. 예수님을 만나야만 내 필요로만 향하는 이기적 집착에서 자유로워질 수 있습니다. 내 남편, 내 아내가 어떠하든지 상관없게 되는 겁니다.

> 23 이르되 네가 누구의 딸이냐 청하건대 내게 말하라 네 아버지의 집에 우리가 유숙할 곳이 있느냐 24 그 여자가 그에게 이르되 나는 밀가가 나홀에게서 낳은 아들 브두엘의 딸이니이다 25 또 이르되 우리에게 짚과 사료가 족하며 유숙할 곳도 있나이다_창 24:23~25

하나님이 신속히 응답해 주셨어도 확인 절차를 밟습니다. 엘리에셀이 "네가 누구의 딸이냐"고 묻자 리브가가 "밀가가 나홀에게서 낳은 브두엘의 딸"이라고 대답합니다. 어머니는 말하지 않고 할머니, 할아버지, 아버지만 언급합니다. 통하는 사람끼리는 어떻게 묻고 답해야 하는지 잘 압니다. 아무리 내 부모라도 믿음이 없으면 이야기하지 않습니다. 내가 자랑하고 싶은 사람은 '믿음의 사람'입니다.

할아버지와 할머니가 나홀과 밀가입니다. 아브라함에게는 나홀과 하란, 두 형제가 있었습니다. 하란은 먼저 죽고, 아브라함은 떠나고, 나홀은 고향 땅에 남았습니다. 나홀은 당시 관행대로 죽은 하란의 딸 밀가와 결혼하여 그 집의 기업을 이어 주었습니다. 리브가가 할머니 밀가의 이름을 먼저 언급한 것은 그녀가 집안에서 믿음이 가장 뛰어나기 때문이라고 추측됩니다. 나홀에게는 여러 부인이 있었지만 밀가가 조강지처입니다. 리브가의 아버지인 브두엘은 나홀의 아들이자 하란의 손자입니다. 그야말로 아브라함의 핏줄로 도배된 집안입니다. 아브라함의 바람대로 내 고향, 내 족속 여인입니다.

또한 엘리에셀이 "유숙할 곳이 있느냐"고 묻자 리브가가 "우리에게 짚과 사료가 족하다"라고 말합니다. 낙타의 먹이까지 헤아리면서 엘리에셀을 돕고자 하는 것입니다. 언어는 그 사람의 마음을 대변하는데 리브가가 평소 훈련을 잘 받았기에 이런 훌륭한 대답을 하지 않았겠습니까. 완전무결한 주께서 정하신 자를 마침내 찾아냈습니다. 하나님이 엘리에셀의 기도에 즉시 응답하셨습니다. 주님의 치밀한 예비하심에 엘리에셀이 얼마나 전율했을까요!

- 즉시 응답 받은 기도는 무엇입니까? 아무리 기도해도 응답 받지 못하는 제목이 있다면 내 기도를 돌아봅시다. 하나님의 뜻에 맞는 기도입니까?
- 공허함을 채우고자 내가 집착하는 일이나 관계는 무엇입니까?

하나님을 찬양하는 기도를 해야 합니다

26 이에 그 사람이 머리를 숙여 여호와께 경배하고 27 이르되 나의 주인 아브라함의 하나님 여호와를 찬송하나이다 나의 주인에게 주의 사랑과 성실을 그치지 아니하셨사오며 여호와께서 길에서 나를 인도하사 내 주인의 동생 집에 이르게 하셨나이다 하니라

_창 24:26~27

"여호와께서 길에서 나를 인도하사 내 주인의 동생 집에 이르게 하셨다!" 엘리에셀은 고백합니다. 이는 곧 하나님이 모든 일을 행하셨다는 의미입니다. 하나님이 언약하시고, 하나님이 이루셨기에 엘리에셀은 머리를 숙여 하나님을 경배하고 찬송합니다. "찬송하나이다"는 원어로 '바라크'로 '축복하다', '무릎을 꿇다'라는 뜻입니다. 그만큼 엘리에셀이 하나님을 깊이 예배했다는 의미입니다. 우리도 매사 나를 인도해 가시는 하나님 앞에 무릎을 꿇고 경배해야 합니다. 무슨 일을 하든지 하나님으로 시작해서 하나님으로 끝나야 합니다.

그러면 "여호와께서 나를 인도하셨다"는 이 엘리에셀의 간증이 우리의 간증이 되려면 어떻게 해야 할까요? 결혼의 목적은 땅과 후사를 얻는 것이라고 했습니다(창 24:7). 인생의 목적이 그러하듯 결혼의 목적도 '거룩'입니다. 그러므로 무엇보다 나를 진심으로 돌보아 주는 신앙 선배들의 조언에 귀를 기울여야 합니다. 함께 기도하고, 주목하며, 말씀으로 인도해 주는 공동체 안에 거하는 것이 축복 중의 축복입니다. 땅과 후사를 목적에 두고 공동체의 권면에 귀 기울여 오직 믿음으로 결혼을 결정한다면 진실한 사랑도 따라올 것입니다.

또 반드시 부모의 결정을 따라서 결혼해야 하는 것도 아닙니다. 아브라함과 사라는 이삭의 결혼 과정에서 어떤 역할도 맡지 않았습니다. 이것은 결혼이라는 프로젝트가 부모의 판단에만 달린 것이 아님을 보여 줍니다. 아브라함과 사라가 이삭의 신붓감을 결정했다고 생각해 보세요. 자녀의 배우자감은 반드시 부모가 골라 주어야 한다는 고정관념을 심어 주지 않겠습니까. 부모의 역할만 부각되며 자칫 부모가 우상화될 수도 있습니다. 그래서 아브라함도, 사라도 큰 역할을 하지 않았습니다. 사라는 죽었고, 아브라함은 엘리에셀에게 모든 것을 위임합니다.

엘리에셀의 걱정이 무색하게 느껴질 만큼 하나님이 모든 일을 일사천리로 해결해 주셨습니다. 그러나 하나님이 그냥 뚝딱 해결해 주신 게 아닙니다. 이것은 아브라함 삶의 결론입니다. 아브라함이 일생 믿음의 훈련을 잘 받았기에 이런 상이 기다리고 있습니다. 아브라함과 사라가 평생 믿음으로 살아 낸 결론입니다. 바랄 수 없는 중에 바라며 살아도 살고 죽어도 사는 부활 신앙이 내게 있다면, 내가 죽은 후에라도 하나님이 자녀를 방문해 주셔서 주께서 정하신 만남을 만날 줄 믿습니다.

"가나안 족속의 딸 중에서 내 아들을 위하여 아내를 택하지 말라"(창 24:3), "절대 불신결혼은 하지 말라!" 사라가 죽은 후 아브라함이 이 말을 유언처럼 남겼습니다. 오직 예수, 오직 믿음입니다. 우리의 유언도 영적 후사에 관한 것이어야 합니다. "예수를 믿은 것이 내가 가장 잘한 일이다. 내 소원은 너희가 예수 믿는 것밖에 없다!" 이 말이 쉬워 보여도 하기가 참 어렵습니다. 그래서 죽을병에 걸린 사실을 숨기면서까지 "내가 죽기 전에 결혼하라"며 자녀에게 결혼을 종용하는 부모도 있습니다. 온몸으로 "이 세상이 최고다"라고 가르치는 겁니다. 평생 부모가 하나님의 인도를 따르지 않았는데 자녀가 어떻게 영적 후사가 되겠습니까.

사실 저도 결혼을 놓고 구체적인 기도를 하지 않았습니다. 그런데도 제가 어떻게 영적 후사가 되었을까 생각해 보곤 합니다. 사라처럼 저희 어머니도 제가 결혼하는 것을 못 보고 돌아가셨습니다. 그러나 생전에 어머니가 늘 눈물로 기도하며 믿음으로 살아 내셨기에, 제가 이상한 결혼을 한 것 같아도 하나님이 저를 방문하여 권고해 주셨습니다. 주께서 정하신 만남으로 바꾸어 주셨습니다. 저도 죄에 물든 부분이 많지만, 엄마의 삶을 따라가려고 노력하다 보니 하나님께서 늘 회개하는 마음을 제게 주십니다. 그러므로 자녀가 어긋난 선택을 했더라도 부모가 삶으로 보인 것이 있으면 자녀가 힘들어 부르짖을 때 하나님이 찾아가 주실 줄로 믿습니다. 엘리에셀처럼 예수 그리스도께서 말할 수 없는 탄식으로 우리를 위하여 친히 간구하고 주목하고 기다려 주시며(롬 8:26), 내 자녀들을 주께서 정하신 만남으로 이끄실 줄 믿습니다.

- 모든 일을 하나님으로 시작해 하나님으로 끝맺고 있습니까? 성공해도 실패해도 "하나님이 나를 인도하셨다"고 고백하며 찬송합니까?
- 자녀를 신결혼시키기 위해 부모인 내가 먼저 믿음으로 살아 내고 있습니까?

인생의 목적이 그러하듯
결혼의 목적도 '거룩'입니다.
땅과 후사를 목적에 두고 공동체의 권면에
귀 기울여 오직 믿음으로 결혼을 결정한다면
진실한 사랑도 따라올 것입니다.

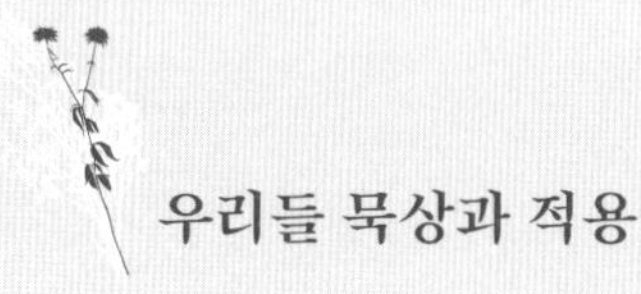

우리들 묵상과 적용

고등학교 때까지 공부와 담을 쌓던 아들이 작년에 재수를 하겠다고 나섰습니다. 처음에는 제법 공부에 집중하던 아들은 중반을 넘어서니 서서히 느슨해졌습니다. 급기야 수능 40일을 남겨 두고는 고1 때 같은 반이었던 여자아이와 연락을 주고받다 교제를 시작했습니다. 막판 스퍼트를 내야 할 때 연애를 시작했으니 수능 시험 성적은 당연히 기대에 못 미쳤습니다. 저는 아들의 이른 연애가 해석되지 않아 답답했습니다. 게다가 아들의 여자 친구는 대학을 포기하고 일찍이 사회생활을 하고 있어 대학생의 풋풋한 연애도 아니라서 걱정되었습니다.

하지만 저 역시 고등학교의 억압된 분위기가 싫어 일찍 자퇴한 뒤, 바른 생활과 거리가 먼 삶을 살았습니다. 연애도 집안 어른들에게 묻지 않고 제 뜻대로 시작했기에 아들에게 부모의 권위를 주장할 처지도 못 됩니다. 물론 우리 부부는 들은 말씀이 있어서 평소 자녀들에게 "너희는 이성 교제를 시작하면 꼭 말해야 한다. 우리는 믿음만 볼 테니 믿는 가정의 아이와 교제해야 한다"라고 권면해 왔습니다. 그러나 그렇게 말하면서도 제 마음 한편에는 자녀들이 좋은 집안의 잘나가는 아이를 만났으면 하는 욕심이 남아 있었습니다.

그러다 보니 엘리에셀은 이삭의 배필을 알아보고자 구체적으로 기도했지만(창 24:12~14), 저는 아들이 여자 친구를 만난다고 고백했을 때 기도하기보다 제 생각대로 "재수의 때에 어떻게 여자 친구를 만났니?", "여자 친구 직업은 뭐고, 어떤 집안이냐?"라고 묻고 싶었습니다. 하지만 리브가가 주님이 만나게 하신 이삭의 배필인지 확인하고자 누구의 딸이냐고 물은 엘리에셀처럼(창 24:23), 우리 부부는 하나님의 은혜로 설득되어 "믿는 집 자녀냐? 교회는 다니냐?"고만 물었습니다. 아들은 "믿는 집이고, 여자 친구도 교회에 다녀요"라고 이야기했습니다. 이에 우리 부부는 "그럼 되었다"고 했습니다.

이렇게 믿음의 확인 절차를 거친 후 아들의 일상과 신앙은 바로잡혀 가고 있습니다. 아들은 믿음의 지체인 여자 친구의 조언을 따르며, 코로나 팬데믹이 종식되면 여자 친구와 함께 청년부 예배를 드리기로 약속했답니다. 아들이 리브가같이 지혜로운 여자 친구를 만난 듯해 "할렐루야!"가 나옵니다(창 24:15). 엘리에셀처럼 저도 영적 후사를 위해 언약에 근거한 기도를 하며, 아들의 교제를 끝까지 잘 지켜봐 주기 원합니다.

영혼의 기도

아버지 하나님, 주께서 정하신 만남은 복음으로 준비되어야 한다고 말씀하십니다. 영적인 것을 구체적으로 구해야 한다고 말씀하십니다. 그러나 주님의 구체적인 인격 테스트에 우리가 어찌 합격할 수 있겠습니까. 수고하며 물을 긷는 배필 시험에 통과할 자신이 없습니다. 우리의 모든 생각과 행동, 목표와 꿈도 다 죄로 오염돼서 수고스러운 일에는 생색부터 나고 합리화하려 듭니다. 예수를 믿고 날마다 성경을 읽어도 합리화의 달인만 되어 갑니다. 우리를 불쌍히 여겨 주옵소서.

내 힘으로는 주께서 정하신 만남을 만날 수 없습니다. 그러나 엘리에셀 같은 나의 예수님이 우리를 위해 탄식하며 간구하시기에 소망이 있습니다. 내가 가진 것 없어도, 부모나 도와줄 사람 한 명 곁에 없어도 나의 주, 나의 예수님께서 믿음의 만남으로 이끌어 주실 줄 믿습니다. 부모가 믿음으로 살아 낼 때 주께서 그 자녀들도 방문해 주시고 권고해 주실 줄 믿습니다.

그런데 우리는 주께서 정하신 만남이 아니라 내가 정한 만남에만 관심이 있습니다. 죄로 오염된 내 생각으로 만나려 하니까 맨날 상대의 세상적인 조건만 들여다봅니다. 그러나 주께서 정하신 만남은 옳고 그름이나 외모가 잣대가 아니라고 하십니다. 부족하고 연약해도 예수 안에서 만나는 것이라고 하십니다. 결혼을 앞둔 우리의 자녀들이 이런 만남을 만나게 역사하여 주옵소서. 주께서 정하신 만남을 알아볼 수 있는 영적 눈을 우리 자녀들에게 허락해 주옵소서. 예수님 이름으로 기도하옵나이다. 아멘.

03.

결혼과 하나님의 인도

창세기 24:28~49

_________ 하나님 아버지,
우리의 결혼 문제에서 하나님의
선하신 인도를 받기를 원합니다.
말씀하여 주옵소서. 듣겠습니다.

〈남편에게 종교는 갈등의 씨앗이었다〉라는 제목의 칼럼을 읽었습니다. 그 내용은 이렇습니다. 한 남자가 한 여자에게 첫눈에 반해서 결혼까지 약속했습니다. 그런데 뜻밖에 난관에 부딪혔습니다. 독실한 기독교 신자인 여자의 부모가 그가 불신자라는 이유로 결혼을 반대하고 나선 것입니다. 남자는 여자 부모의 청대로 교회에 나가기로 약속하고서 겨우 결혼 허락을 받았습니다. 예배에 성실히 출석할 뿐만 아니라 십일조도 꼬박 드리고, 결혼 예식도 교회에서 치르기로 약속했습니다. 그런데 결혼하고 나서도 종교 문제로 매사 순탄치가 않은 겁니다.

결국 일이 터졌습니다. 결혼 후 첫 번째 제사가 돌아왔는데, 아내가 제사는 우상숭배라면서 추모예배로 드리겠다고 하자 시어머니가 폭발하고 만 것입니다. 그동안 아들을 위해서 많은 것을 양보했는데 제사마저 폐하겠다고 하니 더 이상 참을 수가 없었던 겁니다. 시어머니는 "제사를 안 드리려면 당장 이 집에서 나가라"며 강수를 두었고,

아내도 지지 않고 집을 나가 버렸습니다. 이 부부가 그때부터 별거를 시작해서 석 달 만에 합의이혼을 했답니다.

이것이 비단 이 가정만의 문제겠습니까. 믿음의 문제를 종교 문제로 보아서는 안 됩니다. '예수를 믿느냐, 안 믿느냐'는 생명의 문제입니다. 그러므로 "내가 한번 믿어 볼게"라는 상대의 대답만 믿고 결혼을 덥석 결정해서는 안 됩니다. 창세기 24장 전부를 할애하여 이삭의 결혼 과정을 심도 있게 다루는 것은, 예수님의 신부인 성도에게 신결혼이 그만큼 중요한 문제이기 때문입니다. 주께서 정하신 만남으로 리브가가 택함을 받았습니다. 이제 리브가도 결단을 해야 합니다. 그녀가 어떻게 인도 받는지 본문을 통해서 보겠습니다.

부모의 동의를 얻어야 합니다

28 소녀가 달려가서 이 일을 어머니 집에 알렸더니 29 리브가에게 오라버니가 있어 그의 이름은 라반이라 그가 우물로 달려가 그 사람에게 이르러 30 그의 누이의 코걸이와 그 손의 손목고리를 보고 또 그의 누이 리브가가 그 사람이 자기에게 이같이 말하더라 함을 듣고 그 사람에게로 나아감이라 그때에 그가 우물가 낙타 곁에 서 있더라 31 라반이 이르되 여호와께 복을 받은 자여 들어오소서 어찌 밖에 서 있나이까 내가 방과 낙타의 처소를 준비하였나이다 32 그 사람이 그 집으로 들어가매 라반이 낙타의 짐을 부리고 짚과 사료를 낙타에

게 주고 그 사람의 발과 그의 동행자들의 발 씻을 물을 주고 33 그 앞에 음식을 베푸니 그 사람이 이르되 내가 내 일을 진술하기 전에는 먹지 아니하겠나이다 라반이 이르되 말하소서_창 24:28~33

고대 메소포타미아는 모계 중심 사회로 어머니가 중추적인 역할을 했습니다. 그러므로 리브가가 달려가 '어머니의 집'에 알렸다는 것은 집안에서 가장 큰 어른에게 가서 고했다는 의미입니다.

부모도 여러 부류가 있습니다. 아브라함과 사라같이 믿음의 부모가 있는가 하면, 브두엘과 라반처럼 믿음이 연약한 부모도 있습니다. 지난 말씀에서 반드시 부모의 의견을 따라서 결혼해야 하는 건 아니라고 했습니다. 그러나 그렇다고 해서 부모의 허락이 필요 없는 것은 아닙니다. 아브라함과 사라, 이삭은 주 안에서 한마음이 되었기에 믿음의 배우자가 최고라는 데 서로 동의했습니다. 사랑도 행복도 아니요, 땅과 후사를 얻는 것이 결혼의 목적임을 이삭은 잘 알았습니다. 그래서 미리 만나 보지 않고 아버지가 구해 주는 처녀와 결혼하겠다고 결심합니다. 아브라함 역시 늙은 종 엘리에셀에게 모든 일을 위임했습니다. 자신이 이삭의 혼사에 나서지 않아도 하나님이 인도해 주시리라고 확고히 믿었기 때문입니다.

그러나 리브가는 다릅니다. 부모가 믿음이 약하기 때문에 그들을 설득시키면서 가야 할 의무가 있습니다. 리브가의 가족은 지극히 세상적입니다. 그 오라버니 라반만 해도 그렇습니다. 30절에 보니 그가 누이의 코걸이와 그 손의 손목고리를 "보고", 누이가 전해 주는 엘리에셀의 이야기를 "듣고" 엘리에셀에게로 나아갔다고 합니다. 리브가가 엘리에셀을 소개하면서 "낙타 열 마리를 끌고 왔더라"는 이야기도 하지 않았겠습니까. 종이 낙타 열 마리를 이끌고 올 정도면 그 주인은 얼마나 부자겠습니까. 그래서 부리나케 달려가 보니 과연 낙타 열 마리가 있는 겁니다. 이 라반이 훗날 리브가의 아들 야곱을 20년간 부려 먹지 않습니까? 이때부터 그 싹이 보입니다. 재물을 심히 탐하는 사람입니다. 리브가의 가족이라면 아브라함과 친족에다 이제 사돈을 맺을 집안인데 이렇게 육적인 것에만 관심이 있습니다. 신결혼이라도 이럴 수 있습니다. 똑같은 믿음의 가족을 만나기가 참 어렵습니다.

"여호와께 복을 받은 자여 들어오소서"라는 라반의 인사도 그렇습니다. 이 말은 곧 "하나님께 복을 받아서 돈도 많구나"라는 의미입니다. 또 한편으로는 아브라함이 고향 땅을 떠나기 전부터 하나님을 예배했으니 리브가의 집 식구들도 하나님에 대해 조금은 알았겠지요. 그래서 아브라함을 의식해 예를 갖춘 것일 수도 있습니다.

그러나 라반이 이해타산을 따져서 말했는지는 모르지만, 엘리에셀이 여호와께 복을 받은 자인 건 맞습니다. 우리도 이왕 놀림 받을 바에 "여호와께 복을 받은 자여" 소리를 들었으면 좋겠습니다. "이 예수쟁이야"라는 조롱이 실은 얼마나 칭찬입니까. 그럴 때 여러분은 어떻게 반응합니까? "내가 예수쟁이 된 데 네가 보태 준 것 있냐!" 하면서 싸우려 듭니까? 나보고 예수쟁이, 광신이라 놀린다면 복인 줄 아십시오.

또 라반이 얼마나 부지런한지 모릅니다. 그 짧은 시간에 처소를 예비하고 부리나케 달려 나가 엘리에셀을 초청합니다. 그뿐만 아니라 동행한 다른 종들의 발 씻을 물과 음식까지 준비해 두었습니다. 언뜻 보면 최선을 다해 영접하는 것 같습니다. 그러나 라반이 재물을 보고 대접한 것이지 않습니까. 분별하기 어려운 섬김입니다. 라반은 머리가 참 잘 돌아가고 재리에 밝습니다.

그러나 지금 중요한 사람은 그 부모도 라반도 아니요, '리브가'입니다. 그 가족이 어떻든 리브가를 데려가야 합니다. 리브가의 믿음이 확실한 것은 이미 확인했습니다. 리브가를 데려가려면 그 부모의 동의를 얻어야 합니다. 그런데 이 부모가 믿음이 같지 않습니다. 굉장히 어려운 프로젝트입니다.

- 구원의 역사에 동참하기 위해 내가 눈높이에 맞춰 설득해야 할 사람은 누구입니까? 믿음이 연약한 가족과는 말이 통하지 않는다면서 내 멋대로 결정하는 일은 없습니까?
- 누군가를 섬길 때 늘 이해타산을 따지지는 않습니까?

엘리에셀 같은 참된 중매인이 필요합니다

"내가 하나님의 열심으로 너희를 위하여 열심을 내노니 내가 너희를 정결한 처녀로 한 남편인 그리스도께 드리려고 중매함이로다"(고후 11:2).

고린도후서에서 바울은 자신을 예수 그리스도의 중매인이라고 소개합니다. 이삭은 약속의 자손이자 교회의 신랑 되시는 예수 그리스도의 예표이기도 합니다.

"기록된 바 아브라함에게 두 아들이 있으니 하나는 여종에게서, 하나는 자유 있는 여자에게서 났다 하였으며, 여종에게서는 육체를 따라 났고 자유 있는 여자에게서는 약속으로 말미암았느니라"(갈 4:22~23).

그러므로 엘리에셀도 이삭의 중매인을 넘어 '그리스도의 중매인'이라고 할 수 있습니다. 그는 아브라함에게 신실한 종이요, 하나님께도 신실한 종이었습니다. 우리도 그렇습니다. 주님이 우리를 먼저 택하여 불러 주신 이유가 무엇이겠습니까? 구원 받은 자로서 또 다른 사람들을 교회의 신랑 되시는 예수 그리스도께 중매하라는 뜻입니다. 세상을 두루 다니며 그리스도를 소개하는 중매인이 되라고 우리를 부르신 줄 믿습니다.

그러면 어떤 사람이 참된 중매인일까요? 본문의 엘리에셀을 통해 그리스도의 중매인이 갖춰야 할 태도를 다섯 가지로 살펴보겠습니다.

첫째, 진정성 있는 진술로 최선을 다해 중매해야 합니다.

그 앞에 음식을 베푸니 그 사람이 이르되 내가 내 일을 진술하기 전에는 먹지 아니하겠나이다 라반이 이르되 말하소서_창 24:33

라반이 음식을 베풀지만 엘리에셀은 "내 일을 진술하기 전에는 먹지 않겠다"고 합니다. 여기서 '내 일'은 아브라함의 일이요, 곧 하나님의 일입니다. 아브라함이 엘리에셀에게 명령했지만 실은 하나님이 명령하신 일입니다. 엘리에셀은 자신의 사명이 우연히 주어진 일이 아니라는 것, 하나님이 명하신 일이라는 것을 분명히 알았습니다. 이처럼 사명을 따라 사는 사람은 어떤 유혹이나 기근에도 넘어가지 않습니다. 하나님이 주신 단 한 번의 인생을 의미 있게 삽니다. 결코 함부로 살지 않습니다.

그런데 생각해 보세요. 800km의 길을 걸어왔으니 엘리에셀이 얼마나 피곤하고 허기졌겠습니까. 게다가 이삭의 신붓감도 찾았습니다. 그러면 음식을 먹고 나서 이야기해도 되지 않습니까? 또 당시 사회에서는 주인의 접대를 받기 전에 방문 목적을 밝히는 것은 결례로 여겨졌습니다. 엘리에셀이 이를 모를 리도 없습니다. 그런데 지금 처음 본 사람들에게 다짜고짜 결혼 문제부터 꺼내는 겁니다. 어떻게 이럴 수 있겠습니까?

이삭의 결혼은 개인의 결혼을 넘어 영적 후사를 위한 사역입니다. 주인 아브라함과 이삭 인생을 통틀어 가장 중요한 일입니다. 그러므로 엘리에셀이 깨어 있을 수밖에 없는 겁니다. 저도 목회하며 늘 한 영혼을 생각하다 보니 깨어 있다는 게 무엇인지 잘 압니다. 아무것도 못 먹을 만큼 엘리에셀에게 지금 이 일이 시급한 겁니다. 언약의 계보를 잇는 이 사명을 완수하기 전에는 아무것도 하지 않겠다는 겁니다.

시편 77편은 아삽이 환난 중에 쓴 시입니다. 그는 "내 영혼이 위로 받기를 거절했다", "주께서 영원히 버리실까 두렵다"라고 고백할 만큼 큰 환난에 처해 있었습니다(시 77:2, 7). 그러나 그는 그 일생일대의 환난 속에서 자신의 연약함을 깨닫고, 하나님이 이스라엘을 속량해 주신 옛일을 기억합니다. 그러고는 "내가 그 행하신 일을 진술하리이다!"라고 선포합니다(시 77:11, 개역한글판). 마찬가지로 엘리에셀도 급박하고도 중요한 이 사명을 두고서 "하나님께서 아브라함에게 행하신 일을 진술하겠다"고 합니다. 하나님이 나에게 행하신 일을 진술하는 것, 이것이 구원의 응답을 받는 길이기 때문입니다.

그러므로 목장(구역예배)에 가서 하나님이 내게 하신 일을 진술하고, 다른 지체의 진술을 잘 듣는 것이 내 일을 인도 받는 최고의 비결입니다. 진술할 실력이 안 된다면 지체들의 진술을 경청하면 됩니다. 그러다 보면 내가 그리스도께 점점 중매됩니다. 응답 받는 구조 속에 내가 있는 겁니다. 이렇게 부모가 응답 받는 구조 속에 잘 붙어 있으면 그 자녀도 믿음의 배필을 만나지 않겠습니까. 내 힘으로는 할 수 있는 것이 없습니다. "자녀를 신결혼시켜야지" 하지만 어디 가서 믿는 배필을 구하겠습니까? 자녀가 신결혼하기 원한다면 지금부터라도 목장에 들어가십시오. 목장 공동체를 우습게 여기는 사람은 내 일이 아무리 잘되어도 언제 꽈당 넘어질지 모릅니다. 하나님이 행하신 일을 진술할 믿음이 내게 없는데, 그러면서 목장도 우습게 여기는데 어찌 자녀가 믿음의 배우자 얻기를 바랍니까. 내가 먼저 응답 받는 구조 속으로 들어가야 합니다. 목장에 가서 주님이 행하신 일을 진술하고, 다른 사람의 진술도 잘 듣기를 바랍니다.

이삭의 혼인을 성사시키는 일은 엘리에셀에게 일생일대의 사명입니다. 그래서 이 일을 완수하기 전에는 아무것도 할 수 없다는 긴장감과 안타까움이 그에게 있습니다. 밥도 못 먹을 정도입니다. 구원이 달린 일인데 얼마나 시급하고 중요합니까! 그런데 우리는 어떻습니까? 배우자가 바람을 피워도, 자식이 속을 썩여도 깨어 있지 못합니다. 하나님이 내게 행하신 일을 진술하기보다 흥신소를 찾아다니고, 배우자 핸드폰이나 뒤지니까 도무지 응답을 받지 못합니다. 그저 지옥을 삽니다. 스스로 위로 받기를 거절합니다. 내 환난을 주님의 마음으로 바라보면서 애통하고 안타까워야 하는데, 내 감정에만 빠져 있으니까 응답도 인도도 못 받는 겁니다.

정말 중요한 사건이나 프로젝트를 두고서 하나님께 인도함을 구한다면 하나님이 나에게 행하신 일을 진술해야 합니다. 엘리에셀도 그동안의 일을 진술합니다. 지난 1절부터 27절까지의 일을 상세히 이야기합니다.

그런데 조금 이상하지요? 우리는 이미 말씀을 읽으면서 엘리에셀의 행적을 따라왔습니다. 그러니 그의 진술 내용은 생략해도 무방하지 않습니까. 그런데 왜 성경은 반복해서, 그것도 지루할 정도로 길게 그 내용을 다시 기록할까요? 성경은 한 구절, 한 구절이 중요한데 말입니다. 그러나 반복되는 데는 반드시 이유가 있지 않겠습니까. 너무 중요하니까 반복했습니다. 성경을 차례대로, 구속사적으로 읽어 가라고 반복했습니다. 그러므로 성령께서 저자의 마음을 움직여서 반복해 기록하게 하신 이 말씀을 겸손히 다시 읽는 것도 내가 응답 받는 구조 속에 있는 겁니다. 어른이 말씀하시면 두 번, 세 번이라도 듣잖아요. 하나님이 우리의 최고 어른인 것 아시죠? 하나님이 괜히 반복해서 말씀하시겠습니까. 그만큼 중요하다는 겁니다.

엘리에셀은 단순히 아브라함의 근황을 알리고자 진술한 것이 아닙니다. 이삭이 축복 받은 아브라함의 후사요, 약속의 자녀라는 것을 강조합니다. 자기 자랑을 하는 것이 아니라 약속의 말씀을 통해 하나님께서 하신 일을 진술합니다.

우리도 그렇습니다. 창세기, 예레미야, 이사야, 시편, 마태복음…… 그날그날 주시는 큐티 말씀을 통해 하나님이 나에게 하신 일을 진술하는 것이 능력입니다. 날마다 주시는 말씀을 토대로 툭 치면 나오는 간증이 내게 있어야 내 자녀들도 영적 배필을 만나지 않겠습니까. 부모의 언어가 달라져야 자녀들이 보고 배우며 믿음의 배필 만나기를 소원하지 않겠습니까. 아무것도 하지 않으면서 "너는 교회 다니는 사람과 결혼해야 해" 말로만 부르짖으니까 자녀들이 아무렇지 않게 불신결혼을 하고, 쉽게 이혼하는 겁니다.

둘째, 신령한 복을 보여 주어야 합니다.

그가 이르되 나는 아브라함의 종이니이다_창 24:34

엘리에셀은 "나는 아브라함의 종이라"는 말로 진술을 시작합니다. 공사(公私)를 분명히 구분합니다. 나는 아브라함의 종이니 아브라함이 명한 일을 먼저 하겠다는 겁니다. 이처럼 겸손하고 신실한 종은 급한 일보다 중요한 일을 우선합니다. 음식을 먹는 것보다 중요한 일이 엘리에셀에게 있습니다. 내가 이곳에 왜 왔는가 이야기하겠다고 합니다.

목장예배도 그렇습니다. 함께 음식을 먹는 것도 중요하지만 그보다 말씀을 보며 나누는 게 우선이고, 서로 사랑하는 것이 제일 중요합니다. 그래서 어떤 날은 나보다 더 힘든 지체의 나눔을 묵묵히 들어줄 수도 있어야 합니다. 또 "빨리빨리 기도하고 말씀 나눕시다" 하며 진도 빼기에 연연해서도 안 되고, 너무 놀기만 하면서 진도를 못 나가도 안 됩니다. 그때그때 말씀으로 인도를 잘 받아야 합니다.

> 35 여호와께서 나의 주인에게 크게 복을 주시어 창성하게 하시되 소와 양과 은금과 종들과 낙타와 나귀를 그에게 주셨고 36 나의 주인의 아내 사라가 노년에 나의 주인에게 아들을 낳으매 주인이 그의 모든 소유를 그 아들에게 주었나이다_창 24:35~36

엘리에셀은 이삭이 아브라함 노년에 낳은 아들이라는 사실을 강조합니다. 하나님께서 나의 주인 아브라함에게 기적을 베풀어 주셨다고 이야기하는 겁니다. 백 세에 아들을 낳았으니 기적 맞지요. 저도 지나온 인생을 돌아보면 주께서 기적을 수없이 베풀어 주셨습니다. 대학에 들어간 것도, 힘든 결혼생활을 견딘 것도, 남편이 먼저 떠났어도 딛고 일어난 것도, 과부로 목회를 하는 것도 기적입니다. 교양으로 똘똘 뭉쳐 있던 제가 어찌 이 험난한 인생을 살아 낼 수 있었겠습니까. 정말 기적이 아닌 일이 없습니다.

"하나님이 아브라함을 창성하게 하셔서 많은 소와 양과 은금과 낙타와 나귀를 주셨다!" 믿음이 연약한 사람에게는 보이는 것으로 설명할 수밖에 없습니다. 라반이 좋아하는 게 돈밖에 없으니까 엘리에셀이 그 수준에 맞춰서 이야기합니다.

우리나라에 기독교가 처음 전파된 시절에는 "못 먹고 못살다가 예수 믿고서 잘살게 되었다"는 간증이 주를 이루었습니다. 당시 성도는 삶 자체가 고난이기에 "십자가를 지라"고 애써 전할 필요가 없었습니다. 예수 믿으면 잡혀가던 때인데 십자가 삶이 저절로 따라오지 않았겠습니까. 그래서 그때는 하나님이 육적인 풍성함을 많이 허락하셨습니다.

그러나 지금은 다릅니다. 전 세계에 복음이 전해지며 많은 사람이 예수를 알고 믿게 되었습니다. 그러므로 이제는 육적인 복보다는 '신령한 복'을 보일 책임이 우리에게 있습니다. "예수 믿더니 달라졌다", "과연 예수 믿는 사람이라 다르다" 이런 말을 듣는 인생이 진짜 창성한 인생이라는 말입니다. 도덕의 유치원 시대인 구약을 지나 장성한 신약시대를 살아가는 우리는, 불신자는 생각지 못할 적용을 해야 합니다. 어떤 일에도 요동함이 없는 범사의 복을 보여야 합니다(창 24:1). 신령한 복, 곧 거룩하신 하나님을 따라 거룩하게 사는 모습을 보여야 합니다. 거룩은 구별이고, 구별은 십자가입니다. 십자가 길은 고난이지만 그와 비교할 수 없는 영광이 기다리고 있습니다. 그러므로 내가 짊어진 십자가가 버겁고, 큰 물같이 나를 삼킬 듯 무서워도 거기에 곧은 길이 있다는 것을 보여 주어야 합니다(시 77:19). 죽을 수밖에 없는 환경에서 살아나는 모습을 보여야 합니다.

저도 십자가만 붙들고 왔는데, 그런 저보고 십자가처럼 생겼다고 이야기한 사람은 아무도 없었습니다. 제가 십자가를 전해야 하니까 얼굴은 십자가처럼 안 생기게 하신 것 같습니다. 제가 고생에 찌든 얼굴이었다면 모두가 십자가 지기 싫다고 하지 않겠습니까. 그래서 하나님이 사명에 딱 맞는 외모도 주셨다고 생각합니다.

아브라함이 실수도 많이 했지만 구별되게 살면서 창성하게 되었습니다. 저도 제 수준에서 말씀을 붙잡고자 노력했더니 점점 구별되게 하십니다. 가치관도 많이 달라졌습니다. 날마다 말씀을 길로 놓고 걸어가니 구별되게 살아야겠다는 마음이 늘 있습니다. 물론 아직 많이 부족합니다.

그러나 신령한 복을 보여 주는 것, 곧 구별되게 살기란 정말 쉽지 않습니다. 특히 이사 갈 때와 결혼할 때 적용하기가 제일 어렵다더군요. 저도 그랬습니다. 아들의 결혼을 앞두고 가장 고민한 것은 축의금 문제였습니다. 누구는 오라 하고 누구는 오지 말라 하는 게 마음에 걸려서 따로 청첩을 보내지 않고 오직 교회 주보에만 아들의 결혼 소식을 알렸습니다. 또 가장 축복해 줄 사람도 우리들교회 성도들이라고 생각했습니다. 우리들교회 성도들은 저의 편지이기 때문입니다(고후 3:2). 제가 설교에서 아들 이야기를 자주 했는데, 그런 아들이 결혼한다니 온 성도가 축하해야 할 일 아니겠습니까.

그런데 한편으로 '온 교인이 온다면 밥은 어찌 먹여야 하나' 걱정이 되었습니다. 밥값 때문에라도 축의금을 받아야 할까 고민했습니다. 그렇게 마지막에 마지막까지 고심하다가 '밥을 못 먹는 사람이 나와도 어쩔 수 없겠구나' 싶었습니다. 그래서 식당이 허용하는 만큼만 식사를 제공하기로 결정했지요. 환난당하고 빚지고 원통한 우리들 성도들에게 축의금 부담을 드리고 싶지 않았습니다.

그런데 웬걸요, 제 걱정이 무색해지게 생각보다 성도들이 많이 안 오셨습니다. 밥이 모자랄까 봐 걱정했는데 오히려 남았습니다. 나중에 들어 보니 제가 축의금을 안 받겠다고 해서 안 오셨다는 겁니다. 돈도 안 내는데 밥을 어찌 먹느냐고요. 성도들도 성도들대로 고민하고 안 오신 겁니다. 이 결혼을 가장 축복해 줄 분은 성도들인데, 썰렁할 정도로 빈 하객석을 보면서 제가 잘못 적용한 것은 아닌가 생각했습니다. '내 의를 드러내려고 축의금을 안 받은 것은 아닌가', '앞뒤가 맞지 않는 적용을 한 것은 아닌가' 스스로 돌아보면서 얼마나 슬펐던지요.

왜냐하면 저는 많은 성도가 오시기를 정말 바랐거든요. 밥을 못 먹는 분이 있어도 많이 오시기를 간절히 바랐습니다. 그런데 성도들이 생각보다 체면쟁이(?)라는 걸 제가 몰랐습니다. 결혼 문화에 본을 보이며, 서로 기뻐하는 축제 같은 결혼이 되길 바랐는데…… 신령한 복을 보이는 게 이렇게 쉽지 않습니다. 제가 얼마나 고민했는지 모릅니다. 부교역자들에게도 결혼식에 몇 명 올 것 같은지 맨날 물어보았습니다. 누구는 3,000명이라 하고, 누구는 더 적을 거라고 하고 정말 종잡을 수 없었습니다. 이렇게 제가 기를 쓰고 고민한 걸 하나님이 기억해 주실 줄 믿습니다.

셋째, 하나님 나라가 가장 중요한 것을 보여 주어야 합니다.

나의 주인이 나에게 맹세하게 하여 이르되 너는 내 아들을 위하여 내가 사는 땅 가나안 족속의 딸들 중에서 아내를 택하지 말고_창 24:37

지금 아브라함이 가나안 땅에 정착하여 잘 살고 있는 걸 우리는 알고 있습니다. 또한 그는 가나안 유력자들과 친분을 맺고, 막벨라 매장지의 본래 주인인 에브론과 화친하기도 했습니다. 그러나 그들의 딸들만은 절대 허용하지 않겠다고 합니다. 로마시대 당시 사회가 워낙 문란하다 보니 로마 유력자들은 히브리 처녀 중에서 며느리를 골랐다고 합니다. 마찬가지로 아브라함도 내 자녀를 부패한 가나안 땅의 딸과 결코 결혼시킬 수 없다는 겁니다. 그런데 우리는 축복 받고 잘되면 세상의 유력한 가문과 결혼하고 싶어 합니다. 자꾸 타협하려고 합니다.

내 아버지의 집, 내 족속에게로 가서 내 아들을 위하여 아내를 택하라 하시기로_창 24:38

앞에서 이미 읽은 내용이지만 성경은 다시 이야기합니다. 성령님이 반복해서 묵상하라고 하시니 한 절, 한 절 겸손히 읽어 봅시다.

엘리에셀은 이삭의 신붓감을 구하고자 800km나 되는 험한 길을 지나왔습니다. 이삭의 부모인 아브라함과 사라 또한 말씀을 따라 좁은 인생길을 지났습니다. 이렇듯 좁고 험한 길을 통해 믿음의 배우자가 택해집니다.

> 39 내가 내 주인에게 여쭈되 혹 여자가 나를 따르지 아니하면 어찌 하리이까 한즉 40 주인이 내게 이르되 내가 섬기는 여호와께서 그의 사자를 너와 함께 보내어 네게 평탄한 길을 주시리니 너는 내 족속 중 내 아버지 집에서 내 아들을 위하여 아내를 택할 것이니라
> _창 24:39~40

지난 5절에 보면, 엘리에셀이 만일 처녀가 오지 않으려 하면 이삭을 아브라함의 고향 땅으로 데려와야 할지 아브라함에게 묻습니다. 이에 아브라함은 "내 아들을 그리로 데리고 돌아가지 말라"고 강력하게 거절합니다. 그런데 엘리에셀이 그 말은 딱 빼고 이야기합니다. 너무 부정적인 상황까지는 알릴 필요가 없겠다고 판단한 겁니다. 정말 신실한 중매인입니다. 그러면서 "내가 섬기는 여호와께서 그의 사자를 너와 함께 보내어 네게 평탄한 길을 주시리라" 한 아브라함의 말은 강조합니다. 하나님은 그분의 뜻을 이루기 위해 사는 자를 언제나 보호하십니다. 내가 하나님을 섬기면 날마다, 순간마다 하나님이 그분의 사자를 보내셔서 평탄한 길을 주십니다.

여기서 '평탄하다'라는 것은 '요동하지 않는다'라는 의미입니다. 문제가 술술 풀리는 게 아니라, 어떤 일에도 요동하지 않는 것이 진짜

형통입니다. '내가 수많은 환난을 만났지만 얼마나 평탄하게 걸어왔는가!' 믿는 자는 이렇듯 지난 은혜를 상기하며 늘 기다리고 인내합니다. 그것이 진짜 평탄을 얻는 길입니다. 인내가 곧 평탄이요, 인내한 일이 많은 사람은 평탄합니다. 왜냐하면 인내를 통해 온유를 배우기 때문입니다. 온유한 자는 땅을 기업으로 받는다고 하셨습니다(마 5:5).

> 네가 내 족속에게 이를 때에는 네가 내 맹세와 상관이 없으리라 만일 그들이 네게 주지 아니할지라도 네가 내 맹세와 상관이 없으리라 하시기로_창 24:41

엘리에셀은 "만일 상대가 딸을 주지 않아도 너는 내 맹세와 상관없다"라고 아브라함이 일렀다 합니다. 이 말은 상대가 믿는 사람인 줄 알았는데 아니라면 빨리 포기하라는 의미입니다. 가나안 땅을 주겠다고 하나님이 약속하셨기에 이삭은 리브가가 있는 하란으로 가서는 안 됩니다.

이삭의 정혼보다 중요한 것은 가나안 땅, 하나님 나라입니다. 따라서 아브라함의 말은 "하나님 나라를 이어 갈 후사를 골라야지 네가 좋은 사람을 골라서는 안 된다"라는 강력한 권고이기도 합니다. "네게 하나님 나라를 이어 갈 확신만 있다면 비록 지금 거친 바다, 큰 물 가운데 있더라도 그곳에 주의 곧은 길이 있다"고 말해 주는 겁니다(시 77:19). 그래서 사랑도, 첫눈에 반하는 열정도 중요하지 않습니다. 결혼의 목적은 땅과 후사입니다. 하나님 나라와 영적 후사를 잇기 위해 결혼해야 하고, 중매해야 합니다.

넷째, 기도가 생활이어야 합니다.

> 42 내가 오늘 우물에 이르러 말하기를 내 주인 아브라함의 하나님 여호와여 만일 내가 행하는 길에 형통함을 주실진대 43 내가 이 우물 곁에 서 있다가 젊은 여자가 물을 길으러 오거든 내가 그에게 청하기를 너는 물동이의 물을 내게 조금 마시게 하라 하여 44 그의 대답이 당신은 마시라 내가 또 당신의 낙타를 위하여도 길으리라 하면 그 여자는 여호와께서 내 주인의 아들을 위하여 정하여 주신 자가 되리이다 하며 45 내가 마음속으로 말하기를 마치기도 전에 리브가가 물동이를 어깨에 메고 나와서 우물로 내려와 긷기로 내가 그에게 이르기를 청하건대 내게 마시게 하라 한즉 46 그가 급히 물동이를 어깨에서 내리며 이르되 마시라 내가 당신의 낙타에게도 마시게 하리라 하기로 내가 마시매 그가 또 낙타에게도 마시게 한지라_창 24:42~46

엘리에셀의 기도는 결국 "내 고향 내 족속 중에서 이삭의 아내를 택하라"는 아브라함의 명을 이루게 해 달라는 것이었습니다. 그러나 아무리 내 고향, 내 족속 처녀를 찾았다고 해도 믿음이 없다면 말짱 도루묵입니다. 그래서 엘리에셀은 신붓감의 믿음을 두고서 구체적으로 구했습니다. 물동이의 물을 마시게 해 달라 청했을 때 자기뿐만 아니라 낙타까지 마시게 하는 처녀라면 여호와께서 정하신 자로 알겠다고 했습니다. 그러자 기도하기를 마치기도 전에 리브가가 나왔습니다. 45절을 원문으로 보면, 엘리에셀은 "보라, 리브가가 나왔다!"라는 감탄형으로 당시 상황을 진술하고 있습니다. 내가 기도하자마자 응답이 딱 되었으니 얼마나 감격스러웠겠습니까.

또한 지난 24장 17절의 '마시게 하라'와 본문 43절의 '마시게 하라'는 우리말로는 같지만 원어로 보면 의미가 다릅니다. 43절의 '마시게 하라'는 무엇을 마신다는 뜻과 함께 '윤택하게 하다, 풍족하게 하다, 적시다'라는 의미가 있습니다. 즉, 리브가가 주었던 물이 엘리에셀의 몸과 마음까지 적셨다는 겁니다. 나그네뿐만 아니라 그의 낙타까지 마시게 하는 리브가의 계산 없는 헌신을 보면서 자신의 몸과 마음이 새롭게 되었다는 겁니다. 이렇게 기도가 생활이 되어 삶의 순간마다 간구하며, 내가 받은 응답을 전할 수 있는 사람이 참된 중매인입니다.

> 내가 그에게 묻기를 네가 뉘 딸이냐 한즉 이르되 밀가가 나홀에게서 낳은 브두엘의 딸이라 하기로 내가 코걸이를 그 코에 꿰고 손목고리를 그 손에 끼우고_창 24:47

여자고, 남자고 배우자를 잘 골라야 합니다. 얼마 전 텔레비전에서 한 인터뷰 영상을 보았습니다. 젊은 자매가 가슴골이 훤히 들여다보이는 상의와 엉덩이가 보일락말락 한 아찔한 스커트를 입고서 인터뷰에 응했습니다. 사회자가 옷차림에 대해 물으니, 자매는 이런 미니스커트가 집에 100벌은 더 있다면서 자기 몸매는 너무 예뻐서 모두에게 보여 줘야 할 사명이 있다는 겁니다. 미(美)에 대한 주관도 확고했습니다. 여자는 성형을 해서라도 무조건 예뻐야 한다나요. 그래서 예쁜 몸매를 만들고자 3년간 열 차례나 성형수술을 했고 하루에 두세 번, 일주일에 서른 번 가까이 쇼핑을 한답니다. 한 달 쇼핑비만 천만 원에, 3년 동안 산 옷이 무려 억대에 달한다는 겁니다. 어찌나 당당하게 이야기하던지요. 이런 세상에 우리가 살고 있습니다.

그러니 누가 배우자를 두고서 믿음을 구하겠습니까. 그저 예쁘고 잘생긴 외모, 돈과 능력이 최고라고 여깁니다. 앞에 자매도 외모가 전부라고 얼마나 당당하게 말합니까. 당당하게 우기면 다 옳아 보입니다. 다 속아 넘어갑니다. 그러나 엘리에셀은 믿음의 신붓감을 얻고자 최선을 다합니다. 진정성 있게 진술하고, 신령한 복을 보이며, 하나님 나라가 가장 중요하다고 알려 주고, 때마다 시마다 기도합니다.

다섯째, 단호한 모습을 보여 주어야 합니다.

> 48 내 주인 아브라함의 하나님 여호와께서 나를 바른길로 인도하사 나의 주인의 동생의 딸을 그의 아들을 위하여 택하게 하셨으므로 내가 머리를 숙여 그에게 경배하고 찬송하였나이다 49 이제 당신들이 인자함과 진실함으로 내 주인을 대접하려거든 내게 알게 해 주시고 그렇지 아니할지라도 내게 알게 해 주셔서 내가 우로든지 좌로든지 행하게 하소서_창 24:48~49

엘리에셀은 최선을 다해 중매하되 결코 비굴하게 구하지 않습니다. 우리는 그리스도의 냄새이지만 누군가가 나를 생명의 냄새로 맡든지, 사망의 냄새로 맡든지 그것은 상대에게 달린 문제라고 했습니다(고후 2:14~16). 그래서 엘리에셀도 선포합니다. "내가 언약의 후사를 잇고자 최선을 다해 여기까지 왔다. 이제 선택은 당신들 몫이다!"

성경은 한 절, 한 절이 중요한데 이 모든 일이 하나님의 뜻이라는 걸 인정하지 않을 수 없도록 이렇게 반복해서 이야기합니다. 그만큼 결혼을 인도 받는 것이 중요하다는 뜻입니다. 하나님의 인도는 갑자기 하늘에서 불이 내려오는 게 아닙니다. 한 걸음, 한 걸음 하나님을 인격적으로 만나면서 나아가야 합니다. 결혼도 이렇게 해야 합니다. 엘리에셀은 매사 하나님의 인도하심을 따라서 결정합니다. 상대의 능력이나 외모, 재력을 비교하는 게 아니라 오직 주께서 정하신 신부를 찾고자 노력합니다. 아브라함과 이삭에 대해서도 있는 그대로 전하고 결코 미화하지 않습니다.

엘리에셀의 공적 지위는 미천했습니다. 종의 신분입니다. 그러나 아브라함에게 그는 신앙의 동역자요, 인생의 보조자입니다. 우리는 이 엘리에셀을 통해 이름도 없이, 빛도 없이 묵묵히 섬기는 참된 그리스도인의 자세를 배웁니다. 목자가 목원보다 학벌이 떨어질 수 있습니다. 가난하고 비천할 수도 있습니다. 그러나 엘리에셀처럼 묵묵히 중매인의 사명을 다한다면 어떤 목원도 주님께 중매하게 될 줄 믿습니다. 내가 종의 자세로 주님과 지체를 겸손히 섬길 때, 우리 집에 자자손손 돕는 배필과 영적 후사가 이어질 것입니다.

짐 베커(Jim Bakker) 목사는 1970~80년대 미국에서 가장 영향력 있는 목회자였습니다. 그는 일명 '성공 복음'의 제안자로 낙관주의와 부에 대한 기복적인 메시지를 설파하면서 큰 인기와 명성을 누렸습니다. 그가 설립한 기독교방송 네트워크 PTL(Praise To Lord)은 미국과 전 세계 1,400만이 넘는 가정에서 수신했습니다. 또한 그는 미국 최대 신앙 수양관인 310만 평 규모의 헤리티지 USA(Heritage USA)를 비롯해 수많은 기독교 단체에서 사역하기도 했습니다.

그러다 1987년, 비서와의 스캔들이 터지면서 그의 인생은 내리막길을 걷기 시작했습니다. 이는 곧 국제적인 뉴스가 되었고, 설상가상 헤리티지 USA를 건설하는 과정에서 공금을 유용한 사실까지 드러나며 그는 45년 형을 선고 받았습니다. 대저택을 비롯한 그의 전 재산은 압류되고, PTL과 헤리티지 USA도 다른 이의 손에 넘어가면서 약 2천억 원의 채무가 짐의 손에 떠안겨졌습니다. 이쯤 되자 가정도 풍비박산이 났습니다. 첫사랑이자 동료였던 아내는 짐을 끝까지 돕겠다던 친구의 품으로 떠나고 딸은 무일푼 신세로, 아들은 마약과 술중독자로 전락하고 말았습니다. 욥의 몰락과 비견될 만큼 짐의 몰락은 처절했습니다.

그러나 그의 인생이 완전히 바닥으로 떨어진 것은 아니었습니다. 살아갈 모든 희망을 잃고 죽음만을 생각하던 감옥에서 짐은 다시 성경을 읽기 시작했습니다. 그리고 성경에서 예수님이 돈에 대해 긍정적인 말씀을 단 한 번도 하지 않으신 사실에 놀랐습니다. 무엇보다 하나님이 원하시는 것은 하나님의 일을 빙자한 선교 사업이나 큰 교회 건축이 아니라 그분과의 깊고도 친밀한 관계라는 것을 깨달았습니다. 5년여의 감옥 생활은 짐에게 주 안에서 새로 빚어지는 시간이었습니다. 출소 후 그는 감옥에서 깨달은 말씀을 기록한 회고록을 출간했습니다. 『내가 틀렸었다(I was wrong)』라는 표지의 선명한 제목은 그의 뼈 아픈 회개의 고백이기도 합니다. 그는 책에서 이렇게 이야기합니다.

"나는 내가 틀렸을 뿐만 아니라 예수님의 말씀과 정반대로 가르쳤다는 것을 깨달았습니다. 내가 사실상 그리스도를 반대해 왔다는 것을 알았을 때는 소름이 끼쳤습니다. 나는 몇 년간 '하나님은 당신이 부자가 되기를 원하신다'고, '왕의 자녀인 크리스천들이 이 세상이 제공하는 최고의 것을 가져야 한다'고 주장하며 협잡 복음을 선전하는 데 기여했습니다. 그러나 성경을 다시 묵상하면서 성공복음이 성경의 방향과 일치하지 않는다는 것을 인정해야 했습니다. 내가 많은 사람을 잘못 인도했다는 사실에 마음이 무너졌습니다. 내가 틀렸다는 것에 기겁했고, 거짓 예언자인 저를 죽도록 때리지 않으신 하나님의 은혜에 한없이 감사했습니다. 복음의 출발은 '회개하라, 천국이 가까이 왔느니라'입니다(마 3:2). 즉, 복음은, 하나님 나라는 회개에서 출발한다는 의미입니다. 성경에서 말하는 회개는 가치관의 변화입니다."

짐 베커가 감옥에 다녀와서야 깨달은 진리를 우리는 미리 알고 있으니 얼마나 감사합니까! 회개는 인간 중심적인 삶에서 하나님 중심의 거룩한 삶으로 전환하는 것입니다. 짐 베커는 예수님의 공생애의 출발은 물질, 명예, 권력으로부터의 해방이었다고 이야기합니다.

저는 그가 감옥에 갔을 때 모든 일이 구원 사건이 되어 깨닫고 돌이킬 줄로 믿었습니다. 이 땅에서 하나님의 징계를 받고 회개하는 것이 얼마나 축복인지 모릅니다. 감옥에 가서라도, 부도가 나서라도 내가 낮아질 수 있다면, 진정한 복음을 깨달을 수만 있다면 그보다 더한 축복이 어디 있겠습니까.

참된 중매인이 모두를 영광스러운 보좌에 올려놓습니다. 반면에 참된 중매인이 없다면 밑 없는 구렁으로 끝없이 추락하는 것이 우리네 인생입니다. 모두가 라반처럼 부지런하게 살지만 정작 자신이 무엇 때문에 바쁘게 사는지를 모릅니다. 또 예수를 믿어도 어떻게 신령한 것을 보여 줘야 할지 참 어렵습니다. 그러나 내가 말씀을 적용하려고 노력만 해도 주님이 기억해 주십니다. 참된 중매인들이 모인 교회 공동체에서 지체들의 진술을 경청하며 내가 받은 은혜도 잘 진술할 때, 나 또한 참된 중매인으로 세워질 줄 믿습니다.

하나님의 인도를 잘 받기 위해서는 중매인의 역할이 정말 중요합니다. 이 땅은 끊임없이 우리를 세상에 중매하려 하기에, 그리스도께 중매하는 한 사람이 얼마나 필요한지 모릅니다. 우리가 참된 중매인으로서 다른 사람을 그리스도께 중매하려면 먼저 내가 경험한 은혜를 진정성 있게 진술하고, 신령한 복을 보이며, 하나님 나라가 가장 중요하다고 외치고, 기도가 생활이 되어야 합니다. 최선을 다해 중매하되 비굴하지 않고 복음에 관해서는 단호해야 합니다. 이런 한 사람이 죽어 가는 영혼들을 살리는 참중매인인 줄 믿습니다.

- 진로, 결혼, 사업 등 인생의 모든 문제를 하나님께 인도 받습니까? 믿음의 결정을 하기 위해서 모두를 잘 설득하고 있습니까?
- 내가 그리스도께 중매해야 할 사람은 누구입니까? 참된 중매인이 갖추어야 할 다섯 가지 태도 중에 내가 부족한 부분은 무엇입니까?

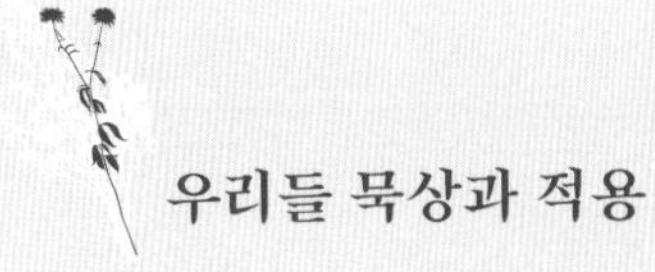

우리들 묵상과 적용

저는 전도하면 된다는 생각으로 하나님을 믿지 않는 남편과 불신결혼했습니다. 하지만 남편은 평일에는 술에 취해 귀가하기 일쑤고, 주일에는 혼자 등산을 다녔습니다. 저는 좋은 부모가 되어야 한다는 강박감에 그런 남편이 못마땅했습니다. 남편을 위해 기도해도 변화가 없자 나중에는 생색이 나서 '남편이 신앙생활만 방해하지 않으면 좋겠다'고 생각했습니다. 그렇게 남편을 무시하고 밀어내며 가정의 질서를 무너뜨렸습니다.

그러자 하나님은 큐티를 통해 제 죄를 보게 하셨습니다. 엘리에셀처럼 참된 중매인이 되어 남편을 전도해야 하는데 오히려 자녀를 우상 삼고, 남편을 외롭게 하여 술과 산으로 내몰았음을 깨달았습니다(창 24:48). 이후 저는 남편에게 순복하며, 남편의 예배 회복을 위해 기도했습니다. 그러자 하나님은 남편의 마음을 움직이셔서 목장예배를 드리게 하셨습니다.

얼마 후 남편은 승진하여 지방 은행 지점장으로 발령 받았습니다. 그러면서 교통비를 아끼고자 격주로 서울에 올라왔는데, 피곤하다는 핑계를 대며 점점 목장예배에 참석하지 않았습니다. 그러던 어느 날, 남편은 음주 운전 단속에 걸려 50일간 면허 정지를 당했습니다. 그런데 신기하게도 그날 큐티 본문이 "술 취하지 말라"는 말씀이었습니다(엡 5:18). 또 하루는 남편이 업무용 차를 새로 바꾸면서 직원들의 강권에 못 이겨 고사를 지냈는데, 그다음 날 큐티 말씀이 "우상을 섬기지 말라"는 것이었습니다. 이렇게 하나님은 말씀을 통해 제게 남편의 죄를 알려 주셨습니다. 이를 정리하여 남편에게 차근차근 설명하니 남편은 말씀으로 책망하시는 하나님을 인정했습니다. 또한 5개월간 절약한 교통비가 음주 운전 벌금과 같은 것을 알고 "하나님이 내 삶을 다스리신다"고 고백하며 자신의 죄를 낱낱이 회개했습니다.

그러나 제 안에 여전히 세상 욕심이 있어서 불신결혼을 해도 된다고 생각하는 딸을 설득하지 못하고 있습니다. 이것이 제 삶의 결론임을 인정합니다. 오직 교회 공동체에서 하나님이 제게 행하신 일들을 진술하고, 앞서가시는 여호와를 따르며 평탄하고 바른길을 가는 모습을 보이는 것이 딸을 설득하는 최고의 방법임을 믿습니다(창 24:33, 40). 이제부터라도 자녀들이 땅과 후사를 얻는 결혼을 하도록 기도하겠습니다. 제 욕심대로 정한 만남을 주께서 정하신 만남으로 변화시켜 주신 하나님, 감사합니다.

영혼의 기도

하나님 아버지, 이 세상에 죽어 가는 영혼들을 주님께로 중매하기 위해 우리를 부르셨다고 하십니다. 그런데 우리는 교회에서도 주 안에서도 세상으로 중매할 때가 많습니다. 자녀들을 세상에서 성공시키고자 복음을 교묘히 갖다 대며 속입니다. 라반이 엘리에셀과 그의 동행자들의 발 씻을 물까지 챙겨 주는 것처럼, 낮은 모습으로 헌신하며 나도 속고 남도 속입니다. '내가 이렇게 열심히 섬겼으니 내 자녀가 좋은 사람을 만날 거야'라는 교만한 생각이 있습니다. 불쌍히 여겨 주옵소서.

그런 우리에게 주님은 정결한 처녀를 중매하는 참된 중매인이 되어야 한다고 알려 주십니다. 주께서 내게 행하신 일들을 진정성 있게 진술하는 것이 참된 중매인이 되는 길이라고 하십니다. 주여, 이대로 순종하게 하옵소서.

엘리에셀은 참된 중매인으로서 신령한 복을 보이는데, 우리는 그보다 세상이 놀랄 만한 모습을 "짠" 하며 보이고 싶습니다. 매너리즘에 빠져 세상과 타협하고 싶을 때도 많습니다. 참된 중매인의 모습은 하나도 갖추지 못한 채 비굴하게 복음을 전하며 하나님을 부정하기도 합니다. 이렇게 바다와 큰 물 같은 환경에서 갈 바를 모르는 우리를 불쌍히 여겨 주옵소서. 그래도 그 가운데 주의 길이 있고 곧은 길이 있다고 하셨으니, 주어진 환경에서 주님을 증거하는 우리가 되게 해 주옵소서.

비록 우리에게 믿음이 없어도, 주님이 행하신 일들을 진정성 있게 진술하고 들을 때 문제가 다 해결될 줄 믿습니다. 영적 배필도 만나게 될 줄 믿습니다. 하나님의 일이 내 일이 될 때 주께서 평탄한 길을 보여 주실 것을 믿습니다. 모든 성경 말씀을 나를 위한 말씀으로 받아들이게 도와주옵소서.

결혼 적령기에 있는 모든 주의 자녀가 말씀으로 인도 받도록 역사해 주옵소서. 믿지 않는 가족을 그리스도께 중매하고자 헌신하는 우리가 되도록 인도해 주옵소서. 예수님 이름으로 기도하옵나이다. 아멘.

04.
결혼의 결단

창세기 24:49~61

________하나님 아버지,
영적 후사를 낳기 위해 결혼을 하라고 말씀하십니다.
신결혼을 위해 결단하고 준비해야 하는 것이 무엇인지
말씀하여 주옵소서. 듣겠습니다.

한 남자가 여자 친구와 결혼하기로 마음먹었습니다. 그런데 성격이 급한 남자는 무작정 결혼을 밀어붙였다가 그만 여자 친구에게 차이고 말았습니다. 이후 남자는 마음에 드는 다른 여자를 만났습니다. 이번에는 반대로 고백을 차일피일 미루다가 결국 다른 남자에게 빼앗기고 말았습니다. 도대체 이 남자는 무엇이 문제일까요?

늘 결단을 잘 내려야 하는데 이 '결단'이 너무 어렵습니다. 인생을 통틀어 가장 어려운 결단을 꼽자면 결혼 아니겠습니까? "열 길 물속은 알아도 한 길 사람 속은 모른다"는 속담처럼 정말 알 수 없는 것이 사람입니다. 몇 년을 연애했어도 이 남자와, 이 여자와 결혼해도 될지 결단을 내리기가 쉽지 않습니다.

한 연구에 의하면 부부 사이에 갈등을 일으키는 가장 큰 요소가 "계획적인가 무계획적인가", "객관적인가 주관적인가" 차이라고 합니다. 예를 들어, 무계획적인 사람은 매사 철저히 계획을 세우는 상대를 보면 숨이 안 쉬어집니다. 반대로 계획적인 사람은 늘 천하태평인 상대를 보면 답답해 돌아가실 지경입니다. 또 주관적인 사람일수록 오해를 잘해서, 주관적인 아내는 남편이 외식하자고 하면 '내가 밥을 못해서 저러는구나'라고 받아들인다는 겁니다. 반대로 지나치게 객관적인 사람은 배려심과 공감 능력이 부족해서 상대에게 쉽게 상처를 줍니다. 그러면 계획적인가 무계획적인가, 객관적인가 주관적인가 열심히 따져서 결혼하면 갈등이 없겠습니까? 나와 다르다고 결혼하지 말아야 할까요? 결혼은 이렇게 옳고 그름으로 하는 것이 아닙니다.

본문은 이삭과 리브가의 결혼이 얼마나 조심스럽게 이루어졌는지 보여 줍니다. 이삭과 리브가는 서로를 전혀 알지 못하고 결혼을 결정했습니다. 상대가 계획적인지 무계획적인지 알아보지도 않았습니다. 명색이 영적 후사를 위한 결혼인데 어찌 이렇게 수동적일 수 있습니까. 과연 결혼은 어떻게 결단해야 하는지 본문을 통해 보겠습니다.

이 일이 여호와께로 말미암았을 때 결단해야 합니다

이제 당신들이 인자함과 진실함으로 내 주인을 대접하려거든 내게 알게 해 주시고 그렇지 아니할지라도 내게 알게 해 주셔서 내가 우로든지 좌로든지 행하게 하소서_창 24:49

아브라함의 종 엘리에셀은 지난 48절까지의 진술을 토대로 리브가가 이삭의 배필이라고 확신했습니다. 영적 후사를 구한 그의 기도가 마침내, 즉시 응답을 받았습니다. 이타적인 기도, 건강하고 올바른 기도는 이처럼 반드시 응답을 받습니다. 이제 엘리에셀은 결단을 촉구합니다.

결혼을 결단할 때 고려해야 할 것은 상대의 조건이나 용모도, 습관도 아닙니다. '하나님의 뜻은 무엇인가?' 이것이 가장 중요합니다. 하나님께 물어보아야 합니다. 그런데 자꾸 물건을 고르듯 이 사람, 저 사람 저울질하며 비교하기에 시작부터 불행합니다. 그렇게 고르고 골라서 만난 배우자와 지금 행복합니까? 그런데도 자녀들에게 똑같은 방식으로 배우자를 고르게 합니까? 배우자감이 비천하고 부족해도 주께서 정하신 자라면 함께 가야 합니다.

> 라반과 브두엘이 대답하여 이르되 이 일이 여호와께로 말미암았으니 우리는 가부를 말할 수 없노라_창 24:50

늙은 종이 하나님의 뜻을 확신하며 진실하게 진술하자, 리브가의 부모가 감동을 받고 수긍합니다. "내가 기도 응답을 받았다"면서 상대에게 내 뜻을 무작정 강요해서는 안 됩니다. 상대방도 수긍해야 합니다. "우리는 가부를 말할 수 없다"라는 라반과 브두엘의 말은 이 일이 옳고 그름으로 판단할 종류가 아니라는 것입니다. 비록 이들이 신앙심은 깊지 않았어도 이 일이 하나님께로 말미암은 혼사인 것을 깨달았습니다. 그래서 이렇게 대답합니다.

리브가가 당신 앞에 있으니 데리고 가서 여호와의 명령대로 그를 당신의 주인의 아들의 아내가 되게 하라_창 24:51

이 혼사는 여호와의 명이기에 그대로 따르겠다고 합니다. 리브가의 부모는 믿음은 부족해도 소위 여호와의 이름을 코에 걸고 사는 사람들입니다. 아브라함이 떠나기 전부터 '믿는 집'이라는 문패를 내걸었던 사람들입니다. 그러니 여호와의 명인 것을 깨닫고도 거역할 수 없는 겁니다.

그런데 "내가 아무리 기도해도 하나님의 사인(sign)이 없다"고, 심지어 "너희가 결혼하면 하나님이 치실 것이다" 하면서 몇 년 동안 자녀 결혼을 기 쓰고 반대하는 부모가 있습니다. 또 상대방 집안이 기운다면서 결혼한 자녀에게 이혼을 종용하는 부모도 있습니다. 정말 이 땅에 문제 부모가 너무도 많습니다. 어떻게 믿는 부모라고 하면서 자녀에게 이혼을 권할 수 있습니까? 결혼에 하나님의 사인이 없다는 것이 무슨 뜻입니까? 하나님이 '결혼해라, 말라' 꿈속에서 직통 계시해 주시나요? 오직 상대방 직업이 못마땅해서 반대하면서도 하나님의 뜻을 가져다 붙이는 부모가 있어서 자녀들 마음에 피멍이 듭니다. 그가 교회 열심히 다니고 예배를 사모하며 지체들 잘 섬기는 것은 보이지도 않습니다. 이런 부모 때문에 자녀가 하나님 나라와 영원히 멀어지는 것입니다.

어떤 글을 읽었습니다. 한 의사가 연상의 간호사와 사랑하게 되었습니다. 어려서부터 상처가 많았던 그는 이 여인을 사랑하면서 난생 처음 행복을 맛보았습니다. 그런데 장로와 권사인 그의 부모가 결혼을 결사반대했습니다. 심지어 그가 근무하는 병원에 찾아와 병원장과 간호부장에게까지 심한 욕설을 퍼부었습니다. 의사는 그런 부모가 경멸스러웠습니다.

견디다 못한 그는 집을 나와 따로 살면서 부모의 동의 없이 결혼식을 올리기로 결심했습니다. 부모에게 결혼 소식을 알렸지만 "우리는 참석하지 않겠다. 다시는 연락하지 말라"는 대답만 돌아왔습니다. 그런데 결혼식 당일, 이 부모가 잠옷 바람으로 식장에 찾아와 주례하는 목사님께 욕설을 퍼부었다는 겁니다. 이쯤 되면 부모도 '비록 며느릿감이 마음에 안 들지만 결혼해서 훈련을 받아야 하나 보다' 여겨야 하지 않겠습니까. 자식 결혼식에서 악쓰고 욕하면 경멸만 더 받지 않겠습니까. 결혼을 반대하더라도 이렇게 해서는 안 됩니다.

- 나의 결혼, 자녀의 결혼을 두고서 '여호와께로 말미암은 혼사인가' 스스로 물어봅니까? 어떤 일을 결단할 때 믿음의 공동체에 묻습니까?
- 자녀의 배우자감이 맘에 들지 않는다면 그 이유는 무엇입니까? 나의 옳고 그름으로 재단하는 것은 아닙니까?

모든 과정이 합리적이어야 합니다

52 아브라함의 종이 그들의 말을 듣고 땅에 엎드려 여호와께 절하

고 53 은금 패물과 의복을 꺼내어 리브가에게 주고 그의 오라버니 와 어머니에게도 보물을 주니라_창 24:52~53

리브가의 부모가 결혼에 동의하자 엘리에셀이 준비한 예물을 전합니다. 리브가에게 준 것은 결혼 예물이고 가족에게 준 것은 신부 대금입니다. '사랑으로 이뤄져야 할 결혼에 왜 신부 대금을 지불하는가?' 의아한 분도 있을지 모르지만 이것은 당시 관습이었습니다. 사회의 관습을 따라서 예의를 갖추고 도리를 다한 것입니다. 하나님은 목적을 이루는 것과 함께 과정도 중요하게 여기시기 때문입니다.

그런데 지나치게 거룩한(?) 사람은 현실적인 문제를 늘 간과합니다. 돈을 너무 좋아해서 눈살을 찌푸리게 하는 사람이 있는가 하면, 돈 이야기만 하면 머리를 절레절레 흔들며 속물 취급하는 사람도 있습니다. 결혼은 믿음으로 하는 것 맞습니다. 그러나 현실적인 결혼 비용과 여건도 준비하는 것이 믿는 사람의 태도입니다.

지금 늙은 종 엘리에셀은 자기를 위해서는 식사 한 끼도 하지 않았습니다. 그러나 리브가를 위해서는 재물을 아낌없이 내놓습니다. 영적 계보를 잇는 일에는 아끼지 않는 겁니다. 그런데 거꾸로 하는 사람들이 꼭 있습니다. 자신과 주변 사람을 위해서는 흥청망청 쓰면서 하나님께 드리기는 아까워서 십일조도, 헌금도 하지 않습니다. 주의 일도 내 이름이 드러나지 않는 일은 절대 하지 않습니다. 하나님은 속지 않으십니다. 십일조는 신앙고백입니다. 하나님이 우선인지, 물질이 우선인지 하나님께 나의 신앙을 고백하는 것입니다.

한 아버지가 중학생 딸에게 마음껏 쓰라며 자신의 신용카드를 주었답니다. 딸은 카드를 물 쓰듯 쓰며 친구들에게 인기를 한 몸에 받았습니다. 그런데 아버지의 사업이 힘들어지면서 딸도 카드를 못 쓰게 되었습니다. 이후 친구들에게 인심 쓰며 인기를 얻던 딸은 졸지에 왕따를 당했습니다. 이런 것이 자기를 위해 재물을 쓰는 겁니다. 자녀는 곧 나이기에, 자녀가 돈을 마음대로 쓰도록 내버려 두는 것은 내가 마음대로 쓰는 것과 같습니다. 그러면 영적 후사가 올 수 없습니다.

엘리에셀은 재물을 들고 800km의 먼 거리를 한 달가량 이동해서 이곳에 도착했습니다. 그 재물을 자신을 위해서는 조금도 쓰지 않고, 영적 계보를 이을 리브가와 그 집을 위해서 아낌없이 씁니다. 재물은 이렇게 쓰려고 모으는 것입니다. 구원의 일을 위해, 영적 후사를 잇기 위해서 성실히 모으고, 때로는 절제하며, 아낌없이 주어야 합니다.

우리가 결혼을 결단하려면 서로 재물관이 뚜렷해야 합니다. 영적인 데만 치우친 사람은 "믿음만 있으면 됐지, 다른 것이 무엇이 필요해!" 하면서 다른 사람의 행복을 얼마나 쉽게 파괴하는지 모릅니다. 아무리 하나님 뜻이라도 무례하거나 무질서해서는 안 됩니다. 사람마다 믿음이 다르지 않습니까. 하나님은 과정과 방법 모두 중요하게 여기십니다.

19세기 미국의 탁월한 설교가이자 목사였던 드 위트 탈미지(De Witt Talmage)는 이렇게 말했습니다. "하나님께 어떤 것을 간구하면서 그저 앉아만 있다면 그것은 하나님을 모욕하는 것입니다. 우리는 기도하면서 또한 일해야 합니다. 경건과 일은 함께 갑니다. 건강을 위해 기도한 후 늦은 밤에 소화하기 힘든 만찬을 먹으러 간다면 그 기도는 하나님을 무시하는 것입니다. 옥상의 물탱크가 열린 것을 알면서도 내버려 두는 자는 가족의 안전을 위해 기도할 자격이 없습니다."

내가 할 일을 하면서 기도하고 결단해야 합니다. 예수님의 신부가 되기 위해서는 합리적이어야 합니다. 육적 신랑, 신부가 되기 위해서도 합리적이어야 합니다.

앞에서 이야기한 의사 부부는 어떻게 되었을까요? 우여곡절 끝에 결혼하기는 했지만 시부모의 심한 반대를 겪은 부인은 그 상처가 깊었습니다. 시간이 흘러도 좀체 치유되지 않았습니다. 결국 부인은 아들을 낳고 아이가 돌도 되기 전에 의사 곁을 떠나 버렸습니다. 실의에 빠진 의사는 매일 술로 살며 마약에까지 손을 댔습니다. 그러다 더는 어린 아들을 방치할 수 없어서 두 번째 결혼을 했습니다. 그런데 의사의 부모는 그 부인도 인정하지 않았습니다. 투명인간 취급을 하면서 본가에는 발도 들이지 못하게 했습니다. 그러자 둘째 부인도 앙심을 품고서 의사의 모든 재산과 대출금까지 가지고 사라져 버렸습니다.

부모만이 아니라 의사도 문제라는 걸 이야기를 통해 짐작할 수 있습니다. 현실적 문제를 고려하지 않고 늘 충동적으로 결혼을 결정하니까 스스로 부인을 떠나게 만든 것입니다. 부모가 막을 만했습니다. 믿음의 눈으로 택한 것이 아니라는 겁니다. 자기감정에만 사로잡혀 불신자도 개의치 않고 데려오니 이 부모가 받아들일 수 없었던 겁니다.

그러나 올바른 반대를 했어도 부모의 삶이 따라 주지 않기에 먹히지를 않습니다. 믿음의 부모로서 할 도리를 행하지 않고 말로만 "너는 신결혼해라" 한다고 자녀가 따릅니까? 내가 온몸으로 세상을 좋아하면서 립 서비스로만 믿음을 들먹이는, 자녀를 파괴하는 부모는 아닌지 생각해 보기 바랍니다.

의사는 매사 이기적이고 비판적인 부모를 미워했습니다. 그는 어릴 적 주일학교를 다녔지만 지금은 교회를 떠나 무신론자가 되었습니다. 그를 하나님과 멀어지게 한 장본인은 바로 부모입니다. 부모가 믿음으로 양육하지 못해서 자녀가 제멋대로 결혼하고 평생 하나님 없이 살아갑니다. 이삭이 리브가를 만난 것은 부모인 아브라함과 사라가 믿음으로 살았기 때문입니다. 어느 날 갑자기 자녀에게 믿음의 배우자가 나타나는 게 아닙니다.

결혼 상대가 연상이든 연하이든 상관없습니다. 결혼의 목적은 오직 땅과 씨, 하나님 나라와 영적 후사입니다. 이 목적이 죄로 오염되지 않아야 합니다. 하나님 나라와 영적 후사를 잇는 결혼을 하려면 지혜가 필요하고, 부모의 동의를 구하고, 설득시켜야 합니다. 결혼에 필요한 비용과 여건도 잘 준비해야 합니다. 모든 과정과 방법이 합리적이어야 합니다. 본문에 엘리에셀도 리브가 부모에게 허락 받았어도 은금 패물을 주며 합리적으로 행동하지 않습니까.

그런데 우리는 합리적이기보다 합리화를 합니다. '내가 오죽 상처가 많으면 이런 사람을 만났겠어', '나는 돈 때문에 한이 맺힌 사람이야. 믿음이고 뭐고 부자랑 결혼할 거야' 각자 자기 상처에 매몰돼서 자꾸 합리화를 합니다. '내 부모 같은 사람은 절대 만나지 않을 거야' 하는 것도 상처에서 비롯된 부르짖음입니다.

부모들은 또 어떻습니까? 사실은 내 욕심을 따라 결혼을 반대하면서 하나님의 뜻이라고, 다 너를 위해서라고 합리화합니다. 물론 자녀의 결혼을 반대할 수 있습니다. 자녀가 영적 계보와 상관없는 결혼을 하려 한다면 막아야 합니다. 그러나 그 과정도 합리적이어야 합니다. 부모인 내가 먼저 믿음의 본을 보이면서 열심히 설득해야 합니다. 그래도 안 되면 하나님의 뜻을 물으며 인내하고 기다려야 합니다.

- 결혼의 모든 과정을 합리적으로 진행하고 있습니까? 내가 결혼을 두고 합리화하는 것은 무엇입니까?

구원을 위해 지체하지 않아야 합니다

이에 그들 곧 종과 동행자들이 먹고 마시고 유숙하고 아침에 일어나서 그가 이르되 나를 보내어 내 주인에게로 돌아가게 하소서
_창 24:54

마침내 일이 이루어졌습니다. 그러면 이제 엘리에셀도 마음을 놓고 쉴 만하지 않습니까. 그러나 그는 이튿날 곧장 떠날 채비를 합니다. 지체할 수 없다는 겁니다.

우리도 그렇습니다. 하나님의 뜻을 깨닫기까지는 끊임없이 고민하고 갈등해야 합니다. 그러나 결단했다면 지체하지 말고 순종해야 합니다. 예를 들어, 수험생이라고 합시다. 시험을 보기 전까지는 날마다 하나님께 물으며 어느 대학에 갈까 끊임없이 갈등해야 합니다. 그러다 말씀을 보고 기도한 후 대학을 정했으면 붙어도, 떨어져도 순종해야 합니다. 사업도 마찬가지입니다. 말씀 보고 기도하면서 나아갔다면 돈을 벌어도, 못 벌어도 순종하며 받아들여야 합니다.

제 자녀들도 입시에서 자주 떨어졌습니다. 그러나 제가 늘 말씀을 보며 갔기 때문에 어떤 결과든지 평강하게 받아들였습니다. 이것이 지체하지 않는 것입니다. '우리 애가 왜 떨어졌을까' 하며 미적미적하지 않고 하나님의 뜻으로 받아들이고 딱 결단했습니다. 열심히 기도했는데 왜 내 자녀가 떨어졌느냐고 하나님께 따져 묻는 부모가 많습니다. 그래서 주님이 저를 "그럼에도 불구하고"의 모델로 세우신 줄 믿습니다. 시집살이가 고되도, 결혼생활이 힘들어도, 남편을 먼저 떠나보내도, 자녀가 입시에서 떨어져도 "그럼에도 불구하고" 구원을 위해 지체하지 않는 모델 말입니다.

우리는 축복 이야기만 좋아합니다. 고난 이야기는 싫어하고 죄 이야기는 더욱 싫어합니다. 그러나 우리들교회가 죄 이야기를 해도 많이 모이는 이유는, 성도 각자가 아픔을 드러내며 지체하지 않고 돌이키기로 결단하기 때문입니다. 하나님이 우리들교회에 기름을 부으시는 이유가 바로 이것입니다. 그러므로 다른 사람이 드러낸 아픔을 절대 가십거리 삼아서는 안 됩니다. 그것은 사탄에게 틈을 주는 것이

나 다름없습니다. 초대교회처럼 우리도 서로를 위로하고 사랑하며, 배려해야 할 줄 믿습니다.

그러면 왜 지체하면 안 될까요? 영적 계보를 잇는 결혼이 성사된 이 중요한 시점에서 지체하면, 유혹 받고 시험에 들고 다른 길로 가기 때문입니다. 아브라함이 거주하는 헤브론과 리브가 가족이 사는 하란까지는 약 800km의 거리입니다. 당시 지리적 거리와 이동 경로로 미루어 볼 때 엘리에셀이 출발하여 도착하기까지의 기간을 약 30일로 추정합니다. 30일 동안 여행하여 하루 만에 결혼 허락을 받고, 이제 30일을 여행하여 다시 돌아가야 합니다. 편한 길도 아니었습니다. 그러나 영적 후사를 얻었으니 이제 하루가 급합니다. 지체하지 말고 떠나야 합니다.

자기가 온 까닭을 진술하기 전에는 음식을 먹지 않겠다고 했던 엘리에셀입니다. 그런데 모든 일을 응답 받은 후에도 그는 지체하지 않고 떠나려 합니다. 우리도 이렇게 사명에 투철해야 하지 않겠습니까. 결혼도 사명입니다. 우리 인생도 사명입니다. 오직 하나님과 주인밖에 모르는 늙은 종, 엘리에셀의 삶은 숭고하기까지 합니다. 이런 사람이 우리 가정에, 교회에, 목장에 한 사람만 있다면 모두가 살아날 줄 믿습니다.

> 리브가의 오라버니와 그의 어머니가 이르되 이 아이로 하여금 며칠 또는 열흘을 우리와 함께 머물게 하라 그 후에 그가 갈 것이니라
> _창 24:55

그런데 이때 리브가의 가족들이 리브가와 열흘만 함께 있게 해 달라고 간청합니다. 구원의 일이라 하루가 급한데, 뭔지도 모르고 엘리에셀을 만류하고 나선 것입니다. 혈육과 갑자기 헤어지려니 서운한 마음이 들었겠지요. 다른 구절과는 달리 라반을 '리브가의 오라버니'라고 다정히 표현한 것만 보아도 지금 리브가의 가족들이 얼마나 아쉬워하는지 알 수 있습니다. 그만큼 애절하게 만류했다는 겁니다. 그러나 엘리에셀이 가야 할 곳은 아브라함이 있는 헤브론입니다. 라반과 그 가족과는 하루바삐 헤어져야 합니다.

내가 말씀을 적용하려는데 가족이 "쉬어, 쉬어" 합니까? 미움의 사슬을 끊고 부모를 용서하려는데 내 형제자매가 "지금은 용서할 때가 아니야" 하며 뭔지도 모르고 만류합니까? 그들이 우리의 구속사를 막을 수도 있습니다.

> 그 사람이 그들에게 이르되 나를 만류하지 마소서 여호와께서 내게 형통한 길을 주셨으니 나를 보내어 내 주인에게로 돌아가게 하소서_창 24:56

지금까지도 주께서 형통하게 하셨지만 앞으로 30일의 여행도 형통한 길이 되게 하실 것을 엘리에셀은 믿었습니다. 그래서 "나를 만류하지 마소서" 하며 극구 주인에게로 돌아가겠다고 합니다. 인간적으로는 매정해 보이기도 합니다. 그러나 하나님 나라에 충성하는 자는 주인의 명령에도 충성합니다. 사람에게도 충성하는 것입니다.

믿는 우리는 세상 사람에게 최선을 다해 예의를 보여야 합니다. 그러나 그들과 같이 어울려 세상에 섞여서는 안 됩니다. 제일 친한 친구가 누구인지 질문했을 때 "나도 교회를 다니지만 교회에는 어울릴 사람이 없어!", "불신자여도 아무개가 교회 친구보다 백 배 나아"라고 대답하는 사람이 있다면 경계하기 바랍니다. "아무개가 고주망태라도 예수님을 믿으니까 내 친구야" 이러는 사람이 최고입니다. 이런 걸 세상이 어찌 알아듣겠습니까?

성경은 오직 '믿음인가 행위인가', '생명인가 사망인가', '구원인가 심판인가'를 두고 결단하라고 합니다. 그러므로 결혼도 계획적이냐 무계획적이냐, 객관적이냐 주관적이냐 이런 걸로 따져서 결단하는 게 아닙니다. 그런데 예수를 믿는 사람들도 기준이 다르지 않습니다. 돈이 있는지, 성격이 좋은지, 아침에 일찍 일어나는지 이런 걸 보고 분별하라고 합니다.

> 57 그들이 이르되 우리가 소녀를 불러 그에게 물으리라 하고 58 리브가를 불러 그에게 이르되 네가 이 사람과 함께 가려느냐 그가 대답하되 가겠나이다_창 24:57~58

엘리에셀이 계속 떠나겠다고 하자 라반과 그 어머니는 리브가에게 결정권을 맡깁니다. 그러자 리브가도 결단하고 "가겠나이다"라고 대답합니다. 아무래도 리브가가 가족과 사는 게 고난이었던 모양입니다. 하루빨리 이 집에서 도망치고 싶다고 늘 생각했는데 마침 구세

주가 나타난 것입니다. 그렇지 않다면 어제 만난 노종을 따라서 생면 부지의 이삭을 만나러 가겠습니까? 그것도 30일이나 가야 하는 위험한 여정인데요.

그러나 그보다 중요한 사실은 리브가가 엘리에셀과 한마음이 되었다는 것입니다. 부모가 결혼을 결정한 것 같아도 마지막에 리브가가 결단했습니다. 믿음의 여인이라면 어떤 것보다 믿는 지체와의 만남이 가장 즐겁지 않겠습니까. 그래서 리브가가 힘든 여행일 줄 알면서도 단번에 "예" 합니다. 영적 후사를 위한 일이기에 지체하지 않습니다. 주의 일이라면 부모, 형제도 떠날 수 있는 겁니다. 정말 약속의 후사, 천만인의 어머니가 될 자격이 충분합니다.

결혼도 믿음도, 구원도 전부 같은 이야기입니다. 예수님을 믿는다는 것은 곧 예수님과 결혼하는 것입니다. 결단이 필요합니다. 길을 떠날 수 있어야 합니다. 주가 말씀하시면 내가 앉은 모든 자리에서 "예, 가겠나이다" 할 수 있는 신앙의 결단이 필요합니다.

> 59 그들이 그 누이 리브가와 그의 유모와 아브라함의 종과 그 동행자들을 보내며 60 리브가에게 축복하여 이르되 우리 누이여 너는 천만인의 어머니가 될지어다 네 씨로 그 원수의 성문을 얻게 할지어다_창 24:59~60

리브가가 결단하자 가족들이 그녀를 축복합니다. 내가 간다면 싫어할 줄 알았는데 믿음 없는 라반도 마음을 돌이켜 축복해 줍니다.

사실 이 결혼에서 리브가나 이삭이나 한 일이 없습니다. 우리의 결혼도, 인생의 모든 문제도 그렇습니다. 나의 중보자 되시는 예수께서 날마다 곁에서 중보하며 도와주시기에 우리가 결단하고 나아갈 수 있습니다. 리브가 가족의 마음을 바꾸어 주시고, 리브가가 축복을 받고 떠나도록 인도하신 분도 우리 주님입니다.

라반은 떠나는 누이에게 "천만인의 어머니가 될지어다 네 씨로 원수의 성문을 얻게 할지어다" 축복합니다. 이를 다시 말하면 원수의 성문을 얻는 길, 곧 사탄을 물리치는 길은 천만인의 어머니로 사는 것이라는 뜻입니다. 그러면 천만인의 어머니로 사는 건 구체적으로 어떤 삶입니까? 우리가 목장에서 힘들고 아픈 사람을 살리면 사탄을 이기게 됩니다. "사탄아, 물러나라!" 기도해서 물러가는 건 아주 조금뿐입니다. 목장에서 서로 말씀과 삶을 나누면서 힘든 영혼을 보살피고 살리다 보면 사탄을 이기게 될 줄 믿습니다.

믿음도 없는 라반이 어찌 이런 확실한 축복을 할 수 있겠습니까. 하나님이 하신 일입니다. 아브라함과 사라, 엘리에셀의 모든 기도가 쌓여서 하나님께서 라반의 마음을 요리하신 것입니다.

그런데 생각해 보세요. 이삭에게 시집간다고 리브가에게 좋은 길입니까? 앞으로 고생길만 기다리고 있습니다. 그러나 이 땅에서 잘 먹고 잘살려고 우리가 길을 떠나는 게 아닙니다.

리브가 부모라고 혼처가 전부 마음에 들었겠습니까. 그러나 엘리에셀이 진정성 있게 진술하니 리브가 부모가 딴지를 걸 수 없었습니다. 이 혼사가 여호와께로 말미암은 것을 인정할 수밖에 없었습니다. 그들은 리브가를 열흘간 머물게 해 달라고 청하지만 엘리에셀이 서둘러 떠나려 하자 리브가에게 결정권을 주었습니다. 그리고 가겠다는 그녀의 선택에도 딴지 걸지 않습니다.

이걸 보면서 결혼에서 열흘이 참 중요하다는 생각이 듭니다. 대단한 문제 때문에 결혼이 깨지는 게 아닙니다. 예식 날짜, 예단, 혼수, 주례 등 정말 아무것도 아닌 일로 결혼이 깨집니다. "우리 집을 무시했네, 어쨌네" 하면서 열흘 때문에 결혼이 깨집니다. 그래서 사소한 것부터 말씀대로 적용하면서 결혼을 준비해야 합니다.

예를 들어, 남자 쪽이 부유하다고 으리으리하게 예물을 준비한다면 여자 쪽에서 부담스럽지 않겠습니까. '왜 결혼 전부터 으스대냐' 할 수 있습니다. 상대방이 뭘 더 해 줄까 기대하는 것도 어리석고, 반대로 우리 집이 부자라고 다 알아서 하겠다는 것도 잘못입니다. 서로 자존심을 다치지 않도록 양보하고 배려해야 합니다. 구원과 상관없는 일, 본질이 아닌 일은 양보해야 합니다.

엘리에셀은 라반이 돈을 좋아하는 걸 딱 알고 재물을 아낌없이 내주었습니다. 그리고 라반은 열흘의 시간을 양보했습니다. 이렇게 서로 합리적이어야 합니다. 때로는 관습도 따라야 하고, 서로의 눈높이로 내려가야 합니다. 중요한 것은 오직 리브가입니다. 영적 후사가 중요합니다. 리브가만 데려오면 됩니다. "구원이 이루어진다면 어떤 것도 양보하겠다!" 이렇게 적용해야 합니다.

엘리에셀이 줄 것을 주고 리브가를 얻었습니다. 본질적인 문제는 다 해결되었기에 이제 부딪힐 일만 남았습니다. 그래서 엘리에셀은 아직 서로 좋은 감정을 가지고 있을 때 하루빨리 떠나야 한다고 판단했습니다. 왜냐하면 라반과 한 믿음이 아니기 때문입니다. 믿음이 같지 않으니 더 머물면 머물수록 갈등만 생기지 않겠습니까? 이런 걸 미리 내다보는 게 지혜입니다. 과연 예수님의 표상답게 엘리에셀은 지혜롭습니다.

제아무리 교양이 철철 넘쳐도 믿음이 없다면 손바닥 뒤집듯 수시로 바뀌는 게 사람 마음입니다. 부부간이건 형제간이건 고부간이건 마찬가지입니다. 사람은 믿음의 대상이 아닙니다. 그래서 세상 사람은 유리그릇처럼 대해 주어야 합니다. "온 세상 사람이 나한테 잘해" 하는 사람은 온몸으로 "나는 불편한 사람이야" 하는 것과 같습니다. 불편하니까 잘해 주는 겁니다. 문제 많고 연약한 사람은 조심스럽게 대하면서 기다려 주어야 합니다. 이것이 늙은 종의 지혜입니다. 리브가의 가족이 아무리 친절히 대해 주어도 엘리에셀은 오래 머물지 않습니다. 여기서 하룻밤이라도 더 머물렀다가는 영적 계보를 잇는 일이 와르르 무너져 내릴 수 있기 때문입니다. 상대가 어떤 일로 딴지를 걸지 모르지 않습니까? 세상 사람에게 잘해 줘야 하지만, 몸과 마음을 주며 그들과 교제해서는 안 됩니다. 어떤 말이든지 편하게 할 수 있는 대상은 믿는 사람밖에 없습니다.

> 리브가가 일어나 여자 종들과 함께 낙타를 타고 그 사람을 따라가니 그 종이 리브가를 데리고 가니라_창 24:61

리브가가 현재의 자리를 박차고 과감히 따라갑니다. 우리도 세상에 대한 미련을 버리고 신랑이신 예수님을 즉시 따라나서야 합니다. "사람이 마음으로 믿어 의에 이르고 입으로 시인하여 구원에 이르느니라"고 했습니다(롬 10:10). 입으로 시인하는, 행동으로 옮기는 결단이 필요합니다. '나는 무계획적이라서, 주관적이라서 못해', '이래서 못해, 저래서 못해' 하며 눌러앉아서는 안 됩니다.

물론 결단이 쉽지는 않습니다. 또 믿음으로 결단하고 떠난다고 탄탄대로가 기다리고 있는 것도 아닙니다. 나는 쉬운 길이 좋은데 험난한 길만 기다리고 있습니다.

1980년 4월 21일 보스턴 마라톤에서 로지 루이즈(Rosie Ruiz)가 여자 부문 1위로 골인했습니다. 이전 경기보다도 무려 25분을 앞당겨 신기록까지 세웠습니다. 그런데 알고 보니 경기 내내 엉뚱한 곳에서 시간을 보내다가 결승선이 다다른 지점에서 몰래 코스에 끼어들어 1위로 통과한 것이었습니다. 2007년 베를린 마라톤에서도 비슷한 일이 있었습니다. 멕시코의 정치인 로베르토 마드라소(Roberto Madrazo)가 55세 이상 남성 부문에서 우승을 차지했는데, 후에 지름길로 달린 것이 들통나서 국제적 망신을 당하기도 했습니다.

내 앞길이 막히기를 바라는 사람이 누가 있겠습니까. 누구나 지름길로 가로질러 보다 큰 영적 성장을 이루고 싶어 합니다. 그러나 쉽게 가는 길은 없습니다. 리브가가 어렵게 결단하고 떠났지만 그 앞길이 어땠습니까? 남편은 별미나 밝히고, 쌍둥이 두 아들은 서로 죽일 듯이 미워하고, 한 아들은 20년이나 만나지 못했습니다. 그야말로 고

생길이었습니다. 정말 별 인생 없습니다. 그럼에도 내 항해가 예수로 결론 나는 것, 그보다 복된 인생은 없습니다.

그러면 험난한 우리 인생이 예수로 결론 나는 결단을 하려면 어떻게 해야 합니까? 미국의 목회자요, 심리치료사 존 애커만(John Acherman)은 '들음'에 그 길이 있다고 말합니다. 그는 『들음의 영성』이라는 그의 책에서 이렇게 고백합니다. "나는 '이 영혼에게는 이런 종류의 기도가 어울려', '하나님이 저 사람을 어떻게 다루실지 나는 알고 있어' 하며 수없이 가정했지만, 정작 내가 알 수 있는 건 아무것도 없습니다."

똑같은 환경에서 성장했다고 해서 인생의 결론도 같은 것은 아닙니다. 누군가를 영적으로 성장하도록 도울 때도 똑같은 한 가지 방식만 적용할 수 없습니다. 설령 같은 제자훈련을 받고, 같은 대학을 나오고, IQ와 성격이 비슷하다고 해도 결론은 다릅니다. 똑같이 학벌 좋은 배우자를 골랐어도 누구는 망하고 누구는 흥합니다. 그러면 대체 어떻게 고르고 결단해야 합니까? 어떻게 해야 근시안적인 관점에서 벗어나 바른 결단을 할 수 있습니까?

존 애커만은 "하나님을 향한 지속적인 순종으로 자기중심적 성향을 지워 갈 때 가능하다"라고 말합니다. 즉, 하나님의 말씀을 듣고 적용해야 한다는 것입니다. 이게 바로 우리의 큐티 아닙니까? 날마다 큐티를 통해 나의 욕심을 버리면 바른 결단을 할 수 있다는 겁니다.

또한 오늘날 수많은 책이 인간관계의 갈등을 두고서 마치 공식 같은 해결책을 제시하지만, 존 애커만은 어떤 공식으로 규범화할 수 없는 게 우리 인생이라고 합니다. 오히려 "내 이야기가 고유하고 구체적일수록 다른 사람이 그 이야기 안에서 자신의 이야기를 발견하게 되는 경우가 더 많다"고 말합니다. 이것도 딱 우리의 목장예배 아니겠습니까? 서로 배움도 경험도 성숙의 정도도 다르지만, 각자의 고유한 이야기를 구체적으로 나누고 들으면서 거기서 자기의 이야기를 발견하고 치유가 일어난다는 겁니다.

그러므로 하나님 말씀을 잘 듣고 목장에서 서로 고유한 이야기를 나누고 듣는 것, 이것이 나를 살리고 모든 사람을 살리는 최고의 비결입니다. 이것이 들음의 영성입니다. 다른 비결은 없습니다. 열심히 예배드리고 큐티 잘 하면 최고의 결단을 하게 될 줄 믿습니다.

한 자매가 저에게 메일을 보냈습니다. 예배에서 한 형제의 간증을 듣고 신뢰감이 가더랍니다. 그래서 목장에서 그 형제에 대해 물어보았더니 모두가 들고일어나 반대를 했답니다. "그 형제 부모가 얼마나 힘든 사람들인데", "가난하고 직장도 없다는데 왜 그런 형제를 만나려 해", "겉은 착해 보여도 얼마나 혈기가 많은데" 하면서 다시 생각해 보라고 했다는 겁니다. 여러분, 이렇게 옳고 그름으로 상담해서는 안 됩니다. "그 친구가 아직 믿음이 부족한 것 같아. 믿음이 자랄 때까지 조금 기다려 보는 것은 어떨까?" 하며 믿음 때문에 반대하는 것은 이해가 됩니다. 그러나 가난하고 직장이 없다는 세상적인 이유로 반대해서는 안 됩니다. 더구나 지체가 어렵게 고백한 간증을 두고 비난하며 반대한다면, 우리들교회를 사탄의 밥으로 내주는 것 아닙니까? 우리들교회가 죄 고백과 회개가 살아 있는 공동체이지만, 아직도 이렇게 세상적인 부분이 남아 있습니다. 이삭과 리브가는 서로 보지도 않고 결혼을 결단했다는 사실을 잊지 말기 바랍니다.

말씀을 맺습니다. 결혼을 결단하려면 이 일이 여호와께로 말미암은 것인지, 여호와의 명령인지를 생각해야 합니다. 조건보다 어떤 사람인가가 더 문제이지만 그보다 더 중요한 것은 '하나님의 뜻인가, 아닌가'입니다. 또 하나님의 뜻이라도 과정이 합리적이어야 합니다. 믿음으로 한다면서 절차를 무시하고 합리화해서는 안 됩니다. 진리를 담아내는 그릇이 완고해서 진리를 그르치는 경우가 너무나 많습니다. 어떤 경우도 무례해서는 안 됩니다. 상대방의 눈높이로 내려가야 합니다.

또한 심사숙고해서 결단하되, 말씀으로 결단했다면 지체하지 말아야 합니다. 열흘의 편안함, 열흘의 즐거움을 추구하다가 일을 그르칠 수도 있습니다. 낯선 환경이 기다리고 있지만 영적 후사를 위한 일이기에 두려워하지 않고 떠나는 리브가처럼 주님과의 결혼을 결단하는 여러분 되기를 예수님의 이름으로 축원합니다.

- 내가 구원을 위해서 지체하지 않아야 할 일은 무엇입니까? 구원을 무너뜨리는 것인지도 모르고 내가 머물러 있는 열흘의 즐거움은 무엇입니까?
- 결혼을 준비할 때 사소한 것도 말씀과 공동체에 묻고 인도 받습니까?

결혼을 결단할 때 고려해야 할 것은
상대의 조건이나 용모도, 습관도 아닙니다.
'하나님의 뜻은 무엇인가?' 이것이 가장 중요합니다.

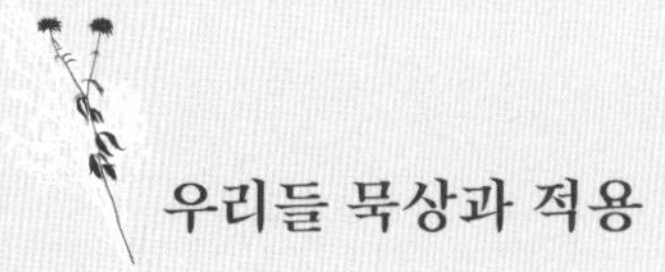

우리들 묵상과 적용

어머니는 동네 할머니에게 "신기(神氣)가 있다"는 말을 듣고서 두려워하다가 우울증까지 앓으셨습니다. 이를 본 저는 '내가 예수 믿지 않으면 우리 가족은 다 죽겠구나' 하는 생각에 절박한 마음으로 교회를 다녔습니다. 하지만 돈이 우상인 어머니는 "예수를 믿으면 망한다"며 교회까지 쫓아와서 저를 핍박하셨습니다. 그러다 보니 저는 마음 놓고 찬양하는 것이 소원이 되어서 하루빨리 집을 떠나고자 좋은 학벌에, 대기업을 다니는 남편과 교회에서 만나 3개월 만에 결혼했습니다.

그러나 결혼 후 가장 큰 고난이 찾아왔습니다. 저는 어려서부터 '돈이 있어야 산다'는 어머니의 가르침을 온몸으로 배웠기에 돈과 시간을 들여 시부모님을 섬기는 것이 힘들었습니다. 리브가는 결혼의 결단이 서자 지체하지 않고 바로 엘리에셀을 따라갔지만(창 24:58, 61), 저는 돈에 대한 미련을 버리지 못하고 미적거렸습니다. 그래서 '장남이 아니어도 부모님과 형님 가정을 책임져야 한다'는 남편의 뜻이 버겁게 느껴졌습니다. 이에 저는 사사건건 합리화하면서 시부모님께 드리는 용돈도 정해진 액수보다 적게 드리며 남편을 속였습니다.

그러던 중, 말씀으로 양육 받으며 돈을 번다는 이유로 시댁을 무시하고, 남편을 보필하는 아내 역할을 다하지 못한 제 죄를 보게 되었습니다. 그래서 과외 수업을 그만두기로 하고 점차 수업 횟수를 줄여 갔습니다. 하지만 여전히 돈 욕심이 남아 있었기에 완전히 그만두지는 못하고 기도만 했습니다. 그러자 하나님은 제가 결단을 내리도록 사건을 허락하셨습니다. 불법 과외 신고를 받은 경찰이 집에 들이닥치는 일이 일어난 것입니다. 하나님은 그 일이 돈 우상을 섬겨 온 제 삶의 결론이라고 알려 주셨고, 저는 회개할 수밖에 없었습니다.

하지만 얼마 못 가 저의 또 다른 연약함이 올라왔습니다. 제 기준에서 이해되지 않으면 가족과 지체들을 판단하고 가르치려 한 것입니다. 그래서 남편이 출근할 때 남편이 시킨 대로 "남편을 가르치지 말고 아이들에게 잔소리하지 말자"라고 복창하는 적용을 하기도 했습니다. 이렇게 연약해도 말씀을 묵상하고 실천하자, 하나님은 애정 결핍이 있는 제 모습을 직면하게 하셨습니다. 부모님께 받지 못한 애정을 남편에게 바라며, 남편을 우상으로 섬기고 독차지하려 한 죄를 회개합니다. 이제는 하나님을 믿지 않는 친정과 시댁 식구들의 구원을 위해 재물을 아낌없이 베풀기 원합니다(창 24:53). 돈 욕심을 버리고 감사함으로 가족을 섬기게 해 주신 하나님, 사랑합니다.

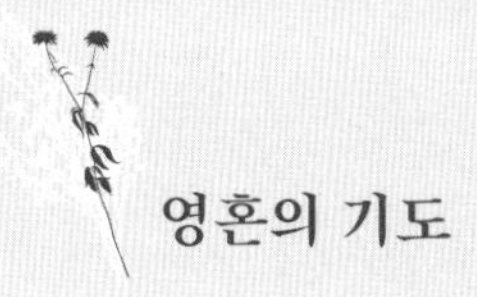

영혼의 기도

아버지 하나님, 여호와께로 말미암은 일이라면 여호와의 명대로 순종해야 한다고 알려 주십니다. 그러나 우리는 이것을 알면서도 순종하지 못하고 합리화합니다. 아직도 예수님과 세상을 감히 비교하며 예수 믿는 것이 지질해 보인다고 생각합니다. 정작 나의 지질함 때문에 주께 나왔는데도 과거를 기억하지 못합니다. 교만한 우리를 불쌍히 여겨 주옵소서.

이런 우리가 자녀들의 인생을 망치는 악하고 완고한 부모인 것을 고백합니다. 우리가 올바른 말을 한들 삶으로 본을 보이지 못하기에, 입으로만 예수를 부르짖기에 자녀들의 마음에 피멍이 들었습니다. 주여, 예수로부터 멀어진 우리 자녀들을 불쌍히 여겨 주옵소서. 과거에 받은 상처를 들먹이며 합리화만 하는 우리를 용서해 주옵소서.

리브가 가족이 리브가와 열흘 동안 같이 있기를 요청해도 엘리에셀은 만류하지 말라고 하고, 리브가 역시 망설임 없이 엘리에셀을 따라간 것을 보았습니다. 이처럼 우리도 열흘간의 쾌락에 대한 미련을 버리고, 다 된 구원을 놓치는 일이 없도록 결단하기 원합니다. 내 욕심을 내려놓고 예수를 믿기로, 교회의 모든 양육과 목장예배에 참여하기로 결단하기 원합니다. 이대로 적용하도록 도와주옵소서.

각자의 고유한 이야기가 다른 사람들을 치유하는 약재료라고 하셨으니, 들음의 영성으로 다른 사람 이야기를 잘 듣고 내 이야기도 잘 나누게 해 주옵소서. 그럴 때 우리가 천만인의 어머니가 되어 사탄의 성문을 얻게 될 줄 믿습니다. 이 말씀을 기억하며, 여전한 방식으로 모든 공예배를 잘 드리고 하나님을 사랑하는 모습을 보이며 결단하는 우리와 우리의 가정이 되게 하옵소서. 예수님 이름으로 기도하옵나이다. 아멘.

05.

참결혼

창세기 24:61~67

______하나님 아버지,
결혼의 참된 의미를 잘 깨달아서
참결혼의 본이 되기 원합니다.
말씀하여 주옵소서. 듣겠습니다.

"여행은 재미있었니?" 아들 내외가 신혼여행에서 돌아온 날 제가 물었습니다. 그러자 둘은 약속이라도 한 듯 똑같은 대답을 했습니다.

"그저 하나님의 은혜로 다녀왔어요."

들어 보니 신혼여행 내내 티격태격했다고 하더군요. 그렇게 말씀으로 인도 받고 기도하며 한 결혼인데도 결혼 첫날부터 전쟁이었다니…… 정말 하나님의 은혜 없이는 하루도 유지할 수 없는 것이 결혼생활입니다.

지금까지 결혼에 대해 깊이 생각해 보았습니다. 부모로서 자녀의 결혼 준비는 어떻게 해야 하는지, 어떤 만남이 주께서 정하신 만남인지, 결혼은 어떻게 인도 받고 결단해야 하는지 함께 묵상했습니다. 이제 24장 막바지 본문을 통해 참결혼이란 무엇인지 결론 내리려고 합니다.

창세기 22장에서 아브라함이 아들 이삭을 번제로 드리고, 23장에서는 사라가 죽습니다. 그리고 우리가 묵상하는 24장에서는 죽은 것과 다름없던 아들 이삭의 신붓감을 구합니다. 이 일련의 사건들은 이 땅에 교회가 세워진 과정과도 일치합니다. 그리스도의 죽음은 교회가 존재하기 이전에 성취되어야 할 필수적인 사건이었습니다. 예수께서 먼저 죽어 주심으로 죄인인 우리가 그리스도의 신부가 될 수 있었듯, 우리의 결혼생활에서도 죽어짐이 필요합니다. 죽음 없이는 부활도 없습니다. 그래서 참결혼을 한마디로 정의하자면 '죽어짐'이라고 할 수 있습니다. 어떤 결혼이 참결혼인지, 죽어지는 것이란 과연 무엇인지 알아보겠습니다.

떠나야 할 곳에서 잘 떠나야 합니다

리브가가 일어나 여자 종들과 함께 낙타를 타고 그 사람을 따라가니 그 종이 리브가를 데리고 가니라_창 24:61

참결혼을 하려면 먼저 세상으로부터 떠나야 합니다. 세상 가치관에서 떠나고 죽어야 합니다. 그러기 위해서는 무엇보다 성령의 인도를 받아야 하지요. 24장에서는 하나님이 주어로 등장하지 않습니다. 그러나 아브라함이 성부 하나님, 이삭이 성자 예수님, 엘리에셀이 모든 일을 이루게 하시는 성령 하나님을 예표하며 이 삼위일체가 각자의 역할에 충실하여 참결혼을 이룹니다.

리브가가 떠나기로 결단하자 "그 종이 리브가를 데리고 가니라"

고 합니다. 마찬가지로 내가 떠나기로 결단하면 성령 하나님께서 데리고 가 주십니다. 나 혼자서는 못 갑니다. 결심은 내가 했어도 데리고 가는 분은 성령 하나님입니다. 내가 오늘 예수 믿기로, 교회에 나가기로 결단하면 그다음은 성령께서 데리고 다니시면서 도와주실 줄 믿습니다. 이것이 참결혼에서 가장 중요한 원리입니다.

리브가의 결혼은 곧 약속의 성취입니다. 하나님은 아브라함에게 큰 복을 약속하셨습니다. 12장에서는 "내가 너로 큰 민족을 이루고 네게 복을 주어 네 이름을 창대하게 하리니 너는 복이 될지라"고 축복하셨고(창 12:2), 지난 24장 1절에서도 "여호와께서 아브라함에게 범사에 복을 주셨더라"고 했습니다. 이때 범사의 복은 어떤 일에도 요동함이 없는 것을 말합니다. 또 24장 35절에서도 "여호와께서 나의 주인에게 크게 복을 주시어 창성하게 하셨다"고 했습니다.

무엇보다 아브라함에게 큰 복은 하나님께 부름 받고 땅과 후손을 약속 받은 것입니다. 그러므로 아브라함과 그 후손들은 떠나온 땅으로 돌아가서도 안 되고, 가나안 여인을 취해서도 안 됩니다. 이 명령을 지키면 반드시 복을 주시겠다는 것이 약속의 핵심입니다.

내가 주께 부르심 받고 세상을 떠나 이쪽 세계로 왔습니다. 이쪽 세계는 또 다른 말로 하면 가나안 땅, 복음을 전해야 할 땅입니다. 그러나 주님은 복음은 전하되 이 땅에서 배우자는 구하지 말라고 하십니다. 그래서 우리가 적용을 잘 해야 합니다.

엘리에셀이 '아브라함 고향 족속 중에서 이삭의 신붓감을 구하라'는 중대한 프로젝트를 마침내 완수하여 리브가를 얻었습니다. 리브가 역시 또 한 명의 아브라함이라고 할 수 있습니다. '리브가'라는 이름은 '바라크(축복)'를 생각나게 합니다. 영어로는 레베카(Rebekah)로 거꾸로 읽으면 바라크라는 단어를 떠올리게 합니다. 바라크는 하나님을 예배하고 찬양하는 복입니다. 즉, 예배의 여인, 축복의 여인으로 리브가가 부름 받았습니다. 하나님께 부름을 받았으니 이제 떠나야 합니다. 이 땅을 떠나 본향인 천국을 향해 가야 합니다. 약속의 주인공이 되기 위해 떠나야 합니다.

그러나 떠나야 한다고 해서 어디 멀리 가라는 뜻은 아닙니다. 하나님의 말씀에 순종하기로 결단하라는 것이죠. 하나님의 뜻을 알고도 결단하지 않는 삶과 말씀 앞에 결단하는 삶은 하늘과 땅 차이입니다. 물론 쉽지는 않습니다. 그러나 리브가는 지체하지 않고 떠납니다. 아직 이삭도 보지 못하고 상속도 받지 못했지만 그녀는 이삭에 관한 보고, 즉 예수 그리스도에 관한 증거를 믿고서 떠납니다. 그 증거만으로도 족했습니다. 보지 않고도 믿었습니다. 어떤 지고지순한 사랑도 이처럼 예수님 자체를 원하는 마음보다 고귀하지 않습니다. 주님은 예수님 자체를 사랑하며 그분과 함께 있기를 소망하는 자를 순결한 길로 인도하십니다. 성령께서 역사하여 그 인생을 책임져 주십니다.

이렇게 리브가가 믿음의 결단을 하기까지 엘리에셀이 가장 결정적인 역할을 했습니다. "진리의 성령이 오시면 그가 너희를 모든 진리 가운데로 인도하시리니 그가 스스로 말하지 않고 오직 들은 것을 말하며 장래 일을 너희에게 알리시리라. 그가 내 영광을 나타내리니 내 것을 가지고 너희에게 알리시겠음이라. 무릇 아버지께 있는 것은 다

내 것이라 그러므로 내가 말하기를 그가 내 것을 가지고 너희에게 알리시리라 하였노라" 하신 말씀처럼, 진리의 성령께서 우리에게 예수님을 알려 주시듯 엘리에셀이 이삭을 잘 알렸습니다(요 16:13~15). 그가 이삭을 성실히 소개하므로 리브가가 영광의 성취를 향해서 나아가게 되었습니다.

그러므로 이삭의 결혼이 이루어졌을 때 이삭에 대한 증거를 리브가의 귀에 속삭여 준 엘리에셀이 누구보다 기뻐하지 않았겠습니까. 우리가 성령께서 알리시는 예수의 증거를 믿으면 누구보다 성령께서 기뻐하십니다. 목장에서 목자가 속삭인 말씀을 듣고서 목원의 삶이 바뀌었다고 해 보세요. 그러면 당사자보다도 목자가 더 기뻐하지 않습니까? 목자들이 변하면 목사가 더 기뻐합니다.

진리의 성령님이 장래 일을 우리에게 알려 주십니다. 리브가도 엘리에셀을 통해서 알리시는 장래 일을 들었습니다. '장래 일'이 무엇입니까? "이 땅은 망한다, 이 세상은 심판 받는다"는 것입니다. 아무리 화려하고 멋있어도 이 세상은 멸망할 땅입니다. 예수가 없다면 100% 망합니다. 예수 그리스도를 만나야만 흥합니다. 이 장래 일을 듣고서 리브가가 떠났습니다.

"형제들아 나는 아직 내가 잡은 줄로 여기지 아니하고 오직 한 일 즉 뒤에 있는 것은 잊어버리고 앞에 있는 것을 잡으려고 푯대를 향하여 그리스도 예수 안에서 하나님이 위에서 부르신 부름의 상을 위하여 달려가노라"(빌 3:13~14).

이 빌립보서 말씀처럼 리브가는 이삭, 곧 그리스도라는 푯대를 향해 떠났습니다. 이삭에 대한 증거를 듣고서도 지금의 자리에 머무르며 라반의 양만 돌본다면, 이는 하나님이 은혜로 알게 하신 증거를 멸시하는 것입니다. 리브가는 "라반의 양을 돌보는 것이 내 직업이다. 안정된 삶에 안주하겠다" 하지 않았습니다. 비록 얼굴도 보지 못했지만 이삭에 대한 증거만 믿고서 결혼하러 떠납니다. 바라는 것을 실상으로 놓고 갑니다. 하나님 나라가 멀게 느껴져도 성령께서 환히 비춰 주시기에 이렇게 떠날 수 있습니다.

이삭과 리브가가 나와 무슨 상관인가 합니까? 우리 모두는 성령의 도움으로 하늘나라를 향해 전진하는 교회입니다. 주님은 하늘에 계신 예수 신랑을 만나고자 전진하는 교회들에 리브가라는 아름답고 인상적인 모델을 보여 주십니다. 교회의 역할은 "멸망할 세상에서 떠나라"고 가르치는 것입니다. 교회인 내가 떠나는 모델이 되어야 합니다.

예레미야 선지자도 그랬습니다. 그는 하나님께 축복 받은 예루살렘을 가리켜 '아름답고 묘한 시온의 딸'이라고 부르면서 멸망을 예고했습니다(렘 6:2, 개역한글판). 하나님을 믿는 듯 안 믿는 듯 묘한 얼굴을 하고서는 우상숭배를 일삼는 백성을 향해 "멸망시킬 자가 갑자기 올 것이라" 경고했습니다(렘 6:26). 바벨론 포로 생활 하러 떠나는 것이 백성이 회복될 길임을 알려 주었습니다. 이렇듯 성경은 한결같이 '세상을 떠나라'고 이야기합니다.

그런데 바벨론으로 떠나면 뭐 합니까? 노예 생활만 기다리고 있습니다. 그러니 결단하기가 쉽지 않습니다. 우리 각자에게 바벨론으로 떠나는 적용은 무엇입니까? 죄를 지었으면 감옥에 가야 합니다. 힘든 남편, 아내와 이혼하지 않고 살기로 결단하는 것도 바벨론 포로 생활입니다. 그러나 힘들 게 빤히 보여도 하나님께 순종하여 떠나는 자가 천국을 소유합니다. 모두 천국을 아름답게만 생각하지만 이 땅에서의 천국은 십자가밖에 없습니다. 십자가를 길로 놓고 가는 것이 천국 여정입니다. 그래서 리브가도 라반의 양을 치는 편한 자리를 내려놓고 보이지 않는 성을 향해서 떠납니다.

그런데 가진 것이 많은 자는 세상을 떠나지 못합니다. 예레미야 4장에 보면 이런 말씀이 나옵니다.

"기병과 활 쏘는 자의 함성으로 말미암아 모든 성읍 사람들이 도망하여 수풀에 들어가고 바위에 기어오르며 각 성읍이 버림을 당하여 거기 사는 사람이 없나니. 멸망을 당한 자여 네가 어떻게 하려느냐 네가 붉은 옷을 입고 금장식으로 단장하고 눈을 그려 꾸밀지라도 네가 화장한 것이 헛된 일이라 연인들이 너를 멸시하여 네 생명을 찾느니라. 내가 소리를 들은즉 여인의 해산하는 소리 같고 초산하는 자의 고통하는 소리 같으니 이는 시온의 딸의 소리라 그가 헐떡이며 그의 손을 펴고 이르기를 내게 화가 있도다 죽이는 자로 말미암아 나의 심령이 피곤하도다 하는도다"(렘 4:29~31).

예레미야는 환상 가운데 유다 땅에 임할 심판을 봅니다. 기병과 활 쏘는 자가 와서 유다 땅을 위협하자 백성은 수풀과 바위로 도망합니다. 또한 멸망당했어도 붉은 옷을 입고 금장식으로 단장하고 눈을 그려 꾸밉니다. 자신을 과장되게 치장하고서 "심판 따위는 없다"고 비웃는 겁니다. 그렇게라도 심판을 부러 잊어버리려는 것입니다. 이렇게 아무리 외쳐도 가진 자들은 이 땅의 결국은 멸망이라는 사실을 인정하지 못합니다. 성령이 임하지 않아서 그렇습니다.

저도 성령이 임하지 않았을 때는 내 힘으로 도망가고자 했습니다. 힘든 결혼생활을 그만두고 집을 나와 피아노 선생을 하며 살겠노라고, 수풀로 바위로 도망할 계획을 잔뜩 세웠습니다. 내게 돈 벌 능력이 있는데 왜 바벨론에 사로잡혀 노예 생활을 합니까. 또 감정을 분단장하고 과장하면서, 힘들어도 아닌 척 얼마나 포장하며 살았는지 모릅니다.

남편 또한 가진 것이 많아서 늘 도망할 준비를 했습니다. 이북이 고향인 우리 부부는 6·25 전쟁을 겪은 피란 세대입니다. 그래서인지 남편은 늘 전쟁을 두려워하면서 저를 대비시켰습니다. 80년대에 천만 원이면 얼마나 큰돈입니까. 그런데 무려 2천만 원어치 금을 사서는 "만일 전쟁이 나면 이 금을 들고 도망가라" 하더군요.

어찌나 계획적인지 한곳에만 넣어두면 빼앗긴다고 금을 여러 군데 골고루 나누어 담고, 달러와 원화도 당시 병원에서 쓰던 복대에 칸칸이 나누어 넣어 두었습니다. "이건 뱃삯으로 쓰고, 이건 뭐로 쓰고……" 제게 가르쳐 주면서 생명을 보존하라고 했습니다. 위험할 때마다 하나씩 내주고, 안 빼앗겼으면 자기를 찾을 때까지 가진 금으로 잘 살랍니다. 몇 년 동안 굶지 않을 거랍니다. 평소에 요구르트값 하나 안 주면서 헤어질 때 쓰라고 어마어마한 금덩이를 주니, 얼마나 우습습니까. 저는 관심도 없는데, 오히려 전쟁 나면 공식적으로 헤어질 수 있겠구나 싶은데 말이죠. 평소에는 그렇게 저를 무시하고 밟아 대면서 헤어지면 꼭 만나잡니다. 자기는 의사라서 무슨 일이 나도 밥은 안 굶는다나요. 또 전쟁이 끝나면 짝수 해에는 서울 어디에서 만나고, 홀수 해에는 부산 어디에서 만나자면서 수없이 저에게 되뇌게 했습니다. "짝수 해에는 어디냐?" 갑작스럽게 묻고는 제가 대답을 못 하면 "이러니까 내가 살 수가 없다!"면서 야단을 쳤습니다.

그런데 이렇게 한쪽은 전쟁을 두려워하며 도망갈 준비를 하고, 다른 한쪽은 심판 따위는 없다 하면서 단장하던 우리 부부에게 어느 날 "연인들이 너를 멸시하여 네 생명을 찾는" 사건이 찾아왔습니다. 남편이 하루아침에 생명을 빼앗긴 것입니다. 그러나 남편은 고난 가운데 진멸당하지 않고 오히려 남은 자가 되어 천국에 갔습니다. 자기 인생 최대의 고통, 마치 해산과 초산의 고통 같은 암 선고를 통해 영적 회복을 맛보고 구원을 얻은 것입니다. 육의 생명을 내어드리고 영원한 생명을 얻었습니다. 마지막에라도 이 땅은 망한다는 것을 깨닫고 예수를 영접했으니 그야말로 복 중의 복 아니겠습니까. 나이아가라 폭포가 거꾸로 올라가는 것만큼이나 기적적인 일입니다.

사람들은 나중에 예수 믿겠다고 하는데 때가 왔다고 누구나 제꺼덕 믿어지는 게 아닙니다. 그래서 때마다 시마다 늘 믿음으로 결단하고 떠나야 합니다. 그런데 내가 믿음으로 결단하여 세상에서 떠나고자 할 때, 또 결혼할 때 가장 방해세력이 바로 부모입니다. 부모가 나빠서가 아닙니다. 오히려 나를 너무 사랑해서 내가 홀로 서는 데 장애물이 되는 겁니다. 그래서 성경은 결혼할 때 가장 먼저 할 일이 부모를 떠나는 것이라고 말합니다(창 2:24).

인간은 이기적이라서 분신(分身) 같은 부모를 떠나기가 어렵습니다. 곁에서 늘 나를 도와주는데 어찌 떠날 수 있겠습니까. 그래서 부모를 떠남과 동시에 나의 안일함과 고집, 쾌락과 중독에서도 떠나야 합니다. 우리 며느리도 신결혼의 세계로 보무당당하게 떠났지만 이제는 아침마다 깨워 주고 과일을 싸 주는 엄마가 없다면서 아쉬워합니다. 또 결혼 전에는 아무리 먼 길이라도 신랑이 차로 데리러 오고 데려다주었는데, 결혼하고 나서는 회사만이라도 데려다 달라고 해도 꿈쩍도 안 한다며 푸념합니다. 제가 "남자는 결혼 전에 제일 잘해 준다. 그러니 결혼 후에 잘해 줄 걸 기대하지 말라" 했는데, 제 말이 참말이라는 걸 결혼 첫날부터 알겠더랍니다.

주께서 정하신 사람을 만나 신결혼하면 날마다 거룩할 것 같지만, 이렇게 조금만 내 뜻에 빗나가도 은혜가 반감됩니다. 우리가 사소한 데서 못 떠납니다. 내 감정 그대로 다른 사람에게 가니까 못 떠납니다. 그러나 우리가 잘나서 떠나는 게 아닙니다. 리브가가 믿음으로 결단하자 엘리에셀이 그녀를 데리고 갑니다. 내가 시작만 하면 성령이 데리고 가십니다. 그러므로 날마다 옳고 그름으로 따지지 말고 성령께서 나를 이끌어 주시기를 구하십시오.

- 가정에서, 목장에서, 내가 속한 공동체에서 예수에 대한 증거를 속삭이고 있습니까?
- 이 땅은 결국 망할 곳인데도 내가 의지하는 세상 것은 무엇입니까?
- 내가 떠나지 못하는 사소한 것은 무엇입니까? 안일함입니까, 고집입니

까, 쾌락입니까, 중독입니까? 결혼했어도 부모를 떠나지 못해 여전히 부모의 그늘 아래 거하려 하지는 않습니까?

기도로 인내하면서 잘 기다려야 합니다

그때에 이삭이 브엘라해로이에서 왔으니 그가 네게브 지역에 거주하였음이라_창 24:62

아브라함이 이삭의 신부를 찾아 종을 보낸 것은 그저 참한 색시 한 사람 구하려는 뜻이 아닙니다. 아브라함은 영적 후사인 이삭에게 하나님이 예비하신 신부를 구해 주고자 오래 기도했을 것입니다. 엘리에셀 역시 주인의 명대로 약속의 배우자를 구하러 간 것이기에 계속 기도했습니다. 그러면 결혼 당사자인 이삭은 어떻게 기도했을까요?

브엘라해로이는 하갈이 사라의 학대를 피해 도망간 광야에서 발견한 우물입니다(창 16:14). '브엘라해로이'라는 이름은 '살아 계셔서 나를 감찰하시는 자의 우물'이라는 뜻입니다. 이 브엘라해로이에서 이삭은 무슨 생각을 했을까요? 그는 어머니 사라를 떠올렸을 것 같습니다. '살아 계신 하나님이 모든 것을 감찰하시는데 내 어머니가 잘나서 여러 민족의 어머니로 세우신 것이 아니구나. 어머니가 하갈을 학대했어도 하나님이 은혜를 베푸셔서 영적 후사를 잇게 하셨구나!'

하나님이 은혜를 베풀어 주지 않으시면 어머니도 나도 아무것도 할 수 없다는 것을 이삭이 깨달았습니다. 어머니의 죽음은 슬프지만 이때부터 이삭이 어머니 사라를 객관적으로 보게 된 것입니다. 이런 영적인 안목이 생긴 그때 영적 배우자가 이삭이 머무는 남부 메마른 땅을 향해 올라옵니다.

> 이삭이 저물 때에 들에 나가 묵상하다가 눈을 들어 보매 낙타들이 오는지라_창 24:63

지난 54절에서 이른 아침에 떠난 리브가가 저물 때 도착합니다. 그때 이삭이 들에 나가 묵상하다가 낙타들이 오는 것을 봅니다. 여기에 "묵상"이라는 말이 나옵니다. 이삭이 말씀을 묵상하며 큐티한 것입니다.

세상에서도 명상을 많이 합니다. 무소유, 비움의 영성이라면서 가부좌로 틀고 앉아 명상을 합니다. 어떤 사람은 명상이 곧 묵상이고 묵상이 곧 명상이라고 생각합니다. 굳이 비교하자면 명상은 나를 비움으로 내가 삶의 주인이 되는 것이고, 하나님의 말씀을 묵상하는 것은 나를 비움으로 하나님이 내 삶의 주인이 되시도록 채우는 것입니다.

이삭도 이렇게 묵상했을 것입니다. "하나님께서 제 삶의 주인이 되어 주시옵소서. 어머니 사라의 인생을 돌아보니, 어머니도 실수가 많았지만 오직 하나님의 은혜로 여러 민족의 어머니가 되었습니다. 저도 실수가 많지만 주님의 은혜를 입어 삶의 주인이 제가 아니라 하나님이 되시길 원합니다." 그는 갈급한 심정으로 기도하면서 기다렸습니다. 아브라함의 기도로 시작하여 그의 종 엘리에셀의 기도로 진행된 이 혼사는 이삭의 기도로 완결됩니다. 우리도 늘 기도로 시작해서 기도로 끝나야 예수 그리스도의 참신부가 될 줄 믿습니다.

미국 침례교 목사이자 작가인 찰스 스탠리(Charles Stanley)는 "피곤하고 지칠 때도 있고, 감정이 고갈될 때도 있지만 주님과 홀로 시간을 보내고 나면 주님이 우리에게 에너지와 힘을 주입해 주시는 것을 발견하게 된다"라고 했습니다. 또한 독일의 심리학자 카타리나 침머(Katharina Zimmer)는 그의 저서 『솔로의 심리학』에서 "혼자 있을 수 있는, 혹은 혼자 있는 상태를 수준 높고 풍요롭게 체험하는 능력은 타고나는 것이 아니다. 유아기부터 우리는 혼자 창조적으로 지내는 법을 배워야 한다"라고 했습니다. 혼자 잘 지내는 것도 굉장한 훈련이 필요하다는 것입니다. 이삭은 혼자 있으면서 하나님과 친밀하게 교제하는 법을 배웠습니다. 그렇기에 그가 혼자 기도했는데도 좋은 배필을 허락하십니다.

이처럼 혼자 자기 시간을 잘 보내는 사람은 상대방을 피곤하지 않게 합니다. 늘 편안하게 해 줍니다. 이런 사람이 매력이 있고 모두가 보고 싶어 합니다. 반면에 매일 "외로워 못 살겠어" 부르짖는 사람은 그 사람만 봐도 막 외로움이 따라와서 싫습니다. 불행한 너와 불행한 내가 만나면 불행한 우리가 될 수밖에 없습니다. 혼자서 잘 살 수 있는 능력을 가진 사람이라야 참결혼을 할 수 있습니다. 그러지 않으면 비단 결혼생활뿐만 아니라 인생의 때마다 결핍과 공허함, 상실감에 몸부림치지 않겠습니까. 배우자가 죽어도 못 살고, 자식이 군대에 가도 못 삽니다.

이 세상 모든 사람이 구원을 받는 것이 하나님의 바람이지만, 모두가 구원을 얻는 건 아닙니다. 마찬가지로 하나님께서 정해 놓으신 배필이 반드시 있지만, 모든 사람이 그 배필을 만나는 것은 아닙니다. 내가 욕심 때문에 잘못 선택하면 큰 고통을 당하게 됩니다. "데려와서 믿게 하면 된다"면서 불신결혼의 타당성을 외치지만, 그건 아니라는 겁니다. 물론 불신자라도 나중에 구원을 얻을 수 있습니다. 다만 "믿는 사람이든, 안 믿는 사람이든 결국 하나님이 구원하실 거야"라는 생각으로 고민도 없이 불신결혼해서는 안 된다는 것입니다. 이것은 '모두가 궁극적으로 구원 받는다'는 만인구원론을 주장하는 것이나 다를 바 없습니다. 오직 예수 그리스도, 십자가만이 우리 구원의 근거입니다.

매사에 하나님 뜻이 있지만 인간이 자유의지로 판단하여 따르도록 하셨습니다. 마찬가지로 우리의 배필을 정해 두셨지만 그 선택은 인간의 책임에 속하는 일로 남겨 두셨습니다. 하나님께서 일일이 지목해 주지 않으십니다. 그러므로 욕심을 접고 "하나님의 영광을 위해서"라는 분명한 결혼관을 가지고서 정해 주신 배필을 찾아야 합니다. 내 정욕대로 함부로 결정하고는 불행의 책임을 하나님께 돌려서는 안 됩니다. '내가 왜 이런 남편과 사는가?', '하나님이 왜 이런 아내를 내게 붙이셨나' 이런 이야기는 하지 말라는 겁니다. "네 길과 행위가 이 일들을 부르게 하였나니 이는 네가 악함이라 그 고통이 네 마음에까지 미치느니라"고 했습니다(렘 4:18). 그 무엇 때문이 아니라 나의 악 때문에 내가 고통스러운 것입니다.

하나님의 눈으로 보아야지, 내 육신의 정욕과 안목의 정욕, 이생의 자랑으로 배우자를 택하려 해서는 안 됩니다. 그러면 하나님이 정해 주신 배필이 바로 눈앞에 있어도 만나지 못합니다. 무엇보다 하나님을 신뢰하며 기도하기 바랍니다. 19세기 위대한 영성가로 손꼽히는 앤드류 머레이(Andrew Murray)는 이렇게 말했습니다.

"무엇보다 당신의 기도에서 하나님을 제한하지 않도록 조심하라. 그분이 하실 수 있는 일을 불신하지 말고, 다 알고 있다고 자부하지도 말라. 우리가 구하거나 생각한 것 이상의, 기대하지 않은 것들을 기대하라!"

- 홀로 하나님과 교제하는 시간을 통해 하나님과 친밀해지고 있습니까? 혼자 있는 시간을 어떻게 보냅니까? 날마다 "외로워, 외로워"만 부르짖지는 않습니까?
- 하나님이 정해 주신 배필을 기도로 찾고 있습니까? 하나님을 제한하며 불신하는 것은 무엇입니까?

얼굴도 보지 못한 배필이라도 사랑의 축복을 허락하십니다

리브가가 눈을 들어 이삭을 바라보고 낙타에서 내려_창 24:64

고대 근동에서는 여자가 낙타나 나귀를 타고 가다 남자를 만나면 아래로 내려서는 것이 관습이자 예의였습니다. 리브가가 이런 당시 풍습에 충실한 것만 보아도 매우 예의 바르고 단정한 규수라는 것을 알 수 있습니다.

종에게 말하되 들에서 배회하다가 우리에게로 마주 오는 자가 누구냐 종이 이르되 이는 내 주인이니이다 리브가가 너울을 가지고 자기의 얼굴을 가리더라_창 24:65

남녀가 결혼하려면 남자로서, 여자로서의 끌림도 필요합니다. 리브가도 이삭을 보고서 이성적인 끌림을 느낍니다. 그저 하나님의 약속만 생각하면서 왔는데 이삭이 이성으로서도 마음에 드는 겁니다. 하나님께서 끌림을 허락하신 것입니다. 그래서 리브가가 너울로 자신의 얼굴을 가립니다. 수십 번 우물길을 오가는 수고도 마다하지 않고 10마리 낙타까지 물을 마시게 한 씩씩한 리브가가 맞나 싶습니다. 당찬 여인인 줄만 알았더니, 여성스럽고 사랑스럽기까지 합니다. 하나님의 약속을 붙드니까 지혜가 저절로 생깁니다. 여자로서, 아내로서, 엄마로서 어떻게 적용해야 하는지 딱 압니다. 미련한 사람은 말씀만 부르짖으면서 적용은 안 합니다. 그러나 말씀은 적용할 때 빛을 발합니다.

종이 그 행한 일을 다 이삭에게 아뢰매_창 24:66

종이 이삭에게 지금까지 일을 전부 아뢰니다. 우리도 언젠가는 하나님 앞에서 우리의 여정을 직고할 날이 올 것입니다. 또한 성령께서 내가 세상 가치관에서 떠나 기도하고 인내하며 죽어진 모든 것을 직고해 주십니다. 그러니 누가 알아주지 않는다고 생색내지 마십시오. 리브가가 아니라 종이 아뢰었다고 합니다. 내가 드러내지 않아도 성령께서 고해 주십니다.

> 이삭이 리브가를 인도하여 그의 어머니 사라의 장막으로 들이고 그를 맞이하여 아내로 삼고 사랑하였으니 이삭이 그의 어머니를 장례한 후에 위로를 얻었더라_창 24:67

우리가 부르다가 죽을 그 단어, "사랑"이 여기서 나옵니다. 장장 67절이나 되는 이삭의 배우자 찾기 말씀 중에서 사랑은 맨 마지막에야 등장합니다.

누군가를 사랑하게 되는 과정이 이렇게 어렵습니다. 누군가를 떠나보내야 하고, 나의 터전에서 떠나 800km를 걸어와야 하고…… 갖은 수고를 하고 희생을 치러야 비로소 얻을 수 있는 것이 사랑입니다. 어느 영화에선가는 "사랑은 뜨거운 열정이 지나간 후에 남는 것"이라고 했지요. 그 대사처럼 벌거벗은 서로의 실체를 보고 부대끼면서 피어나는 사랑이 진정한 사랑입니다. 그러니 사랑이 결혼의 첫 번째 조건이 아닌 것이 백번, 천 번 맞습니다. 그러나 믿음으로 결혼하면 반드시 사랑도 따라옵니다. 우리가 믿음으로 택할 때 주님이 사랑의 축복도 허락하십니다.

이삭은 서른일곱 나이에 어머니 사라를 잃고, 마흔 살에 리브가와 결혼했습니다. 그러므로 "이삭이 그의 어머니를 장례한 후에 위로를 얻었더라"는 것은 3년 동안 어머니를 잃은 슬픔에 깊이 빠져 있었다는 것입니다. 리브가를 아내로 삼고 사랑함으로 비로소 어머니 사라를 잃은 슬픔까지도 통과합니다.

어니스트 커츠(Ernest Kurtz)는 그의 책 『불완전함의 영성』에서 "영성의 핵심은 완성되지 못한 존재로서 느끼는 부족함이다. 영성은 우리가 깨어지고 불완전한 존재임을 받아들이는 데서 시작한다"라고 말했습니다. 랍비 리젠스커도 "오직 신만이 완전하시며, 인간의 행동은 원래 부분적으로 불완전하다. 만일 자신이 순전하고 완전하다고 믿는 사람이 있으면 그는 철저하게 악인이다"라고 말했습니다.

성도는 이 땅에 발을 디디고 살면서도 하늘나라에 속한 이중적인 존재입니다. 거룩하신 하나님의 자녀이지만 죄성을 지닌 죄인이기도 합니다. 그러므로 참성도라면 추악한 내 죄가 보일 때마다 '내가 하늘로 올라가기에 얼마나 부족한가' 절로 탄식이 나올 수밖에 없습니다. 그런데 천국에 갈 때까지 이렇게 주 안에서 나의 부족함을 보는 게 최고의 영성이라는 겁니다.

결혼도 그렇습니다. 자기 죄를 보며 너도 나도 부족한 죄인이라는 걸 인정하면서 가야 합니다. 나의 부족한 부분까지도 드러내며 서로 벌거벗고 만나는 것이 참결혼입니다. 진정한 관계가 되면 벌거벗어도 부끄러워하지 않게 됩니다. 아프고 부족한 것이 부끄러운 게 아니라 우리의 죄성이 부끄러운 것입니다. 그런데 우리는 죄 보기도 싫어하고, 죄 이야기만 하면 모두 힘들다고 합니다. 가진 게 없는 사람은 죄에 대한 말씀이 귀에 빨리 들어오는데, 등 따습고 배부른 사람은 도무지 죄가 안 보입니다.

미국의 심리치료 전문가 테리 리얼(Terrence Real)이 쓴 『남자가 정말 하고 싶은 말』에 나오는 내용입니다. 40대 중반의 데이비드라는 남자가 가족과 함께 심리상담을 받고자 테리 리얼을 찾았습니다. 온 가족이 상담 의자에 나란히 앉았는데 데이비드가 농담을 건네도 아내와 17살 아들은 무표정한 얼굴이었습니다. 사연을 들어 보니 이 부부는 지난 20년간 비참한 결혼생활을 했다고 합니다.

6개월간 상담을 진행하면서 이 가족의 문제점이 조금씩 드러났습니다. 남편 데이비드는 성품이 좋고 협조적인 사람이었습니다. 그런데 어느 날부터 아내에게 애정이 식고 자식에게도 무관심해졌습니다. 급기야 그는 일에도 관심을 잃어버리고 술에만 빠져서 가족에게 분노를 표출하고 폭력까지 휘둘렀습니다.

그는 스스로 인식하지 못했지만 심각한 우울증에 시달리고 있었습니다. 어려서부터 겪은 아버지의 폭력이 그 원인이었습니다. 내면에 쌓인 분노가 소년 시절까지는 숨어 있다가 성인이 되면서 외부로 폭발한 것입니다. 폭포수처럼 터져 나온 우울감은 가족을 밀쳐 내게 하고 일과 알코올, 폭력은 기분 완화제와 자부심 향상제 역할을 했습니다. 스스로 탈출구를 찾을 수 없으니 일과 술, 폭력에 의존하게 된 겁니다.

테리 리얼이 이 가족을 처음 만났을 때 아들은 퇴학 위기에 놓이고 아내는 이혼을 결심한 상태였습니다. 그러나 상담을 통해 데이비드의 상처를 보듬어 주자, 가정도 조금씩 회복되기 시작했습니다.

대개 남자보다 여자가 고통을 잘 인식한답니다. 그래서 고통을 안으로 끌어들여 점점 나약해지면서 의사소통 능력을 잃는 것이 우울증을 앓는 여성의 특징이라고 합니다. 반면에 우울증을 앓는 남자는 자신도 채 인식하지 못한 고통을 분노로 표출하는 게 특징입니다. 그로 인해 가족에게 상처를 주고, 대인관계가 어그러져서 심리적으로 더욱 위험한 상황에 놓이게 된답니다. 그래서 남자들의 우울증을 치료하는 방법은 껍질을 깨고 감정을 밖으로 내보내 주는 것이라고 합니다.

껍질을 깨고 감정을 밖으로 내보내는 것이 우울증이 치료되는 길이라는데, 이 세상에는 그럴 수 있는 공동체가 없습니다. 그러나 우리에게는 목장이 있지 않습니까. 부부가 싸우더라도 말씀 안에서, 목장 공동체 안에서 싸우면 자연스레 감정을 밖으로 내보내게 됩니다. 둘이 해결하려고 하면 폭력이 난무하고 관계가 냉담해지지만, 늘 객관적으로 바라봐 주는 공동체 안에서 싸우면 부부에 대한 진단이 딱 나옵니다.

그런데 우리는 내가 병들었다는 걸 인정하지 않습니다. 그래서 목장예배를 우습게 여기고 목장에 가서도 내 이야기는 좀체 하지 않습니다. 그러나 현실을 인정하는 것, 내가 아프다는 걸 인정하는 것이 복음의 시작입니다. 자꾸 상대에게서만 원인을 찾으니까 부부 문제도, 자녀 문제도 해결이 안 되는 것입니다.

우리들교회의 한 엘리트 부부가 문제 많은 아들 때문에 골머리를 앓았습니다. 목장에서는 아들을 데리고 정신과에 가 보라고 권면했습니다. 그런데 이 부부가 그 결단을 하기가 너무 어려웠답니다. 가장 힘든 관문은 어머니 자신이었습니다. '병원에 데려갔다가 아들이 정말 아프다는 진단을 받으면 어떡하지' 겁이 났답니다. 그에 뒤따를 죄책감과 책임이 두려웠던 겁니다. 그래도 말씀 듣는 구조 속에 거하면서 이 부부가 잘 견뎌 냈습니다. 아들의 병이 이 부부를 겸손케 해서 지금은 두 분 다 목자로 섬기고 있습니다. 나를 괴롭힌 자녀 고난이 이제는 남을 살리는 약재료가 되었습니다. 이것이 참결혼입니다.

결혼하기 전에는 괜찮은 사람이었는데, 날이 가면서 우울하고 분노를 표출한다면 안 살아야 합니까? 정말 사랑할 수 없는 배우자라도 부부가 서로 병든 것을 인정하면서 가면 달라집니다. 부부가 서로 사랑하며 다른 사람을 살리는 데까지 지경이 넓어져야 합니다. 이것이 결혼의 목적입니다. 내 현실을 인정하고, 내가 아픈 걸 인정하는 것이 복음의 시작이라고 했습니다. 어떠한 약점도 견디고 감싸 안으면서 수많은 사람을 예수 그리스도께 인도하는 참부부가 되기를 축원합니다.

- 아프다고, 병들었다고 배우자를 무시하고 버리려 하지는 않습니까? 나도 아프고 병들었다는 걸 인정합니까?
- 어떤 고난과 아픔이 있어도 부부가 서로 부대껴 가며 인내하고 사랑합니까? 흠 없는 결혼생활을 하겠다는 헛된 꿈을 꾸고 있지는 않습니까?

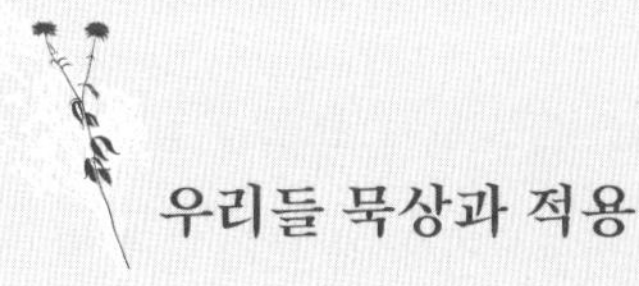

우리들 묵상과 적용

저는 딸만 다섯인 딸부자 집 맏딸로 태어났습니다. 아버지는 병치레가 잦은 제가 아플 때마다 "딸이 이렇게 많으니 하나쯤은 죽어도 된다"고 입버릇처럼 말씀하셨습니다. 그런 환경에서 자라며 우울하고 자존감이 낮아진 저는 급기야 24살에 가출을 감행했습니다. 그러고는 1년 후 다이어트 사업을 시작했습니다. 사업은 성공적이었지만 아무리 돈을 많이 벌어도 공허한 마음은 여전했습니다.

저는 공허함을 채우고자 제 회사 광고를 담당하던 남편과 결혼했습니다. 하지만 우리 부부는 심하게 다투며 걸핏하면 이혼하자고 외쳤습니다. 그러던 중, 남편이 보증을 선 아주버님의 사업이 망하고 부동산 투기 업자들에게 속아서 빚을 지게 되었습니다. 빚을 갚고자 살던 집까지 팔게 되자 저는 우울증이 심해져서 극단적인 생각까지 했습니다. 그러자 엘리에셀이 리브가를 데리고 이삭에게 간 것처럼(창 24:61), 하나님은 아들의 유치원 원장님을 통해 저를 교회로 이끌어 주셨습니다. 저는 내 죄를 씻어 주시고자 예수님이 십자가에 못 박히셨다는 말씀을 듣고 주님을 영접했습니다. 또한 "인생의 목적은 거룩입니다" 하시는 담임 목사님의 말씀을 듣고 돈과 행복을 우상 삼아 살아온 제 모습을 회개하게 되었습니다.

그런데 초등학생이 된 아들이 학교와 학원에서 문제를 일으키기 시작했습니다. 그때마다 저는 선생님께 찾아가 용서를 구했습니다. 이 일로 저는 문제아는 없고 문제 부모만 있음을 인정하고, 아들과 함께 정신과 진료를 받았습니다. 아들은 불안과 우울, ADHD 진단을, 저는 우울증 진단을 받고 상담과 약물 치료를 시작했습니다. 그런데 평소 식성이 좋던 아들은 약의 부작용으로 식사량이 줄고, 잠도 잘 이루지 못했습니다. 이 모습을 보니 제 악 때문에 아들이 고통 받는다는 생각에 회개가 절로 나왔습니다(렘 4:18). 그렇게 2년간 은혜 가운데 영과 육을 치료 받으니 저도 아들도 부쩍 회복되었습니다. 그리고 이후 아내와 엄마의 역할을 잘 감당하려고 노력하자 성령님은 남편이 교회에 나와 세례를 받도록 인도해 주셨습니다. 시어머니도 40년간 숭배한 이단에서 벗어나 교회에서 세례를 받으시도록 이끌어 주셨습니다.

고난을 통해 온 식구에게 참사랑을 가르쳐 주신 하나님, 감사합니다. 이삭이 엘리에셀과 리브가를 기다리며 묵상한 것처럼, 우리 가족도 말씀을 묵상하며 하나님을 더 깊이 만나기를 기도합니다(창 24:63). 죄 많은 인생을 살아온 제게 참된 결혼의 의미를 알려 주신 하나님을 찬양합니다.

영혼의 기도

주님, 참된 결혼을 하려면 망하게 될 세상에서 떠나야 한다고 하십니다. 하지만 우리는 끊임없이 수풀과 바위로 도망가고자 합니다. 금장식과 화장으로 단장하고 감정을 과장하면서 "심판은 없다"고 부르짖습니다. 또한 기도하며 하나님의 때를 기다려야 하는 것을 알면서도 날마다 두렵고 외로워서 두리번거리며 사람을 찾습니다. 결혼했어도 다른 사람을 만나고 싶어서, 미혼이라 결혼하고 싶어서 끊임없이 두리번거리며 사람을 의지하는 우리를 불쌍히 여겨 주옵소서. 고독의 영성을 누리지 못하고, 홀로서기를 잘 하지 못하는 우리를 용서해 주옵소서. 이삭이 혼자일 때 하나님과 친밀한 관계를 누린 것처럼, 우리도 홀로일 때 말씀을 묵상하고 기도하며 주님과 친밀한 관계를 누려야 참된 결혼을 할 자격이 갖춰질 것을 믿습니다. 믿음으로 적용하게 도와주옵소서.

이 세상에서 결혼 전에는 얻지 못한 사랑을 고난을 거쳐 가면서 결혼 후에 주신다고 하십니다. 우리가 이 말씀을 믿고 고난을 통과하여 참사랑을 누리기 원합니다. 내 부족을 보는 것이 최고의 영성이라고 하셨으니, '부족한 나를 데리고 살아 주는 것만으로도 감사하다' 여기도록 도와주옵소서. 그 영성으로 참된 결혼을 유지하도록, 참된 결혼을 할 배우자를 만나도록 역사해 주옵소서. 수많은 고난 후 오는 진정한 사랑의 축복이 우리에게 임하도록 함께해 주옵소서.

우울증으로 고통당하는 모든 아내와 남편, 자녀를 위해 기도합니다. 현실을 인정하는 것이 복음의 시작이라고 하셨으니, 서로가 나의 병을 인정함으로 참된 부부와 참된 부모, 나아가 참된 가정이 되게 해 주옵소서. 오직 예수님이 주인 되시는 참된 결혼생활을 하며 서로 사랑하는 부부가 되도록 인도해 주옵소서. 그래서 하나님께 쓰임 받는 모든 부부와 가정이 되게 해 주옵소서. 예수님 이름으로 기도하옵나이다. 아멘.

Part

2

가장 찬란한 유산
믿음

06.

위대한 결혼

창세기 25:1~6

________하나님 아버지,
우리의 결혼이 위대한
결혼이 되기를 원합니다.
말씀하여 주옵소서. 듣겠습니다.

독신을 고집하다가 나이 마흔에 9살 연하의 여전도사님과 결혼하신 한 목사님이 계십니다. 바로 권학도 목사님의 이야기입니다. 목사님과 전도사님이 내건 배우자의 조건은 다른 사람들과는 조금 달랐습니다. 목사님은 '자녀를 많이 낳아 줄 배우자'를, 전도사님은 '고생을 많이 겪어 본 배우자'를 구했답니다. 요즘이라면 당장 퇴짜를 맞았을 요구인데 서로 딱 맞는 상대를 만난 겁니다.

결혼한 지 30년 남짓 된 권 목사님 부부는 목사님의 바람대로 7남 3녀라는 많은 자녀를 낳았습니다. 모두 자연분만으로 낳아 모유 수유만으로 건강하게 키웠답니다. 자녀들은 시골에서 자라며 유치원이나 학원 한 군데 다닌 적 없고, 과외공부도 한 적 없는데 하나같이 성적도 좋았답니다. 목사님 부부는 "자녀들이야말로 하나님이 내려 주신 가장 큰 복"이라고 말합니다. 이분들이 아무것도 없이 빈털터리로 시작했어도 정말 위대한 결혼을 하셨습니다. 이런 결혼이야말로 교회와 나라에서 바라는 위대한 결혼이 아니겠습니까. 나의 결혼에 대해 하나님은 마지막에 어떻게 평가하실까요?

24장을 마치며 결혼 이야기도 결론 맺으려 했습니다. 그러나 결혼 설교에 마지막이 어디 있겠습니까? 무엇보다 가정 중수(重修)가 우리들교회의 핵심 가치이기에 결혼 이야기를 더 하려고 합니다. 지난 말씀이 이삭의 배우자 찾기의 결론이라면 이번 말씀은 아브라함 인생의 결론입니다. 그래서 12장부터 다시 훑어보면서 이야기해 보겠습니다. 특별히 저는 사라에게 초점을 맞춰 묵상해 보았습니다. 그러면서 결혼을 끝까지 중수하는 것이 영적 후사가 오는 길이고, 가장 위대한 일이라는 걸 깨달았습니다.

> 1 아브라함이 후처를 맞이하였으니 그의 이름은 그두라라 2 그가 시므란과 욕산과 므단과 미디안과 이스박과 수아를 낳고 3 욕산은 스바와 드단을 낳았으며 드단의 자손은 앗수르 족속과 르두시 족속과 르움미 족속이며 4 미디안의 아들은 에바와 에벨과 하녹과 아비다와 엘다아이니 다 그두라의 자손이었더라 5 아브라함이 이삭에게 자기의 모든 소유를 주었고 6 자기 서자들에게도 재산을 주어 자기 생전에 그들로 하여금 자기 아들 이삭을 떠나 동방 곧 동쪽 땅으로 가게 하였더라_창 25:1~6

본문 25장 1절에서 6절까지 보면, 아브라함이 후처 그두라를 맞이하여 낳은 6명의 자녀 이야기가 나옵니다. 그런데 1절에서 그두라를 '후처'라고 했는데 역대상에서는 그녀를 '소실', 곧 첩이라고 기록했습니다.

"아브라함의 소실 그두라가 낳은 자손은 시므란과 욕산과 므단과 미디안과 이스박과 수아요 욕산의 자손은 스바와 드단이요"(대상 1:32).

또 6절에서는 그두라의 소생을 가리켜 '서자들', 곧 '첩의 아들들'이라고 합니다. 성경학자들은 그두라가 후처이면서 동시에 첩이라고 표현된 경우를 빌하가 야곱의 첩이면서(창 35:22) 동시에 야곱의 아내라고 불린 것과 비교합니다(창 30:4). 종교개혁가 칼빈(John Calvin)은 사라가 아직 살아 있을 때 아브라함이 그두라를 얻었을 것으로 보았습니다. 첩이었던 그두라가 사라가 죽은 후에 후처로 승격된 것입니다. 반면에 랑게(Johann Lange)를 비롯한 일부 신학자들은 아브라함이 하갈 때문에 큰 고생을 치렀는데 또다시 첩을 들였을 리 없다면서 사라가 죽은 후 외로움을 이기지 못해 후처를 얻은 것이라고 봅니다.

저는 칼빈의 견해에 한 표를 던지며 본문 말씀을 묵상했습니다. 아브라함이 사라 생전에 첩을 얻은 것이라면 그냥 지나칠 일이 아니라고 생각했습니다. 사라가 위대한 결혼의 중심인물이 된 것은 그녀가 아브라함과 이삭을 이고 지고서라도 끝까지 가정을 지켰기 때문입니다. 어떻게 사라가 위대한 결혼의 주인공이 되었는지 자세히 살펴보겠습니다.

사라는 남편을 사모했습니다

하나님은 여자에게 평생 남편을 사모하는 벌을 주셨습니다(창 3:16,

개역한글판). 이 축복의 벌을 잘 받는 것이 거룩을 이루는 길이고, 가장 위대한 일입니다. 사라도 이 축복의 벌에 순종하여 평생 아브라함 곁을 지켰습니다. 그런데 그동안 우리가 함께 말씀을 묵상하며 아브라함의 행태(?)를 다 보지 않았습니까. 아브라함이 남편으로서 사모할 만해서 사라가 사모했겠습니까?

아브라함에게는 사라와 하갈, 그두라 세 아내가 있었습니다. 아브라함은 그중 누구를 제일 좋아했을까요? 그래도 조강지처니까 사라를 가장 사랑했을까요? 성경 여러 곳에 언급되었듯 사라는 외모가 아름다웠습니다. 그로 인해 아브라함은 행여 권세자들이 사라를 탐내서 자신을 죽이지는 않을까 두려워했습니다. 그래서 어디를 가든지 "그대는 나의 누이라 하라"며 사라에게 다짐 아닌 다짐을 시켰습니다(창 12:13; 20:2). 이 말이 무슨 뜻입니까? "내 누이라고 하면 당신은 데려가도 나는 안 죽일 거야" 하는 것입니다. 정말 사라를 걱정했다면 '어떻게 해야 내 아내를 안 빼앗길까' 고민하는 게 마땅하지 않습니까? 그런데 성경에는 아브라함이 그런 걱정을 했다는 말도, 아내를 보호해 달라고 기도했다는 말도 한 구절 없습니다. 그저 자기가 살려고 "원하건대 그대는 나의 누이라 하라 그러면 내가 그대로 말미암아 안전하고 내 목숨이 그대로 말미암아 보존되리라"는 말뿐입니다(창 12:13). 이런 야비한 남편이 어디 있습니까.

그런데 사라는 그런 아브라함에게 한마디 반론도 하지 않았습니다. 사라가 참 힘들었을 것 같습니다. 천막을 치고 해체하기를 반복하며 여기저기 옮겨 다니는 것도 고된데 남편마저 이 모양이니 "그래,

나도 지쳤어" 하고 싶지 않았겠습니까. 또 권세자에게 가면 잘 먹고 잘살 수 있으니 명분 좋게 헤어질 기회입니다.

결국 애굽 왕 바로가 사라를 첩 삼고자 데려갔습니다. 그러면 그때라도 아브라함이 "아내를 지켜 달라"고 기도하는 게 마땅하잖아요? 안타깝지만 그런 기록도 없습니다. 사라가 얼마나 배신감을 느꼈겠습니까. 그래서 저는 아내가 예쁘다고 꼭 사랑 받는 것은 아니구나, 사라가 비단 치마 속에 넝마 같은 인생을 살았구나 깨달았습니다. 하나님이 예수님의 조상이 될 사라의 태를 강권적으로 보호하셨기에 망정이지 하마터면 아브라함이 부인을 빼앗길 뻔했습니다.

아브라함이 초기에 미성숙했을 때만 그런 게 아닙니다. 산전수전 겪으며 많은 훈련을 거쳤는데도 그랄 왕 아비멜렉에게 또 거짓말을 하고서 아내를 넘겨줍니다. 그쯤 되면 "하나님, 도와주세요. 제가 죽어도 좋사오니 사라를 살려 주세요" 할 법도 한데, 사라를 위해서는 단 한 번도 기도하지 않습니다. 또다시 "나 좀 살게 네가 가라" 합니다. 벌써 두 번째입니다. '네가 바로의 첩이 되든지, 아비멜렉의 첩이 되든지 나는 몰라' 하는 건데, 이건 정말 보통 일이 아닙니다. 하나님이 그때마다 사라를 건져내 주셨지만 사라는 예쁘다고 사랑 받는 부인은 아니었습니다.

하갈을 첩으로 들인 것도 그렇습니다. 종을 통해서라도 아들을 낳으려는 뜻이었지만 아브라함이 하갈을 참 좋아한 것 같습니다. 잘난 아들 이스마엘을 낳고서 16년간이나 함께 살지 않았습니까. 게다가 하갈이 사라를 멸시하기까지 했습니다(창 16:4). 아무리 첩이라도 어찌 종이 여주인을 무시할 수 있었겠습니까. 남편의 사랑을 등에 업고서 그런 것이죠.

그런데 아브라함이 이 하갈을 들인 일로 호되게 혼났습니다. 그러면 이제 첩을 얻을 생각일랑 접어야 하잖아요? 그런데 또 그두라를 들이고서 아들을 무려 6명이나 얻습니다. 그만큼 문지방이 닳도록 그두라의 장막을 드나들었다는 겁니다. 그두라 역시 아브라함 집의 여종이었을 것입니다. '사라'라는 이름이 '고귀한 공주'라는 뜻인데, 아브라함은 공주과보다는 여종과를 좋아했나 봅니다. 남자들이 그렇습니다. 아내가 아무리 양갓집 규수라도 술집 여자가 좋다며 바람을 피웁니다. 남자는 짐승이라서 편한 사람이 좋은 겁니다.

'그두라'라는 이름은 '향기와 유향'이라는 뜻입니다. 아브라함이 사라보다는 하갈을, 하갈보다는 향기 나는 그두라를 더 좋아했던 것 같습니다. 그두라를 워낙 좋아해서 첩으로 들였다가 사라가 죽은 후 후처로 승격시킨 것이지요. 이삭을 낳고도 그두라를 얻어 자식을 낳는 남편을 바라보면서 사라 속이 어땠겠습니까. 외로운 것을 넘어서 정말 참담하지 않았을까요. 남편 하나 믿고 떠나왔는데 말입니다. 그녀의 인생 마지막이 참 비참했겠구나 생각했습니다.

- 내가 말씀과 상관없이 찾는 향기로운 것은 무엇입니까? 음란, 음주가무, 게임, 부동산, 주식의 향기에 취해 문지방이 닳도록 드나들고 있지는 않습니까?

사라는 자식 때문에 영육 간에 수고했습니다

그러면 아브라함이 아들 중에는 누구를 제일 좋아했을까요? 아브라함에게는 8명의 아들이 있었습니다. 바로 이삭과 이스마엘, 그리고 그두라에게서 낳은 여섯 아들입니다. 물론 이삭도 아꼈겠지만, 우리가 함께 묵상하며 보았듯 이스마엘을 가장 좋아하지 않았을까 생각합니다.

아브라함이 이삭을 낳기까지 오래 기다려야 했지만 그렇다고 생식 능력이 없는 것은 아니었습니다. 하갈을 통해서 이스마엘을 낳지 않았습니까. 그때 아브라함의 나이가 86세였습니다. 사실상 생식 능력이 없는 쪽은 사라였습니다. 그러니 사라가 얼마나 기가 막혔겠습니까. 아내 속도 모르고 이스마엘만 바라보는 남편이 참 야속했을 것입니다.

아브라함이 이스마엘을 얼마나 사랑했는지, 하나님이 언약을 이을 후사를 주겠다고 약속하셔도 아브라함은 "이스마엘이나 하나님 앞에 살기를 원하나이다"라고 했습니다. 머릿속에 오로지 이스마엘밖에 없었습니다. 그러나 하나님은 "아니라 네 아내 사라가 네게 아들을 낳으리니 너는 그 이름을 이삭이라 하라 내가 그와 내 언약을 세우리니 그의 후손에게 영원한 언약이 되리라"고 단호하게 말씀하셨습니다(창 17:18~19).

아브라함의 이스마엘 사랑은 이삭을 낳은 후로도 계속됐습니다. 이삭이 태어나자 이스마엘이 어린 이삭을 희롱했습니다(창 21:9, 개역한글판). 이에 사라가 "하갈과 이스마엘을 내쫓으라"고 아브라함에게 단호히 청했습니다. 그런데 사라를 빼앗길 위기 앞에서는 눈 하나 깜짝하지 않던 아브라함이 이때는 "이스마엘의 일로 말미암아 매우 근심했다"고 합니다. 아브라함은 깊이 고민하면서 하나님께 기도하지만, 하나님은 또다시 "사라가 네게 이른 말을 다 들으라"고 단호히 말씀하셨습니다(창 21:11~12).

이렇게 때마다 하나님이 말씀해 주셔서 아브라함이 자기 마음대로 이스마엘과 살 수 없었습니다. 하나님이 왜 막으셨겠습니까? 아브라함이 이스마엘이라면 사족을 못 쓰는 겁니다. 86살에 아들을 낳고 보니 세상에 부러운 것이 없습니다. 돈도 있겠다, 아들까지 딱 생기니까 사라는 뒷방에 모셔 두고서 하갈과 이스마엘과 더불어 살며 13년 동안 하나님을 찾지도 않았습니다. 하나님과의 교제가 딱 끊겼습니다. 영적으로 다운되었습니다. 하나님보다 이스마엘이 더 위에 있는 겁니다. 그러니까 우리가 너무 좋은 사람과 있으면 하나님과 멀어진다는 게 정말 맞습니다.

그런데 아브라함이 그 후에도 그두라에게서 아들을 6명이나 낳았습니다. 뭐, 사명감으로 그랬겠습니까. 자기 정욕대로 첩을 얻어 자식을 낳고서는 "내가 너로 큰 민족을 이루고 네 이름을 창대하게 하리라" 하신 하나님의 말씀으로 합리화하지는 않았을까요? "나는 자녀가 많아야 해" 이러면서 말이죠. 물론 하나님이 허락하여 주신 자녀들이지만, 결국 그들은 약속의 자녀가 되지 못했기에 정욕으로 낳은 자식입니다. 약속의 자녀는 오직 이삭 한 사람뿐이었습니다.

성경이 이스마엘 이야기에 얼마나 많은 분량을 할애했는지만 보아도 아브라함이 이스마엘을 가장 사랑했다는 걸 알 수 있습니다. 또 이스마엘로 인해 아브라함이 얼마나 많은 고통을 겪었습니까. 그러니 제일 사랑한 아들이 맞습니다. 이삭을 낳고 보니 비실비실하고 연약하기 짝이 없습니다. 잘난 이스마엘과는 비교가 안 됩니다. 나중에 낳은 여섯 아들과 비교해서도 이삭이 제일 연약합니다.

그두라가 낳은 자식들을 사라가 다 보지는 못했겠지만 그 시작은 보았을 것입니다. 그것이 사라에게는 깊은 슬픔이었을 겁니다. '내가 죽은 후에 누가 이삭을 책임져 줄까?' 이런 걱정이 들지 않았겠습니까? 사라는 남편 사랑, 자식 자랑 무엇 하나 내놓을 것 없는 인생이었습니다.

- 하나님이 "아니라" 하시는데도 내가 "맞다" 우기며 집착하는 것은 무엇입니까? 하나님의 말씀과 나의 생각이 다를 때 나는 무엇을 따릅니까?

사라는 총체적 고난 가운데 평생을 지냈습니다

사라 생애를 가리켜 총체적 고난을 겪은 인생이라고 해도 과언이 아닐 것 같습니다. 사라는 일생 힘들게 살았습니다. 아브라함과 사라는 이복 남매로, 태어나면서부터 함께 살다가 결혼했습니다. 그러다 보니 하나님이 사라와 살라고 하셔도 아브라함에게는 아니라고 생각되는 게 있었을 겁니다. 그래서일까요? 사라가 딱 버티고 있는데도 첩하고 너무도 잘 먹고 잘삽니다. 남자는 해산의 고통을 모르니까 여자 얻기를 쉽게 생각하는 것 같습니다. 결혼도, 재혼도, 외도도 쉽게 생각합니다. 남자가 결혼을 고민하는 이유가 대부분 경제적 능력 때문인데 아브라함은 재물에 능력까지 갖추었으니 여러 여자 마다할 이유가 없습니다. 그러니 사라는 생각하면 생각할수록 분했을 겁니다. '저 남편은 내가 죽어도 눈 하나 깜짝하지 않겠구나.' 내 남편이 첩을 들여 아들까지 낳고 알콩달콩 사는 모습을 16년 동안이나 지켜보았다고 생각해 보세요. 우리는 정말 자존심이 상해서 살 수가 없습니다.

그러므로 사라는 계속 기도했습니다. 모든 고통 가운데서 날마다 기도한 사람은 사라입니다. 하갈이 기도했겠습니까, 그두라가 기도했겠습니까? 남편 사랑 받으며 자녀도 순풍순풍 잘 낳는데 무슨 기도를 했겠습니까? 자식도 없고, 남편 사랑도 받지 못하니까 사라가 기도했습니다. 그리고 마침내 여러 민족의 어머니로 우뚝 섰습니다.

어렵게 얻은 이삭은 잘난 아들 이스마엘에게 희롱당하고, 남편은 이삭을 번제로 드리겠다고 합니다. 이 모든 것을 사라는 그저 지켜보아야 했습니다. 이삭을 번제로 드리는 시험을 통해 아브라함이 부활 신앙을 갖고 이제는 좀 변하는 줄 알았는데, 또다시 약속과는 상관없는 젊고 향기 나는 첩을 들입니다. 이때도 사라는 그저 지켜보기만 했습니다. 이렇게 참아야 할 일로만 인생을 꽉꽉 채우면서 사라가 점점 말이 없어졌습니다. 남편이 아들을 번제로 드리겠다고 해도 입을 다물고, 그두라 사이에서 자녀를 낳는 것을 보면서도 입을 다물었습니다. 그렇게 사라는 인생의 낙이라고는 없이 이삭이 장가가는 것도 보지 못하고 127세에 죽었습니다.

그러나 하나님은 이런 사라를 여러 민족의 어머니로 세우셨습니다. 우리가 생각하기에는 슬픔의 인생, 속만 끓다 간 여인 같습니다. 그러나 전 세계가 하갈도 아니요, 그두라도 아니요 '사라'를 여러 민족의 어머니로 추앙하는 것은 이런 총체적 고난 가운데서 그녀가 진정한 사랑을 가르쳐 주었기 때문입니다. "이스마엘을 내쫓으라" 오직 믿음으로 던진 한마디 말과 헤브론 땅에서 죽고 묻힌 한 가지 일로 그녀는 하나님의 약속을 상기시키는 인생이 되었습니다(창 21:10; 23:19).

베드로 사도는 이런 사라를 순종하는 아내의 표상으로 제시합니다. "사라가 아브라함을 주라 칭하여 순종한 것같이 너희는 선을 행하고 아무 두려운 일에도 놀라지 아니하면 그의 딸이 된 것이니라"(벧전 3:6). 매사 옳고 그름으로만 따졌다면 사라가 어찌 아브라함에게 순종할 수 있었겠습니까. 그러나 결혼의 목적은 행복이 아니라 거룩이기에 사라가 아브라함을 기다렸습니다. 어떤 일도 말로 이루어지는 것이 아님을 알고 묵묵히 기다렸습니다. 그래서 아브라함이 결정적인 순간마다 사라의 말을 듣습니다. 아브라함으로 하여금 이스마엘을 내쫓고 약속의 땅 헤브론에 매장지를 사게 한, 그리하여 아브라함을 여러 민족의 아버지 반열에 올려놓은 구속사의 교두보(橋頭堡) 역할을 사라가 했습니다. 그러니 사라가 죽은 후에도 아브라함은 항상 사라를 생각하지 않았을까요. 이것이 참사랑입니다. 진정한 사랑은 하나님의 약속을 생각나게 해 주는 것입니다. 그러므로 아무리 딴짓해도 나로 하여금 예수를 떠날 수 없게 하는 부모, 배우자, 자녀가 나의 구원에 최대 공로자입니다. 그런 사람이 우리 집안 곳곳에 있습니다.

저는 하나님이 조강지처에게 엄청난 역할을 주셨다고 생각합니다. 아무리 믿음의 잔소리라도 "큐티해라", "교회 가라", "기도해라", "용서해라", "봉사해라" 말로만 하면 어느 자녀가 듣겠습니까. 어머니가 먼저 예배를 사모하는 본을 보이고, 용서와 인내, 섬김이 무엇인지 온몸으로 보여 주면 남편과 자녀들이 저절로 여러 민족의 아버지, 약속의 자녀로 세워질 줄 믿습니다.

지난 24장에서 이삭이 리브가를 인도하여 아브라함의 장막이 아니라 '사라의 장막'으로 들였다고 했습니다(창 24:67). 사라가 믿음의 어머니라고 이삭이 인정했습니다. 사라가 죽은 후 하나님께서 이삭을 방문해 주셨습니다. 기도가 응답된 것입니다. 돕는 배필이 이렇게 위대합니다. 당한 것이 많아서 보일 것도 많은 게 얼마나 축복인지 모릅니다.

베드로 사도는 사라를 순종의 표상으로 제시하면서 "아내들아 이와 같이 자기 남편에게 순종하라 이는 혹 말씀을 순종하지 않는 자라도 말로 말미암지 않고 그 아내의 행실로 말미암아 구원을 받게 하려 함이니"라고 했습니다(벧전 3:1). 왜 이런 말을 했을까 생각해 보니 사라가 순종할 수 없는 것을 순종했기 때문입니다. 아브라함이 짐승 같은 인생을 살았어도 한 사람 사라가 중심을 잘 잡았기에 아브라함의 이름이 여러 민족의 아버지, 믿음의 조상으로 영원히 빛나게 되었습니다. 가정에서 나 한 사람만 중심 잘 잡고 있으면 내 남편, 내 아내,

내 자녀도 믿음의 조상으로 우뚝 서게 될 줄 믿습니다.

예레미야 6장에서 예레미야 선지자는 유다를 내버린 은에 비유하며 유다의 멸망을 예고합니다(렘 6:30). 은을 제련할 때는 납을 은 광석과 함께 넣고 풀무에 녹입니다. 그러면 불순물은 납에 달라붙어 녹아내리고 정제된 은만 남게 됩니다. 그런데 질이 나쁜 은은 아무리 가열해도 불순물이 녹지 않고 오히려 납을 산화시켜 버립니다. 이런 은은 쓸모가 없어 내버려지고 맙니다. 아무리 심한 고난이 와도 예수를 믿지 않고 상처만 받는 사람이 내버린 은입니다. "엄마, 아빠 때문에 내가 살 수가 없어!", "당신 때문에 못 살아!" 하면서 옆 사람까지 산화시키는 사람이 온 집안을 망하게 하는 내버린 은입니다. 이런 사람은 아무리 잘나고 예뻐도 묘한 시온의 딸처럼 심판당하고 말 것입니다. 누가 도와주려 해도 자기 상처와 가시에 갇혀서 산화돼 버리기 때문입니다. 그러나 사라는 고난이 올 때마다 불순물을 걸러 내고, 잘못을 발견하고, 즉각적으로 회개하고 돌이켜서 마침내 순수한 은으로 거듭났습니다. 여러 민족의 어머니로 우뚝 섰습니다.

- 고난 가운데서도 묵묵히 기도하며 인내합니까? 그런 나를 하나님이 여러 민족의 아버지, 어머니로 세우실 줄 믿습니까?
- 나는 정제된 은입니까, 질이 나쁜 은입니까? 시기 질투, 비교, 분노, 미움으로 옆 사람까지 산화시키지 않습니까?

사라는 최고의 사랑을 통해
위대한 결혼을 이루었습니다

사라는 고난이 올 때마다 정금같이 단련돼서 결혼생활에서 우뚝 서게 되었습니다. 결혼은 책임입니다. 인간적인 사랑으로 좌지우지되는 것이 아닙니다. 첩이 둘이나 있어도 사라가 믿음의 여인으로 우뚝 서니까 내 가정을 예수님의 조상 되게 하는 축복을 가져왔습니다. 사라가 하나님의 사랑을 깨달았기에 정말 살고 싶지 않은 환경에서도 상처로 주변을 산화시키지 않고 점점 순전한 은이 될 수 있었습니다.

아브라함이 그두라에게서 아들을 낳아도, 연약한 이삭을 두고 떠나면서도 사라가 걱정했다는 이야기가 없습니다. 그두라를 미워했다는 말도 없습니다. "당신 왜 그러냐" 한마디도 없이 요동하지 않고 세상을 떠났습니다. 이런 삶이 진정 거룩을 이룬 위대한 인생이 아닌가 생각합니다.

저 또한 남편에게 애틋한 사랑을 받지 못했습니다. 그런데 남편 때문에 하나님을 깊이 만나고서 사랑이 생겼습니다. 남편의 구원을 위해서 생명을 내놓고 기도하게 되었습니다. 이보다 더한 사랑이 어디 있겠습니까! 믿음으로 결혼하면 사랑도 따라온다고 했는데, 저는 무늬만 신결혼인 결혼을 했지만 하나님께서 이런 결혼이라도 축복하셔서 사랑을 주셨습니다. 저의 육을 무너뜨리심으로 최고의 사랑을 알게 하셨습니다. 결혼 전에 꿈꾸었던 인간의 사랑과는 비교할 수 없는 사랑을 알게 하셨습니다. 사랑의 넓이와 깊이가 점점 확장되게 하셨습니다. 그 사랑이 지금까지 저를 살게 하는 원동력입니다. 이 참사랑을 몰랐다면 저도 아브라함처럼 외롭다며 하갈, 그두라를 찾아다니지 않았을까요? 하나님은 저로 하여금 혼자 살게 하시면서 주님의 사랑이 무엇인지 보이게 하십니다. 예수 신랑을 만난 기쁨으로 살아가는 모델로 저를 세우셨다고 생각합니다.

독일의 신학 박사이자 영성 작가인 안셀름 그륀(Anselm Grün) 신부의 글 중에 이런 내용이 있습니다. "산산조각 난 꽃병 자체가 우리에게 상처를 입히는 것이 아니라 우리가 자신을 꽃병과 동일시하여 꽃병이 깨져서는 안 된다고 생각하고 온 마음으로 꽃병에 집착하는 것이 상처를 입힌다." 그 말이 맞습니다. 고난이 우리를 상하게 하지 않습니다. '나는 절대 이렇게 살아서는 안 돼', '자존심 상해서 바람피운 남편과 어떻게 살아', '이번에도 승진 안 되면 나는 못 살아' 이런 생각들이 우리에게 상처를 입히는 것입니다.

삶이 힘겹고 고통스러운 사람은 인생이 산산조각 났다고 생각합니다. 그러나 사람은 꽃병과는 다릅니다. 사람은 깨지면 깨질수록 마음이 가난해져 하나님을 찾습니다. 마음이 가난해진다는 것은 하나님을 소유하려는 게 아니라 하나님께 맡기게 된다는 의미입니다.

주님은 "온유한 자는 복이 있나니 그들이 땅을 기업으로 받을 것이라"고 말씀하셨습니다(마 5:5). 여기서 '온유한 자'는 비폭력적인 사람이라고도 풀이할 수 있다고 합니다. 정말 그렇습니다. 많은 사람이 자신을 폭력적이고 가혹하게 대합니다. 남의 실수도, 자신의 실수도 즉각 단죄합니다. 편협하고 엄격합니다. 내면의 불안이 폭력으로 드러나는 것입니다.

또 온유라는 말에는 '무엇을 모으다'라는 뜻도 있습니다. 온유함은 내 삶에 존재하는 모든 것을 모으고 인정하는 것입니다. 내가 고아이고, 가난하고, 부모가 바람을 피우고…… 이 모든 걸 인정하는 것, 즉 나의 모든 환경에 "옳소이다" 하는 것입니다. 이것이 온유함의 극치입니다. 그러면 주님 말씀대로 넓은 땅을 차지하게 됩니다. 나를 깨뜨리셔야만 하는 하나님의 마음을 인정하는 것이 온유이고, 최고의 사랑입니다. 별 인생이 없습니다.

가난한 남자와 부잣집 여자가 만나 결혼했습니다. 결혼 후 남편은 자신이 꼭 돈 때문에 결혼한 것만 같아서 부인을 사랑하지 못했습니다. 이 부부가 둘 다 엘리트인데 마치 물과 기름처럼 도무지 합쳐지지 못했습니다. 그러다 남편에게 시련이 찾아왔습니다. 똑똑하기로 소문난 이 남편이 각종 자격증 시험에서 자꾸 떨어지는 겁니다. 그런데 이 일로 남편 마음이 가난해져서 그제야 부부 관계가 회복되었다고 합니다. 부인은 "남편이 시험에 떨어져서 감사하다"라고 고백했습니다. 사랑은 이런 것입니다. 배부르고 등 따듯할 때는 사랑을 모릅니다. 힘들수록 사랑이 싹트고, 그 사랑이 모두를 살립니다.

우리가 사랑이라 부르는 것은 매우 얄팍하고 유한한, 인간적인 감정에 불과한 경우가 대부분입니다. 그런 사랑은 하갈도 받았고 이스마엘도 받았습니다. 그두라도 남편 사랑을 듬뿍 받아서 아들을 여섯이나 낳았습니다. 하지만 그게 전부가 아닙니다. 가장 복된 결혼생활은 한 남편, 한 아내로 자리매김하기 위해 숱한 고통을 치르며, 내 힘으로 할 수 없어서 하나님만 부르짖으며 가는 것입니다. 남편이 돈 잘 벌어서, 아내가 예뻐서 사는 게 아니라 "하나님만이 이 가정을 이끌어 가실 수 있다"고 고백하며 하나님께 내 가정을 맡겨 드리는 것이 위대한 결혼입니다.

비록 아브라함이 그두라와 이스마엘을 가장 사랑했어도, 아브라함을 아브라함답게 해 준 사람은 사라입니다. 그녀가 아니었다면 아브라함이 어찌 이스마엘을 끊어 내고 약속의 인생을 살았겠습니까. 사라로 인해 아브라함이 여러 민족의 아버지로 우뚝 설 수 있었습니다. 사라가 아브라함을 만들어 냈습니다. 아브라함 스스로 잘나서 믿음의 조상이 된 것이 아닙니다.

내가 사랑하고 원하는 걸 다 가진다고 성공한 인생입니까? 아브라함도 자기 마음대로 살고 싶었습니다. 자기가 원하는 건 이 여자이고 이 아들이지만, 마음은 그럴지라도 하나님의 말씀에 순종했습니다. 하나님이 "아니라" 하시는 것은 가지치기했습니다. 그래서 아브라함이 위대합니다. 우리도 어렵고 힘들수록 약속을 붙들어야 합니다. 그러지 않으면 보이는 것에만 가치를 두고 살게 됩니다.

그러니 여러분, 남편 사랑 좀 못 받는다고 큰일 난 것처럼 그러지 마십시오. 하갈도, 그두라도 아브라함의 사랑을 받았지만 그 사랑이 진짜 사랑이 아니라는 말입니다. 남편 사랑도 못 받고 아들도 비실비실하니까 사라가 여러 민족의 어머니가 되지 않았습니까? 이 땅에서 예수 신랑을 만난 겁니다. 영원한 신랑을 만났습니다. 이 땅의 사랑은 잠시요, 하나님의 사랑은 영원합니다. 이런 참사랑을 보여 주는 자가 위대한 결혼의 주인공입니다.

사라가 예수 신랑 만나고 나서 아브라함의 사랑이 아무것도 아니라는 걸 깨달았습니다. 그래서 그때부터 입을 다물게 되었습니다. 사라가 위대한 것이 아니라 하나님의 사랑이 들어가서 예수를 온몸으로 보일 수 있었습니다. 즉, 하나님이 사라를 위대하게 만드신 것입니다.

저도 예수 신랑을 만난 후로는 인간의 사랑이 초개같이 보였습니다. 물론 남편에게 무시당할 때마다 자존심이 상했지요. 그러나 예수님을 깊이 만난 후부터는 '절대 이혼은 할 수 없다'는 걸 철칙처럼 알고 지켰습니다. 믿는 사람은 이래야 합니다. 나는 영적 후사를 낳을 태로 만세 전부터 택함 받은 자 아닙니까! 그래서 제가 지금 혼자서도 잘 살 수 있는 겁니다. 예수님이 나의 신랑이시고, 내가 이 땅의 사랑과는 비교할 수 없는 주님의 사랑 안에 있는데 무엇이 두렵겠습니까.

그런데 우리들교회의 한 집사님은 바람피우는 남편이 미워서 2년 동안이나 시어머니를 찾아가지 않았답니다. 나름 교회에서 오래 양육을 받은 분인데 자존심이 뭐라고, 이러면 안 됩니다. 우리의 사랑이 너무 얕아서 그렇습니다.

부부가 함께 농사를 짓는 한 집사님이 〈신(信) 전원일기〉라는 제목으로 우리들교회 홈페이지에 나눔 글을 자주 올려 주십니다. 직접 땅을 일구고 수확하며 자연에 깃든 하나님을 글로 나누어 주시는데 참 재미있습니다. 그중 한 글을 소개합니다.

대량 살육이 있은 후 닭들은 남편만 보면 슬슬 피합니다. 사건(?)이 있기 전에는 남편이 삽만 들면 지렁이를 파 달라고 졸랐는데, 요즘은 땅을 파고 불러도 근처에는 얼씬도 안 합니다. 이제는 남편이 아빠가 아니라 자기들을 잡아먹는 늑대 아저씨가 된 겁니다.

그런데 유독 한 마리가 무서워하지 않고 남편만 다가가면 기대 옵니다. 까만 오골계로 눈이 먼 녀석입니다. 사람만 아니라 닭도 악해서 자기 무리와 색깔이 다르다는 이유로 오골계를 왕따시키고 괴롭힙니다. 심지어 눈을 쪼는 집단 폭력까지 가했습니다.

애꾸가 되어 비틀거리던 녀석은 끝내 다른 쪽 시력마저 잃고 장님이 되었습니다. 눈이 안 보이니 스스로 닭장 밖에도 못 나옵니다. 한쪽 구석에 가만히 쪼그리고 있는 녀석이 너무 불쌍해서 남편은 매일 닭장에서 꺼내 주고 모이도 먹여 줍니다. 친구 하나 없는 장님 닭은 남편 발에 가만히 기대어 비벼 대면서 아기같이 굽니다. 그 모습이 꼭 고난을 당해 주님 발밑에 엎드리는 우리 같습니다.

남편은 다른 닭은 다 잡아도 장님 닭은 두고 자기 수명대로 살다가 죽으면 묻어 주겠다고 합니다. 건강하고 살찐 닭들은 앞으로 차례로 잡혀 먹힐 예정인데 까만 닭은 장님이 된 덕에 사울 집안에서 살아남아 보살핌을 받은 절뚝발이 므비보셋의 축복을 받았습니다(삼하 9:3~11).

약하고 병들면 사람도, 동물도 측은히 여김 받습니다. 우리도 하나님 앞에 약한 모습을 보이며 그 발밑에 엎드려 기대고 비비면 주님이 불쌍히 여기고 돌봐 주실 것입니다. 내가 오늘 잘나간다고 까불며 약한 지체를 무시하면 느닷없이 공중에서 손이 내려와 목이 꺾이고 털이

뽑히는 인생이 될 수 있습니다.

오늘도 측은하게 기대 오는 까만 므비보셋을 바라보며 주님 앞에 내 무능과 연약을 고하는 인생이 되어야겠다고 생각합니다.

사라야말로 약하고 비빌 언덕 하나 없는 인생 아니겠습니까. 그러나 내가 약할 때 하나님 발에 기대고 비비며 드린 기도를 주님은 기억하십니다. 내가 죽은 뒤에라도 갚아 주십니다. 위대한 결혼의 중심에 위대한 사라가 있었습니다. 그녀는 힘든 환경을 말없이 인내하며 주님을 온몸으로 보였습니다. 우리가 죽고 나면 '영적 부모였는가, 아니었는가'만 남습니다. 나는 어떤 부모입니까? 세월이 짧습니다.

저는 여러분에게도 위대하다는 칭찬과 격려를 드리고 싶습니다. 도무지 살 수 없는 환경에서 살아가고, 기다릴 수 없는 것을 기다리는 여러분도 위대한 인생입니다. 힘들다고 내 환경을 박차고 나가면 그 두라같이 족보조차 남지 않는 인생이 됩니다. 사랑이 전부가 아닙니다. 비록 사랑 받지 못해도, 인정받지 못해도 사라처럼 믿음으로 나아가는 것만 남습니다.

사라가 늘 기다려 주고 인내해 주었기에 결정적인 순간에 아브라함이 사라의 말을 듣지 않았습니까? 제가 늘 말씀에 순종하여 나아갔더니 제 남편도 전 세계에 믿음의 인물로 선포되고 있습니다. 어떤 때에도 나 한 사람만 중심 잡으면 됩니다. 그러면 내 가족도 여러 민족의 아버지, 여러 민족의 어머니로 우뚝 서게 될 줄 믿습니다.

- 여전히 인간적인 사랑에만 목말라 있지는 않습니까? 내 힘으로 어찌할 수 없는 결혼생활의 고난을 통해 나의 참신랑이신 예수님을 만났습니까?

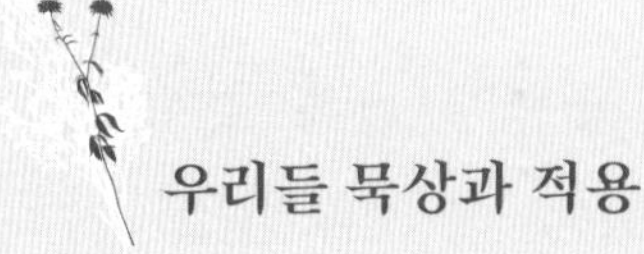

우리들 묵상과 적용

저는 어릴 때부터 혼자 교회에 다니며 하나님을 믿었지만, 무뚝뚝한 아버지가 싫어서 자상한 남편과 불신결혼했습니다. 남편은 회사에서 승승장구하고, 두 아들은 공부를 잘했기에 부러운 것이 없었습니다.

그런데 어느 날, 한 여자와 갓난아기 그리고 남편이 다정한 자세로 찍은 사진을 차 조수석에서 우연히 발견했습니다. 남편에게 그 사진을 보여 주자 남편은 "술집 여자인데 불쌍해서 돌봐 주는 거야" 하며 잡아뗐습니다. 그래도 의심스러워서 가족관계등록부를 떼 보니, 외도녀와 남편 사이에서 태어난 아기가 버젓이 남편의 자녀로 올라 있었습니다. 남편은 끝까지 잡아뗐지만, 이미 본가와 가까운 곳에 외도녀와 살 집을 구해 두 집 살림을 차린 상태였습니다. 온갖 생색과 분함이 올라온 저는 위자료로 10억을 요구하며 이혼하자고 외쳤습니다.

하지만 남편은 저를 무시했고, 휴가 때마다 외도녀와 그 딸을 데리고 해외로 놀러 갔습니다. 저는 '그두라 같은 그 여자와 이스마엘 같은 그 딸만 소중한가' 하는 생각이 들어 인생이 비참했습니다. 또한 아브라함은 이삭에게 모든 소유를 주었는데(창 25:5), 남편은 외도녀의 딸만 신경 쓰느라 자신의 외도로 인해 상처 받았을 아들들은 안중에도 없었습니다. 아브라함이 그두라를 후처로 맞이해도 사라는 남편을 사모하며 가정을 지켰지만 저는 분노하면서 남편을 고소하고자 서류를 꾸미기도 하고, 아들들을 데리고 외도녀가 사는 집 앞에 찾아가 기다리기도 했습니다(창 25:1). 이렇게 제가 믿음으로 깨어 있지 못하니 하루는 큰아들이 술을 먹고 "아빠가 도덕적으로 잘한 게 뭐냐"며 남편에게 덤볐습니다. 큰아들과 싸운 남편은 며칠간 집에 오지 않았습니다.

그렇게 죽고만 싶을 때 하나님의 은혜로 말씀이 들리기 시작했습니다. 그러면서 불신결혼이 총체적인 악이며, 제가 남편을 우상 삼았다는 것을 알게 되었습니다. 큰아들이 술에 빠져 사는 것도 믿는 자로서 본을 보이기보다 남편을 향한 분노만 퍼부으며 아들들을 불안하게 한 제 죄 때문임을 깨달았습니다. 이렇게 말씀으로 고난이 해석되니 마음이 평안했습니다. 또한 조건 없는 하나님의 사랑을 알고 인간의 사랑이 아무것도 아님을 깨닫게 되자 남편에게 "지금까지 나와 살아 줘서 고마워"라고 말할 수 있었습니다. 남편의 외도 덕분에 결혼의 목적이 거룩임을 깨닫고 하나님을 의지하며 가정을 중수하게 된 것입니다. 이제는 남편이 구원 받고, 아들들이 믿음의 계보를 이어가길 원합니다. 고난을 통해 제 욕심과 우상이 깨어지게 하시고, 불신결혼으로 시작한 저의 결혼을 위대한 결혼이 되도록 인도해 주신 하나님, 감사합니다(창 25:5).

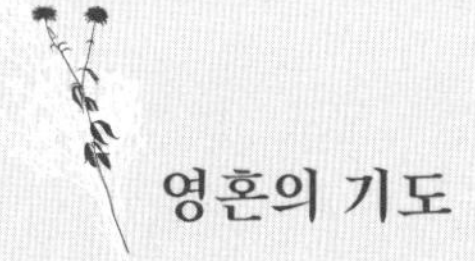

영혼의 기도

주님, 이 땅에서 여러 사건을 겪고 힘든 환경에 거하며 서러운 인생을 살다 갈 뻔했습니다. 그런데 그저 살기만 해도 위대하다고 말씀해 주시니 감사합니다. 남편 고난, 자식 고난 등 제가 겪어 온 모든 고난 가운데 다른 사람과 나를 비교하면서 항상 힘들었습니다. 하지만 그러면서 내 한계를 인정하고 내가 형편없다는 것을 날마다 깨우칠 수 있었습니다. 그렇게 말씀을 묵상하고 또 묵상해도 이 세상 사람들과 별반 다를 것이 없어서, 세상 가치관을 벗어나지 못해서 울었습니다. 남편이 살아 있을 때도 외로웠는데, 먼저 천국에 가고 곁에 없으니 또 다른 힘듦이 있습니다. 그래서 사라가 느꼈을 여러 감정을 떠올리기만 해도 가슴이 미어집니다. 연약한 저를 불쌍히 여겨 주옵소서.

그러나 그 수많은 고난이 얼마나 사라를 간절히 기도하게 하고 참되게 했는지 압니다. 고난을 통해 나의 교만과 자존심을 자꾸 깨뜨리시며 최고의 사랑을 알게 하시니 감사합니다. 하지만 우리는 아직도 완전히 깨어지지 못합니다. 우리 안에 깨져야 할 것이 너무 많습니다. 그래서 안타깝고 가슴이 아픕니다. 그러나 사라를 위대하게 하신 주님이 우리도 위대한 배필로 세워 주실 것을 믿고 감사하기 원합니다. 주여, 믿음을 부어 주옵소서.

우리가 살아만 있어도 하나님은 기뻐한다고 하십니다. 이처럼 우리도 살아 있어 주어서 감사한 부모님과 배우자, 자녀들을 위해 기쁨으로 기도하기 원합니다. 결혼생활과 자녀 교육 때문에 아프고 힘든 우리의 눈물을 주께서 씻어 주실 줄 믿습니다. 이 땅에서도 새 하늘 새 땅을 누리게 해 주옵소서. 각자의 육이 무너지는 최고의 사랑으로 위대한 결혼을 이루는 모든 가정이 되도록 은혜 위에 은혜를 내려 주옵소서. 예수님 이름으로 기도하옵나이다. 아멘.

07.
찬란한 유산

창세기 25:1~11

_________ 하나님 아버지,
아브라함이 찬란한 믿음의 유산을
물려주고 떠났듯 우리도 영적 후사에게
찬란한 믿음의 유산을 남기기 원합니다.
말씀하여 주옵소서. 듣겠습니다.

십여 년 전 〈찬란한 유산〉이라는 드라마가 큰 인기를 끌었습니다. 한 식품 재벌가의 유산 상속 문제를 중심으로 가족애를 다룬 드라마였습니다. 드라마는 회장인 할머니가 자신의 손자가 아닌 전문 경영인에게 기업을 맡기는 이야기로 끝이 났습니다. 아마도 손자에게 재물을 물려주는 것보다 사람의 됨됨이를 가르쳐 주는 것이 진짜 찬란한 유산이라고 말하고 싶었던 것 같습니다.

본문을 통해서 하나님은 가장 찬란한 유산이 무엇인지 말씀해 주십니다. 사라가 죽은 후 아브라함이 단호히 믿음의 결단을 내리는 것이 본문 내용입니다. 드디어 아브라함이 적용을 하는 것입니다. 아브라함은 이삭과 서자를 구별하고 사라와 함께 묻힙니다. 그리고 아브라함이 죽은 후에 하나님이 이삭에게 복을 주십니다. 과연 찬란한 유산은 무엇인지, 찬란한 유산을 남겨 주려면 어떻게 해야 할지 말씀을 통해 알아보겠습니다.

자식을 믿음으로 분별해야 합니다

우리가 찬란한 유산을 남기기 위해서는 먼저 자식을 믿음으로 분별해야 합니다. 그러나 이것이 쉽지는 않습니다. 어떻게 자식을 분별할 수 있을까요? 세 가지로 살펴보겠습니다.

첫째, 끊임없는 자식 걱정이 실수를 낳는다는 걸 알아야 합니다.

> 1 아브라함이 후처를 맞이하였으니 그의 이름은 그두라라 2 그가 시므란과 욕산과 므단과 미디안과 이스박과 수아를 낳고 3 욕산은 스바와 드단을 낳았으며 드단의 자손은 앗수르 족속과 르두시 족속과 르움미 족속이며 4 미디안의 아들은 에바와 에벨과 하녹과 아비다와 엘다아이니 다 그두라의 자손이었더라_창 25:1~4

2절에서 4절까지 그두라의 소생들이 나옵니다. 그두라가 아들을 여섯이나 낳았습니다. 당시 사회에서 아들이 많은 것은 방패로 여겨졌습니다. 아브라함 생전에는 이 아들들이 도움이 되었을 겁니다. 그러나 그가 죽고 난 후에는 다릅니다. 이삭의 후예들을 두고두고 괴롭힌 이들이 이 그두라의 자손입니다. 미디안 족속이 이스라엘을 얼마나 끊임없이 괴롭혔습니까.

아브라함도 이삭이 약속의 자녀라는 것을 압니다. 그러나 우리가 믿음을 가져도 늘 성령 충만하기가 어렵습니다. 시간이 흐르면서 세상과 타협하는 것이 생깁니다. 이삭이 믿음이 있어도 너무너무 연약합니다. 눈만 껌뻑껌뻑하면서 당하기만 하는 이삭을 보고 있자니 아브라함은 속이 상합니다. 내 자식이 날마다 밖에서 맞고 들어온다고 생각해 보세요. 속상하면서도 '재는 누구를 닮아서 저렇게 연약한가' 하지 않겠습니까. 그래서 아브라함이 이스마엘을 내쫓기까지 하고도 자꾸 세상 방법을 궁리합니다.

이스마엘도 그렇습니다. 하나님이 이스마엘은 약속의 자녀가 아니라고 아무리 말씀하셔도 아브라함은 이스마엘을 내려놓지 못합니다. 그러다 이스마엘이 이삭을 희롱하자 "그들을 내쫓으라"는 사라의 권유에 마지못해 하갈과 이스마엘을 내쫓습니다. 이후 이스마엘은 바란 광야에서 활 쏘는 자가 되어 애굽 여인과 결혼합니다. 바란 광야는 가나안 땅 턱밑입니다. 아브라함이 이스마엘을 멀리 보내지 않았습니다. 바로 곁에 둔 것입니다. 이스마엘을 끊지 못하고 자주 왕래하면서 활 잘 쏘는 능력에 기대어 보호를 받았다는 겁니다. 본문 9절에 이삭과 이스마엘이 아브라함을 장사했다고 하는데(창 25:9), 평소 왕래가 있었으니까 이렇게 함께 장례를 치르지 않았겠습니까. 이스마엘이 믿음은 없어도 세상적으로 도움이 되는 겁니다. 자식을 향한 연민을 끝까지 끊어 내지 못합니다. 머리로는 하나님 뜻을 알지만 이스마엘이 육적으로 보호해 주니까 곁에 두고 싶습니다.

약속의 자녀만 있으면 되는데, 잠시 지나면 하나님이 내 필요도 채워 주시는데 이렇게 우리는 세상 방패를 놓지 못합니다. 이삭은 번제로 드려질 뻔했다가 살아난 몸입니다. 그러니 이삭에게는 이미 세상에서 필요한 것이 없어졌을 것입니다. 그러나 아브라함 편에서는 이삭이 너무 연약해 보입니다. '얘는 힘이 없어'라는 생각에 늘 마음이 무너집니다. 그래서 자꾸 다른 데서 아들을 낳고 이삭의 방패 삼고자 합니다. 그 아들들을 방패 삼아서라도 이삭을 도와주지 않으면 안 될 것 같습니다.

우리도 그렇습니다. 나도, 자녀도 이 땅에서 살아남으려면 돈 방패, 지식 방패, 학벌 방패, 건강 방패가 필요해 보입니다. 그래서 세상 방법으로 방패를 자꾸 만들면서 "이게 다 하나님의 영광을 위해서야", "내가 잘살려는 게 아니라 이삭 잘살라고 그러는 거야"라고 합리화합니다. 아브라함도 다른 자식들을 이삭의 방패로 세워 두고는 뿌듯했을 겁니다. 그러나 자기 소견대로 행한 일이 끝이 좋을 리 있겠습니까? 이스마엘과 그두라의 후손이 얼마나 이삭의 후손을 괴롭혔습니까. 지금까지도 못살게 굴고 전쟁을 걸어옵니다. 아브라함이 죽을 때가 되어서야 자기 잘못을 깨달았습니다. 그래서 늦게라도 바로잡습니다.

둘째, 소유와 재산을 분별해야 합니다.

5 아브라함이 이삭에게 자기의 모든 소유를 주었고 6 자기 서자들에게도 재산을 주어 자기 생전에 그들로 하여금 자기 아들 이삭을 떠나 동방 곧 동쪽 땅으로 가게 하였더라_창 25:5~6

아브라함이 자기 서자들, 곧 그두라의 자식들에게 재산을 주고서 이삭을 떠나 동방 땅으로 가게 합니다. 그런데 말씀을 자세히 보면, 이삭에게는 "소유"를 주었고 서자들에게는 "재산"을 주었다고 합니다. 그 차이가 무엇일까요? 재산은 말 그대로 돈, 재물을 뜻하지만, 소유는 물질적인 것만 지칭하지 않습니다. 하나님과 맺은 언약, 즉 가나안 땅에 대한 약속과 상속권까지 포괄하는 말입니다. 다시 말해 이삭에게 가족 전체를 양도한 것입니다.

예수가 없는 사람에게는 돈이 제일 중요합니다. 그래서 서자들에게는 재물을 주어 보냅니다. 서자들도 돈을 주니 언제든지 떠납니다. 또한 그두라의 자식이 여섯이나 되는데 아브라함 생전에 상속 문제를 처리해 두지 않으면 사후 자식 간에 분쟁이 일어날 확률 99% 아닙니까? 아브라함이 믿음 없는 자식을 분별하고, 믿든지 안 믿든지 부모의 도리를 다했습니다.

이삭만이 아브라함에게 상급입니다. 이삭만이 가나안 땅에 거할 자입니다. 아브라함이 아들을 여덟이나 낳았지만, 영적 후사는 오직 이삭 한 명입니다. 사라와 이삭만이 믿음의 계보를 이을 가족이라는 걸 알았지만, 그 섭리가 머리에서 가슴으로 내려오지 못해 아브라함이 참 오랜 세월을 돌아왔습니다. 그래서 저는 아브라함 인생이 참 슬펐으리라고 생각합니다. 마음에는 원이로되 육신이 약하여서 자기 힘으로는 안 되는 겁니다(마 26:41). 이삭은 형편없는데 다른 아들들은 건강하고 씩씩하고 훌륭합니다. '사라도 먼저 보냈는데 내가 데리고 있다가 이삭까지 죽어 버리면 어떻게 하나' 걱정했을 수도 있습니다.

그러나 이렇게 인생 마지막에 아브라함이 이삭을 생각합니다. 이삭은 가만히 있었는데 하나님이 생각해 주시는 인생이 되었습니다.

셋째, 자식에 대해서 결단해야 합니다.

죽음의 때가 되어서야 아브라함이 평생에 끊지 못했던 것을 끊기로 결단합니다. 하나님 나라를 위해서는 떠나고 버리고 포기해야 할 것이 있습니다. 이 일에 누구보다 믿음의 부모와 선배가 앞장서야 합니다. 내 힘으로는 자녀들을 어찌할 수 없지만, 그래도 아브라함은 육신의 아들들에게 선포합니다. "이삭에게 괴로움을 줄 수 있는 너희는 떠나라", "이삭에게 유혹이 되는 너희는 떠나라", "이삭을 예수 못 믿게 방해하는 너희는 떠나라!" 우리도 이런 믿음의 결단을 해야 합니다.

아브라함이 이삭의 배우자감을 구할 때 기도하고 또 기도했던 것을 우리는 보았습니다. 늙은 종을 보내서 내 고향 내 족속, 곧 믿음의 족속 중에서 색시를 구하게 했습니다. 그렇게 최선을 다해 구한 끝에 믿음의 처녀 리브가를 데리고 오지 않았습니까. 그런 아브라함이 다른 자녀의 배우자감은 그렇게 고르지 않았습니다. 왜 그랬을까요?

하나님은 하늘의 뭇별과 같이 수많은 자손을 주시겠다고 아브라함을 축복하셨습니다(창 15:5). 이 축복의 말씀을 이어 가려면 거룩함이 유지되어야 하는데, 이 자녀들은 아무리 기다리고 기다려도 가치관이 바뀌지 않는 겁니다. 결혼 상대가 누구든지 자기가 좋으면 끝입니다. 사랑하면 안 믿는 배우자라도 상관없다고 합니다.

북이스라엘 왕 아합은 이방 신을 숭배하는 엣바알의 딸 이세벨과 결혼하여 나라를 우상숭배에 물들게 했습니다. 또 그 딸 아달랴는 유다로 시집가서는 자신이 왕이 되려고 유다 왕조의 대를 끊는 악행을 저질렀습니다. 이때 하나님이 요아스를 보호하셨기에 망정이지, 자칫 예수님이 못 오실 뻔했습니다. 그래서 어머니가 참 중요한 것 같습니다.

이삭을 신결혼시키기 위해 그토록 애쓴 아브라함이 정작 그두라의 자손들에게 둘러싸여 살고 있습니다. 말로는 오직 믿음이라고 하면서 믿음과 상관없는 환경에서 사는 것입니다. 그래서 죽을 때가 가까워서야 하나님의 언약을 지키는 데 방해 받지 않을 조건을 살아생전 갖추어야겠다고 생각했습니다. "형제들아 내가 이것을 말하노니 혈과 육은 하나님 나라를 이어받을 수 없고 또한 썩는 것은 썩지 아니하는 것을 유업으로 받지 못하느니라"는 고린도전서 말씀처럼(고전 15:50), 시간이 지나도 믿음이 생기지 않는 자녀들을 분별하게 된 것입니다. 그 후에는 어떨지 몰라도 지금으로서는 그들이 언약에서 제외된 혈과 육에 불과하다는 걸 깨달았습니다. 그러므로 이제는 약속의 가족을 지켜야겠다고 결단합니다.

위대한 결혼이 무엇인지 보여 준 사라 덕분에 아브라함이 이런 결단을 할 수 있었습니다. 사라가 삶으로 본을 보였기에 아브라함도 결정적인 순간에 이삭을 지키기로 결단합니다. 한 집이 믿음의 가정이 되기까지 과정이 참 비슷한 것 같습니다. 저희 친정어머니도 생전에 가족이 예수께로 돌아오는 것을 보지 못하셨습니다. 그러나 어머니가 돌아가신 후 유교 사상이 14대째 내려온 집안에서 자란 아버지가 눈물을 흘리며 교회에 나오시고 장로직까지 지낸 후 소천하셨습니다. 우리 자매들도 어머니가 돌아가신 후에 예수님을 깊이 만났습니다. 어머니가 보이신 믿음의 본을 따라 온 가족이 영적 후사가 된 것입니다.

아브라함이 이삭을 지키기로 자발적으로 결단합니다. 내가 사랑하고 안 하고보다 하나님의 말씀이 중요하다는 것을 깨달았습니다. 하나님은 자신의 섭리를 반드시 이루시는데, 이삭에게 하나님의 섭리가 있었습니다. 하나님은 처음부터 이삭이 약속의 자녀라고 분명히 말씀하셨습니다. 그런데 이삭이 너무 연약하니까 아브라함이 자꾸 헷갈립니다. 그래서 이삭이 약속의 자녀라는 걸 아브라함이 자유의지로 받아들이기까지 숱한 사건이 오고 갔습니다. 하나님의 섭리를 가슴으로 인정하기까지 오랜 시간이 걸렸습니다.

나는 그두라 자손이 좋은데 하나님은 이삭이 약속의 자녀라고 하십니다. 하나님의 섭리는 이삭에게 있는데 나는 이스마엘이 좋습니다. 그러면 하나님의 주권, 하나님의 섭리와 나의 자유의지가 맞아떨어지는 때는 언제입니까? 하나님의 뜻과 나의 자유의지가 하나가 된 것을 어떻게 압니까? 내가 하나님의 섭리대로 결단하면 감사가 넘치고 모든 식구가 기뻐합니다. 그두라 자손이 아무리 잘생기고 똑똑해도 하나님 나라를 맛본 아브라함은 그 자녀들만 생각하면 고개가 갸우뚱해집니다. '이건 아닌데', '얘는 아닌데' 싶습니다. 이 땅을 떠날 날이 가까워질수록, 천국 본향이 가까워질수록 정욕과 욕심이 사라져서 언약의 이삭이 또렷이 보이기 시작하는 겁니다.

아브라함의 믿음이 부족했어도 하나님의 섭리는 결코 꺾이지 않았습니다. 아브라함을 통해 마침내 하나님이 승리하셨습니다. 하나님이 아브라함을 택하셨기에, 아브라함이 자유의지로 주님의 섭리에 순종하기를 기다리셔서 이삭을 믿음의 후사 삼게 하셨습니다. 때로는 유혹당하고 믿음이 흔들리기도 했지만 아브라함이 마지막에는 믿음으로 분별하여 정리합니다. 우리도 마찬가지입니다. 내가 형편없이 살았어도 주께서 찬란한 유산을 위해 분별하고 정리하게 하실 줄 믿습니다.

> 7 아브라함의 향년이 백칠십오 세라 8 그의 나이가 높고 늙어서 기운이 다하여 죽어 자기 열조에게로 돌아가매_창 25:7~8

아브라함이 기운이 다하여 죽었다고 합니다. '기운이 다하였다'라는 것은 자신의 사명을 다 이루어 만족하고 떠났다는 의미입니다. 사랑스러운 자녀도 있지만 문제 자녀도 있습니다. 좋은 직장도 있지만 문제 직장도 있습니다. 훌륭한 사람이, 일류 학교나 회사가 나를 구원해 주는 게 아닙니다. 우리의 장래를 보장하는 곳은 하나님의 축복이 머무는 자리입니다. 나의 힘든 직장, 남편, 아내, 자녀가 바로 그 자리입니다.

아브라함은 별 볼 일 없어 보이나 하나님이 축복하신 이삭을 붙들었습니다. 위대한 결혼을 통해 그가 이런 결정을 할 수 있었습니다. 아브라함이 찬란한 유산을 남기도록 도운 최대 공로자는 사라입니다. 세상이 아무리 좋아도 예수 믿는 게 최고라는 것을 그녀가 온몸으로 보여 주고 떠났습니다.

오늘 내가 죽는다면 자녀들에게 어떤 유언을 남기고 싶습니까? "꼭 결혼해라", "직장에 다녀라", "성공해라" 이런 말을 남기겠습니까? "예수 믿지 않으면 안 된다"라는 유언을 남기기가 쉽지 않습니다. 그러나 아브라함은 예수를 믿는 것이 전부라는 걸 가르쳐 주고 떠납니다.

아무리 끊으려 해도 끊기 어려운 정(情)이 있습니다. 내가 굴려 내야 할 수치의 돌들이 있습니다. 물론 세상을 다 끊어 내고 떠나는 사람은 없습니다. "의인은 없나니 하나도 없다"고 하지 않습니까(롬 3:10). 그러나 주님을 사랑하므로 수치스러운 것, 끊기 어려운 것도 끊어 내면서 조금씩 천국을 향해 가는 것이 성도의 길입니다. 오늘 내가 말씀을 보는 만큼, 예배를 드리는 만큼 끊어 낼 수 있습니다. 아브라함이 이삭을 위해 이스마엘의 포피를 끊어 냈는데 또 끊어 내야 할 것이 있습니다(창 17:25). 우리도 영의 것을 위해 육의 것을 끊되 오늘 주어진 만큼만 끊어 내면 됩니다. 오늘 하나님께 묻자와 이르되 한 만큼만 끊어 내면 됩니다.

내쫓긴 서자들도 결국 이삭의 후손에 의해 구원될 것입니다. 약속의 땅에서 쫓겨나 동서남북으로 흩어져 살아도 이제 모든 민족에게 복음이 전해질 것이기 때문입니다. 그러나 지금은, 쫓아내야 할 때입니다. 우리도 "그까짓 불신결혼 좀 하면 어때, 데려다 믿게 하면 되지" 해서는 안 됩니다. 이미 불신결혼했다면 구원을 위해 평생 십자가

지면서 수고해야 합니다. 하지만 결혼을 앞두고 있다면 이렇게 적용해서는 안 됩니다. 지금은 아브라함이 돼서 쫓아내야 할 때입니다. 멀리 내다보면서 오늘 쫓아내야 할 것이 있습니다.

자녀에게 줄 가장 찬란한 유산은 믿음입니다. 믿음이 우리의 영원한 기업입니다. 아브라함은 영의 자녀인 이삭을 붙들기 위해서, 다시 말하면 그에게서 나실 예수 그리스도를 붙들기 위해서 세상을 포기하고 내쫓았습니다. 여러분도 약속의 말씀을 붙들 수 있는 환경이 아니라면 살아 있을 때, 힘이 있을 때 바로 잡기 바랍니다.

창세기 17장에 보면 아브라함이 이삭 한 명을 얻고자 이스마엘부터 돈으로 사 온 종들까지 그 집의 모든 남자의 포피를 베었습니다(창 17:23~27). 이는 내 집에 있는 모든 것이 거룩히 구별되고 거듭나야 예수님을 주실 수 있다는 뜻입니다. 영적 후사를 주신다는 뜻입니다. 그러므로 우리는 계속해서 거룩을 이루어 가야 합니다. 아브라함에게서 이삭을, 이삭에게서 야곱을, 야곱의 열두 아들에게서는 유다를 구별해 내는 계속되는 가지치기로 거룩을 향해 나아가야 합니다.

이삭과 함께하시듯 하나님은 그두라의 자손과 이스마엘과도 함께하십니다. 그러나 이삭과 이스마엘, 그두라의 자손은 함께 갈 수 없습니다. 하나는 영이고, 하나는 육입니다. 우리는 아무리 세상이 좋아도 영의 것을 붙들어야 합니다. 영의 것을 위해 육의 것을 포기하는 모습을 자녀에게 보여 주어야 합니다. "나는 예수밖에 없다"는 나의 마지막 고백이 자녀에게 가장 찬란한 유산이 될 것입니다.

- ‘말씀도 좋지만 이 정도는 있어야 이 땅에서 살아가지’ 하면서 내가 방패 삼는 것은 무엇입니까?
- 내가 영의 것을 붙들기 위해 오늘 버리고 끊어 내야 할 육의 것은 무엇입니까? 도무지 믿음이 들어가지 않는 자녀를 위해 결단하고 적용해야 할 일은 무엇입니까?
- 이 땅을 떠나는 날 나는 어떤 유언을 남기고 싶습니까?

아내를 믿음으로 분별해야 합니다

7 아브라함의 향년이 백칠십오 세라 8 그의 나이가 높고 늙어서 기운이 다하여 죽어 자기 열조에게로 돌아가매 9 그의 아들들인 이삭과 이스마엘이 그를 마므레 앞 헷 족속 소할의 아들 에브론의 밭에 있는 막벨라 굴에 장사하였으니 10 이것은 아브라함이 헷 족속에게서 산 밭이라 아브라함과 그의 아내 사라가 거기 장사되니라
_창 25:7~10

드디어 아브라함이 인생의 수고를 그치고 이 땅을 떠납니다. 아브라함이 75세에 갈대아 우르를 떠나 175세에 죽었으니 진정한 수고는 100년 동안 했다고 볼 수 있습니다. “너는 장수하다가 평안히 조상에게로 돌아가 장사될 것이라” 하신 하나님의 말씀이 그대로 이루어졌습니다(창 15:15).

그런데 그가 하갈도 아니요, 그두라도 아니요 "사라" 곁 한 뼘 땅에 묻혔다고 합니다. 마지막이 중요합니다. 아무리 아브라함이 하갈과 그두라를 사랑했어도 우리의 영원한 아버지, 어머니는 아브라함과 사라입니다. 호적을 끝까지 지켜 내서 우리의 어머니가 된 사람은 사라입니다. 그러니 조강지처에게 큰 상급이 있을 줄 믿습니다. 하나님은 이혼하지 않고, 호적 더럽히지 않고 가정을 지키려는 사람을 축복하십니다.

약속의 땅 가나안의 막벨라 굴에 첫 번째로 사라가, 그다음에 아브라함이 묻혔습니다. "자기 열조에게로 돌아갔다"라는 것은 창세기 1장부터 11장까지의 계보, 곧 아담에서 셋, 노아에서 셈까지 내려오는 믿음의 계보에 들어갔다는 의미입니다. 아브라함이 이 여자, 저 여자 얻어 들였어도 마지막에 돕는 배필이 누구인지 딱 분별했습니다. 사명을 다하고 죽었습니다. 하갈과 그두라가 아무리 큰 사랑을 받은들 뭐 합니까. 아브라함과 함께 약속의 땅에 함께 묻힌 사람은 사라입니다.

야곱도 라헬을 사랑하여 평생 끊지 못했습니다. 그러나 훗날 약속의 땅에 묻힌 사람은 야곱의 조강지처 레아입니다. 또 라헬의 아들 요셉이 아니라 레아의 아들 유다가 예수님의 직계 조상이 되었습니다. 그러므로 내가 호적 더럽히지 않고, 이혼하지 않고 사는 것도 자녀에게 찬란한 유산을 남겨 주는 일 아니겠습니까.

내가 좋아도 하나님이 원하지 않으시는 사랑이 너무나 많습니다. 아브라함이 좋아했던 것도 하나님이 다 끊으셨습니다. 그러나 사라가 본을 잘 보였기에 그녀가 죽은 후 아브라함이 슬퍼하며 애통했다고 했습니다(창 23:2). 결정적일 때는 믿음 있는 사라와 이삭이 생각나는 겁니다. 그렇지만 연약한 이삭을 보면 자꾸 헷갈립니다. 야곱도 유다가 믿음이 있다는 걸 알았습니다. 그러나 며느리와 동침한 형편없는 전력 때문에 '과연……?' 하며 자꾸 고갯짓하게 됩니다. 외적으로는 요셉이 더 훌륭하니까 더 헷갈립니다. 그러다 야곱도 죽을 때가 돼서야 유다를 알아봅니다.

하나님이 아브라함을 믿음의 조상이라고 칭하신 것은 "너희도 아브라함의 길을 걸으라"는 의미입니다. 우리는 겉모습에 잘 속습니다. 아브라함처럼 세상이 싫지 않습니다. 이스마엘이, 그두라가 너무 좋습니다. 그래도 아브라함이 마지막에는 이삭과 사라를 붙잡았습니다. 저는 여러분이 이삭의 복뿐만 아니라 이스마엘의 복도 받기를 바랍니다. 그러나 이스마엘의 복, 육의 복을 받지 못할지라도 마지막까지 이삭의 복을 꼭 붙드십시오. 정말 중요한 것은 영의 복이기 때문입니다.

이스마엘도 포피를 베고 16년간 아브라함과 함께 신앙생활을 했습니다. 이제는 믿음이 생겼으려나 했는데 세상에 나가 멋대로 애굽 여자와 결혼합니다. 날이 갈수록 이삭에게는 하나님이 강해지는 반면 이스마엘에게는 세상이 강해집니다. 그러자 이스마엘이 하나님의 백성과 딱 원수 되어 버립니다. 아브라함이 여자 한 명 잘못 얻어 들여서 자식들이 철천지원수가 됐습니다. 그러니 제발 하나님과 원수 될 세상 것에 영혼을 팔아먹지 마십시오. 하나님의 영광을 가리고 주님을 욕되게 하는 모든 일은 끊어야 합니다. 부정한 관계, 술, 담배, 각종 중독도 끊어야 합니다. 자녀들에게 영적 유산을 찬란히 남겨 주기 위해, 부모인 내가 사소한 것부터 끊어 내는 모습을 보여 주어야 합니다. 단호히 결단해야 합니다.

아브라함이 찬란한 유산을 물려주고 떠나는 것을 보며 믿음의 배우자와 자녀가 얼마나 중요한지 깨닫습니다. 아브라함의 이야기는 결국 가족 이야기라고 할 수 있습니다. 가정을 지키는 것이 이렇게 중요합니다. 내 가정을 잘 중수해야 북한 문제도 해결됩니다. 가정이 건강해야 사회도, 나라도 건강합니다. 가정이 병들면 나라도 병들기에 병든 정책밖에 내놓지 못합니다. 가정이 건강해야 건강한 생각을 가진 통치자가 나옵니다. 가정을 중수하기 위해 내가 오늘 결단하고 끊어야 할 것은 무엇인지 잘 분별하기 바랍니다.

- 깨끗한 호적을 물려주는 것이 자녀에게 가장 찬란한 유산이라는 것을 압니까?
- 내가 원하는 대로 행했다가 자녀에게 상처를 준 일은 무엇입니까?

내가 죽은 후에 자녀에게 가는 복이 진짜 복입니다

아브라함이 죽은 후에 하나님이 그의 아들 이삭에게 복을 주셨고 이삭은 브엘라해로이 근처에 거주하였더라_창 25:11

아브라함이 죽은 후에 하나님이 이삭에게 복을 주십니다. 가장 찬란한 유산은 영적인 복입니다. 예배의 복입니다. 바라크의 복입니다. 자녀에게 막대한 재물을 물려준들 잘 살겠습니까. 이 땅에서는 잘 먹고 잘살는지 몰라도 구원까지 보장해 줄 수는 없습니다.

아픔을 통해 언약이 상속되었습니다. 수많은 장애물을 물리치고 약속의 자손 이삭에게 언약이 상속되었습니다. 우리가 인정하든, 인정하지 않든 세계 역사는 이삭의 후손, 곧 믿음의 후손을 중심으로 전개됩니다. 예수 믿는 한 사람으로 인해 가정이, 교회가, 세계가 돌아갑니다. 그러므로 나 한 사람이 말씀으로 중심을 잘 잡으면 지금은 초라해도 점차 번성하게 될 것입니다. 뭇별처럼 많은 영적 후사가 나올 것입니다.

사라의 위대한 삶을 통해 아브라함이 믿음으로 자식을 분별하여 이삭에게 영적 복을 물려주게 되었습니다. 이삭뿐 아니라 온 인류에게 찬란한 유산을 남겨 줄 수 있었습니다. 우리도 이런 부모가 되기를 바랍니다. 술, 담배, 중독을 끊어 내고 믿음을 물려주고자 노력하는 남편들 되기를 바랍니다. 가정을 중수하기 위해 남편을 더욱 섬기는 아내들 되기를 바랍니다.

- 이 땅에서의 삶뿐 아니라 그 이후의 삶을 위해 나는 어떤 준비를 하고 있습니까?

자녀에게 줄 가장 찬란한 유산은 믿음입니다.

믿음이 우리의 영원한 기업입니다.

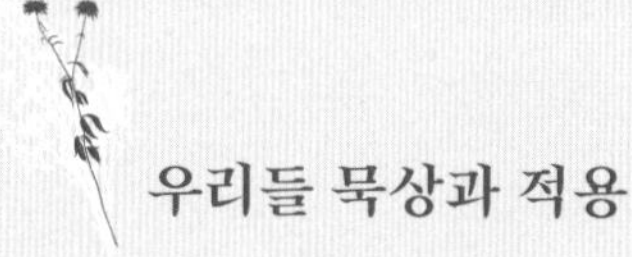

우리들 묵상과 적용

시아버지가 돌아가신 후 얼마 지나지 않아 남편은 간암 선고를 받았습니다. 남편은 죽음을 두려워하며 술을 마시며 지내다가 젊은 여자 간병인을 구해 간 이식 수술을 받으러 미국에 갔습니다. 수술은 성공적이었지만 남편은 건강이 회복되자 간병인과 바람을 피웠고, 두 사람 사이에 아기가 태어났습니다. 심지어 남편은 외도녀의 아기를 우리 가족의 호적에 올리려 했습니다. 외도녀가 이를 완강히 거부하자 남편은 제게 이혼을 강요했고, 저는 '사랑하는 아들을 위해서 남편이 살아만 있어 주면 된다'라는 생각으로 이혼에 동의했습니다.

하지만 이혼 후 남편은 병이 급속도로 악화되어 세상을 떠났습니다. 생전에 남편은 아들에게 회사를 물려주기로 하고, 일단 친한 후배를 사장으로 세워 두었습니다. 그러나 남편이 죽은 후 그 후배는 남편을 배신했고, 회사는 부도가 나서 망했습니다. 설상가상 남편이 미국에 남겨 둔 재산은 외도녀가 미리 자기 자녀의 몫으로 넘겨받아 모든 것이 제가 손쓸 틈도 없이 다 사라졌습니다. 당시 아들은 사회복무요원으로 대체 복무 중이었는데, 이미 상속 절차를 밟아 두었기에 남편 회사의 빚을 다 짊어지고 체납자가 되고 말았습니다. 결국 아들은 복무를 마친 후 개인 면책을 신청했습니다.

이 사건을 겪으며 저는 우울증에 걸려서 상담사의 인도로 교회에 나와 예배드리게 되었습니다. “모든 것은 내 삶의 결론”이라는 목사님의 말씀을 듣고서 누구를 탓할 게 없다고 여기며 말씀으로 제 삶을 해석하고자 노력했습니다. 하지만 억울한 마음이 남아 남편을 배신한 후배를 고소하고 싶었습니다. 그러자 하나님은 “고발하느니 차라리 불의를 당하는 게 낫다”라는 말씀으로 응답해 주셨습니다(고전 6:7). 저는 삶의 마지막 순간에 이삭과 사라를 붙잡은 아브라함처럼(창 25:9~10), 아들의 구원을 위해서 고소에 대한 미련을 끊어 내기로 했습니다. 아들은 이런 저를 보며 교회에 나왔고, 자신에게 일어난 일을 겸허히 받아들이며 그 누구도 원망하지 않았습니다. 이후 하나님의 은혜로 면책을 받고 자립해 평범한 일상을 살고 있습니다.

원통하고 수치스러운 일을 당해도 주님을 붙드니 후대해 주셔서 저와 아들이 육적인 복도 누리는 것 같습니다. 외로움에 눌려 술을 의지한 남편을 무시하고 정죄하면서도 스스로 의롭다고 여긴 죄를 회개합니다. 은혜와 믿음으로 분별한 저를 보시고, 아들에게 찬란한 영적 유산의 복을 물려주게 하신 하나님께 감사드립니다(창 25:11).

영혼의 기도

아버지 하나님, 위대한 사라 덕분에 아브라함이 위대한 결단을 한 것을 보았습니다. 사라는 생전에 아브라함이 첩을 끊어 내고 이삭을 지키는 것을 보지 못했습니다. 하지만 사라가 바라는 것을 실상으로 놓고 보지 못하는 것을 증거하며 예수님을 영적 남편으로 섬겼기에 사후에 아브라함이 자원해서 돌이켰습니다. 우리도 사라의 위대한 믿음과 인내를 배우기 원합니다. 이혼하지 않고 호적을 더럽히지 않는 것이 찬란한 유산이라고 하셨으니, 믿음의 원칙을 지키며 살게 해 주옵소서.

그러나 우리는 자녀가 믿음이 있어도 그럴듯한 겉모습이 갖춰지지 않으면 걱정합니다. 지식과 권세, 재물 등 세상 방패를 켜켜이 쌓습니다. 이것이 결국 자녀에게 올무가 되고, 자녀를 구원과 멀어지게 할 것인데도 잘난 겉모습에 집착하는 우리를 불쌍히 여겨 주옵소서.

아브라함을 위해 삶으로 본을 보인 사라가 있기에, 마지막에 아브라함이 이스마엘이 아닌 믿음의 자녀 이삭을 택한 것을 보았습니다. 아브라함의 위대한 결단을 본받아 우리도 믿음으로 결단하기 원합니다. 각 가정의 남편을 위해 기도하오니 믿음의 아내를 인정하게 도와

주시고, 믿음의 자녀를 볼 수 있는 눈을 허락해 주옵소서. 여자와 술, 각종 중독과 세상 가치관을 끊는 남편과 아버지가 되게 해 주옵소서.

마음에는 원이로되 육신이 약하여서 죽을 때가 돼서야 세상 가치관을 끊기로 결단한 아브라함의 슬픈 인생을 생각합니다. 우리도 늦기 전에 육신의 정욕과 안목의 정욕, 이생의 자랑을 끊을 수 있도록 도와주옵소서. 상속 문제로 힘들어하는 모든 가정이 믿음과 주님의 약속을 찬란한 유산으로 받도록 역사해 주옵소서. 하나님이 아브라함을 끝까지 포기하지 않으시고 섭리를 꺾지 않으셨던 것처럼, 우리도 주님의 사랑으로 믿음의 후사가 되어 마침내 찬란한 유산을 받기 원합니다. 또 믿음의 유산을 자녀에게 물려주는 부모가 되게 해 주옵소서. 예수님 이름으로 기도하옵나이다. 아멘.

08.

그치지 않는 복

창세기 25:12~23

________하나님 아버지,
내 자녀, 내 후손 대대로 주님이
주신 복이 그치지 않기 원합니다.
말씀하여 주옵소서. 듣겠습니다.

이제는 결혼하여 각자 가정을 이룬 아들딸을 보며 문득 이런 궁금증이 들었습니다. '내가 죽은 후에도 과연 자녀들이 사이좋게 지낼까? 서로 소 닭 보듯 지내지는 않을까?' 지금은 엄마인 제가 살아 있어서 자주 보고 만나지만, 믿음의 조상이 떠난 뒤에도 자녀들이 친밀히 지낼지 궁금해졌습니다. 여러분의 자녀들은 어떨 것 같습니까?

지난 21장에서 하나님은 아브라함에게 하갈과 이스마엘을 내쫓으라 명하시고 "이삭에게서 나는 자라야 네 씨라 부를 것임이라"고 말씀하셨습니다(창 21:12). 그러므로 아브라함은 죽었어도 하나님의 약속은 살아 있습니다. 그 약속이 이제 이삭에게로 이어져 "아브라함이 죽은 후에 하나님이 그의 아들 이삭에게 복을 주셨다"고 했지요(창 25:11). 여기서 '복'은 육적인 복뿐만 아니라 하나님의 자녀가 누리는 영적인 복, 예배의 복까지 포함합니다. 복 중의 복은 하나님을 예배하는 것입니다. 주님은 아브라함과 이삭뿐만 아니라 우리와 우리 자녀에게도 복을 약속하셨습니다. 그렇다면 구체적으로 우리에게 어떤 복을 주시는지, 내 집안에 복이 그치지 않게 하려면 어떻게 해야 하는지 본문을 통해 알아보겠습니다.

불택자(不擇子)의 형통을 보는 것이 복입니다

12 사라의 여종 애굽인 하갈이 아브라함에게 낳은 아들 이스마엘의 족보는 이러하고 13 이스마엘의 아들들의 이름은 그 이름과 그 세대대로 이와 같으니라 이스마엘의 장자는 느바욧이요 다음은 게달과 앗브엘과 밉삼과 14 미스마와 두마와 맛사와 15 하닷과 데마와 여둘과 나비스와 게드마니 16 이들은 이스마엘의 아들들이요 그 촌과 부락대로 된 이름이며 그 족속대로는 열두 지도자들이었더라 17 이스마엘은 향년이 백삼십칠 세에 기운이 다하여 죽어 자기 백성에게로 돌아갔고 18 그 자손들은 하윌라에서부터 앗수르로 통하는 애굽 앞 술까지 이르러 그 모든 형제의 맞은편에 거주하였더라_창 25:12~18

이스마엘 후예들의 이야기입니다. 성경은 늘 중심인물의 죽음으로 한 시대의 종결을 알린 후 그의 계보가 어떻게 이어지는지 기록합니다. 우리의 믿음은 후손의 믿음에 굳건한 기초가 될 것인데, 아브라함이 죽으며 1세대가 끝나고 이제 후손들의 시대가 왔습니다.

25장은 아브라함의 죽음 기사와 함께 그두라 자손과 이스마엘의 족보 그리고 이삭 자손의 이야기까지 기록합니다. 왜 성경은 아브라함에게서 나온 세 갈래 족보를 모두 언급할까요? 그중에서 이삭의 후손, 곧 약속의 계보를 골라낸 뒤 나머지는 청산해야 할 과거라고 말하는 겁니다. 이 세계와 우리 집안의 계보도 마찬가지입니다. 세상 계보이거나 믿음의 계보이거나 둘 중 하나입니다. 중간 지대는 없습니다. 그렇다면 우리는 믿음의 계보에 위치해야 하지 않겠습니까?

아브라함이 이삭을 기다리지 못하고 하갈을 통해 이스마엘을 낳았습니다. 이삭을 낳은 후에도 그두라를 통해 여섯 아들을 얻었습니다. 그런데 기가 막힌 것은 언약의 계보도 아닌데 그두라 자손이나 이스마엘의 후예나 나날이 창성한다는 것입니다. 그들은 아라비아 사막 온 땅에 거주하면서 큰 족속, 큰 나라를 이룹니다. 막강한 이슬람 세력을 구축하여 지금까지도 믿음의 자손들을 위협합니다. 특히 이스마엘의 후예는 그두라의 후손보다도 더 번성했습니다. 무려 열두 아들을 낳고, 그 아들들이 촌과 부락을 다스리는 열두 지도자가 되었다고 합니다.

그런데 하나님은 왜 이스마엘을 창성하게 하셨을까요? 지난 17장에서 하나님은 "이스마엘에 대하여는 내가 네 말을 들었나니 내가 그에게 복을 주어 그를 매우 크게 생육하고 번성하게 할지라 그가 열두 두령을 낳으리니 내가 그를 큰 나라가 되게 하려니와 내 언약은 내가 내년 이 시기에 사라가 네게 낳을 이삭과 세우리라"고 아브라함에게 이미 약속하셨습니다(창 17:20~21). 이스마엘을 크고 번성하게 하시겠지만, 언약은 사라가 낳을 이삭과 세우겠다고 미리 말씀해 주셨습니다. 그러니 몰랐다고 할 일이 없습니다. 성경에 귀가 막혀서 그렇지,

성경을 차례차례 묵상하는 사람에게 주님은 어떤 것도 미리 말씀해 주십니다.

이스마엘을 크게 생육하고 번성하게 하리라는 약속도 결국 이루어졌습니다. 이스마엘의 열두 아들이 촌과 부락을 다스리는 열두 지도자가 되었다고 하는데, 성경에서 '12'라는 수는 매우 큰 민족을 상징합니다. 이스마엘이 그 방대한 민족의 시조(始祖)입니다. 쉽게 말하자면 이스마엘이 재벌그룹의 오너이고, 그 자손들이 그룹 계열사를 하나씩 가진 셈입니다. 이스마엘은 많은 아들을 얻었을 뿐만 아니라 그 자녀들도 결혼하여 다산의 축복, 건강의 축복, 학벌의 축복을 누립니다. 자랑하고 싶은 성공한 자녀들이 주렁주렁 달려 있습니다.

문제는 비실비실한 이삭이 이런 이스마엘의 형통을 보아야 한다는 겁니다. 나는 자식 한 명 못 낳고 있는데 이스마엘은 끊임없이 자식을 낳습니다. 그러니 우리의 비실이 이삭의 심정이 어땠겠습니까. 우리도 그렇죠. "왜 악인이 형통한가?" 늘 의구심이 듭니다. 내 삶은 고난투성이인데 옆에서 잘 먹고 잘사는 악인을 보면 시험에 들기도 합니다. 그런데 주님은 불택자, 즉 악인의 형통함을 보는 게 우리에게 축복이라고 말씀하십니다.

지난 창세기 4장 말씀을 기억해 봅시다. 가인이 여호와 앞을 떠나서 에덴 동쪽 놋 땅에 거주하며 에녹 성을 쌓습니다. 그리고 그 후손에게서 가축 치는 자의 조상, 음악의 조상, 기계 문명의 조상이 납니다. 가인의 후손들이 어찌나 강성했는지 그 이름도 므후야엘(도말하다, 쓸어버리다), 므드사엘(강성한 자), 라멕(강한 자)이라고 지었습니다.

그런데 아담에게서 다른 씨 셋이 나고, 그가 아들을 낳아 에노스라고 이름을 짓습니다. 그러자 그때에 사람들이 비로소 여호와의 이름을 불렀다고 합니다(창 4:26). '에노스'라는 이름은 '치료 불가능, 병든 상태, 한계상황', '부패하여 사라질 삶'이라는 의미입니다. 죽을 수밖에 없는 연약한 인간의 실존을 간파한 이름입니다. 인생은 하나님 없이는 살 수 없다는 것을 셋이 뼈저리게 깨달았습니다. 그래서 자기 아들의 병듦과 연약함, 불치(不治)의 상태를 이름에 붙여 고백했더니 그때 사람들이 비로소 여호와의 이름을 불렀다고 합니다. 최초의 공예배가 시작된 것입니다.

가인을 보고서 하나님을 알게 된 사람은 없는데, 에노스를 보고서 하나님을 알고 부르게 되었습니다. 하나님을 모르는 사람은 자기의 약한 부분을 절대로 내놓지 못합니다. 강성하여 쓸어버리는 것, 이기고 또 이기는 것밖에 모릅니다. 그러나 하나님을 아는 자는 나의 약함을 자랑합니다.

이스마엘의 후예들도 둘째가라면 서러울 정도로 강성합니다. 느바욧과 게달은 이사야의 예언에도 등장할 정도로 탁월한 족속이었습니다(사 60:7). '높다'라는 뜻의 느바욧은 무역으로 큰 돈을 벌었을 뿐만 아니라 약탈을 일삼으며 바벨론까지 세력을 뻗친 막강한 족속이었습니다. '검은 피부'라는 뜻의 게달은 활 쏘기에 능한 족속이었다고 합니다. 이외에도 앗브엘은 '하나님의 기적', 밉삼은 '향기로운 냄새'라는 뜻으로 아라비아에 거주하던 족속입니다. 또 '침실'이라는 뜻의 하닷 족속은 창을 잘 쓰기로 유명하고, '광야, 사막'이라는 뜻의 데마는 시리아 사막을 중심으로 무역업에 종사하던 무리의 조상입니다. '담장'이라는 뜻의 여둘의 후손들은 용맹하기로 유명하여 이스라엘과 분쟁을 벌인 적도 있었습니다(대상 5:19). 나비스는 '소생하다', 게드마는 '동쪽'이라는 뜻으로 그 후손에 관해서는 알려진 바 없지만, 세상에 좋은 이름은 다 가져다 붙였다는 걸 알 수 있습니다. 모두 강성하고 음란한, 세상의 특징을 잘 보여 주는 이름입니다.

또한 16절에 '촌과 부락대로 된 이름'이라는 것은 그들 중에 유목 생활을 하는 자들이 있는가 하면, 단단한 방어벽을 친 성읍 안에서 정착 생활을 하는 자들도 있었다는 의미입니다. 그만큼 군사력과 기술력을 갖췄다는 것입니다. 언약의 후손에서는 제외되었지만 이스마엘의 후손은 그두라 자손보다도 높은 지위를 부여 받았습니다. 아브라함이 워낙에 이스마엘을 사랑했기 때문입니다.

그러나 이 땅에서 재벌 총수였든지, 청소부였든지 천국에서는 그게 그거입니다. 예수를 믿지 않으면 아무리 강력한 나라라도 그저 주변국일 뿐입니다. 아무리 이스마엘 자손들이 큰 족속을 이루었어도 하나님에게는 이삭 자손을 괴롭히는 주변 족속에 불과합니다. 화려해 보여도 하나님께는 잊힌 계보이고, 청산되어야 할 계보입니다.

17절에 이스마엘이 죽어 자기 백성에게로 돌아갔다고 합니다. 여기서 '자기 백성'은 아브라함의 열조가 아니라 자기 열조, 곧 애굽인 하갈의 열조입니다. 이스마엘은 죽을 때까지 불택자의 형통이 무엇을 의미하는지 깨닫지 못했습니다. 그것이 얼마나 저주인지 몰랐습니다.

하나님은 이스마엘에게도 기회를 주셨습니다. 이스마엘과 하갈이 떡과 물 한 가죽부대만 가지고서 쫓겨났을 때, 하나님이 그들을 살려 주셔서 광야에서도 번성하게 하셨습니다(창 21:14~21). 또 잘난 열두 아들을 주셔서 큰 민족을 이루게 하셨습니다. 이렇게 "하나님은 살아 계시다"라고 고백할 수밖에 없는 환경을 주셨는데도, 이스마엘은 아브라함의 아들이라고만 언급될 뿐 아브라함의 신앙고백은 끝까지 가지지 못했습니다. 산전수전 겪고 성공한 창업주들이 부자가 돼서 하나님께 감사하는 걸 별로 보지 못했습니다. 내가 잘해서 회사를 일으켰다고 생각하기 때문입니다. 이스마엘도 그렇습니다. 하나님을 모르니 내가 다 이뤘다고 생각합니다. 그러니 모든 형제의 맞은편에 거주하면서 늘 대적자 노릇만 합니다(창 25:18). "그가 사람 중에 들나귀같이 되리니 그의 손이 모든 사람을 치겠고 모든 사람의 손이 그를 칠지며 그가 모든 형제와 대항해서 살리라" 하신 하나님의 말씀이 그대로 이루어져 형제의 맞은편에서 끊임없이 대항하는 것입니다(창 16:12).

아브라함에게서 재산을 받고 떠난 그두라의 자녀들도 각자 영토를 구축했습니다. 돈 받고 떠난 자녀끼리 사이좋게 지낼 리 있겠습니까. 유산 상속이 끝나면 땡입니다. 오직 이해타산으로만 움직입니다. 이들은 지금까지도 서로 경쟁하면서 긴장 속에서 살아가고 있습니다. 그러니 예수 없는 불택자가 강성한 걸 너무 부러워하지 마세요. 돈이 있다고 형제가 화목한 게 아닙니다.

하나님 나라의 백성이 되지 못하면 하나님과 원수 될 수밖에 없습니다. 이삭이 약할 때는 비록 무시는 당해도 형제들과 사이가 나쁘지 않았습니다. 그런데 약하던 이삭이 하나님과 친밀해져서 강건해지고 평강을 누리게 되자 자꾸 원수가 생깁니다. 내가 싸움을 거는 것도 아닌데 괜히 미움을 받습니다. 돈과 지식, 명예가 있어도 못 누리는 평강을 아무것 없는 이삭이 누리니까 갑자기 질타의 대상이 됩니다. 그래서 불택자가 나를 핍박하는 겁니다. 이삭도, 우리도 이런 걸 보고 당해야 합니다.

창세기 1장부터 25장까지의 과정을 통해서 아브라함의 아들 이삭이 났습니다. 영적 후사를 낳으려면 이렇듯 치열하고도 지난한 과정이 필요합니다. 연약한 아브라함이 연약한 이삭을 낳기까지 얼마나 많은 일을 겪고 오래 기다려야 했는지 우리는 보았습니다. 그러나 하갈이나 그두라나 어떻게 자식을 낳았는지 언급이 없습니다. 그들에게는 기다림도, 사연도 없었습니다. 사연 없는 삶이 축복 같아도, 그저 잘 먹고 잘살다가 끝나는 인생이 될 수도 있습니다. 그러므로 아브라함이 그랬듯, 힘든 과정을 겪으면서 기도로 영적 후사를 낳는 것이 진짜 복이요, 형통입니다. 그러면 내가 죽은 후에도 자녀들에게 그치지 않는 복이 임할 줄 믿습니다.

- 내가 요즘 가장 부러워하는 것은 무엇입니까? 불택자의 형통을 바라보면서 부러워합니까?
- 육적인 형통에 취해서 하나님을 잊고 있지는 않습니까? 나의 연약함을 고백하면서 하나님만 부르짖고 있습니까?

불임의 축복을 주셨습니다

19 아브라함의 아들 이삭의 족보는 이러하니라 아브라함이 이삭을 낳았고 20 이삭은 사십 세에 리브가를 맞이하여 아내를 삼았으니 리브가는 밧단 아람의 아람 족속 중 브두엘의 딸이요 아람 족속 중 라반의 누이였더라_창 25:19~20

연약한 이삭이 아버지의 위대한 믿음 덕분에 리브가와 신결혼을 했습니다. 아브라함이 100세에 이삭을 낳았는데 며느리를 보기까지도 40년이 걸렸습니다. 그나마 사라는 생전에 며느리도 못 보고 죽었습니다. 그래서 신결혼은 눈물의 기도의 결정판입니다. 인내의 결정판입니다.

내가 "믿음의 결혼을 하라" 종용한다고 해서 자녀가 신결혼하는 것은 아닙니다. "불신결혼하지 말라" 다그친다고 불신결혼을 안 하는 것도 아닙니다. 자녀가 어떤 결혼을 하는가는 부모 삶의 결론입니다. 자식이 부모 마음대로 됩니까? 아브라함이 간절히 원했어도 이스마엘은 신결혼하지 못했습니다. 그두라의 자손들도 마찬가지입니다. 아브라함 집안에 아들이 여덟인데 오직 한 명, 이삭만이 신결혼을 했습니다. 그러나 신결혼한 한 사람 때문에 우리 집안이 축복을 받습니다. 결혼의 목적은 땅과 후사이기에 믿음의 배우자가 얼마나 중요한지 모릅니다.

이삭이 그의 아내가 임신하지 못하므로 그를 위하여 여호와께 간구하매 여호와께서 그의 간구를 들으셨으므로 그의 아내 리브가가 임신하였더니_창 25:21

그런데 신결혼한 이삭이 20년간 후손을 못 낳았습니다. 믿음만 있으면 뭐든지 될 것 같아 신결혼했는데 자녀가 안 생깁니다. 더 기가 막힌 것은 아버지와 하나님을 떠난 이스마엘은 열두 아들을 순풍순풍 낳고 있는 겁니다. 약속의 자녀 이삭의 인생은 험난하기만 합니다.

그러나 성경 말씀은 구속사적으로 읽어야 합니다. 나를 위해 죽어 주신 예수님의 이야기로 읽어야 합니다. 그저 복 받으려고 말씀을 읽는다면, 성경을 '돈 나와라 뚝딱, 금 나와라 뚝딱' 휘두르는 도깨비 방망이쯤으로 생각하는 것이죠. 나는 형편없지만 주님이 왕 되셔서 나를 이끌어 주신다는 것이 성경의 골자(骨子)입니다. 우리가 나의 연약함을 공표할 수 있는 것도 내 안에 예수님이 들어오시면 어떤 창성한 자보다도 더 창성해지리라고 믿기 때문입니다. 주님으로 가득 채워진 인생이 진짜 형통한 인생입니다.

아브라함이 이삭을 낳기까지 25년이 걸렸습니다. 그 사연이 얼마나 긴지, 12장부터 21장까지 장장 10장을 할애하여 기록했습니다. 또한 그 과정에서 아브라함이 실수도 얼마나 많이 했는지 모릅니다. 하나님이 사라를 통해 약속의 자녀를 주시겠다고 약속하셨건만 하갈을 얻어 이스마엘을 낳고 반복해서 사라를 누이라고 거짓말했습니다. 아브라함의 믿음이 따라 주지 않아서 여러 사건을 겪어야만 했습니다. 독자들도 지겹게(?) 같이 기다렸습니다.

그런데 이삭은 아브라함과 다릅니다. 아브라함은 25년간, 성경으로는 10장에 거쳐서 불임의 시간을 보냈는데 이삭은 20년을 기다렸는데도 한 절로 지나갑니다. 똑같은 고난인데 누구는 일평생이 걸려 깨닫고, 누구는 요동함이 없습니다. 아브라함은 워낙 들쑥날쑥하고 욕심을 잘 처리하지 못해서 오래 걸렸지만, 이삭은 그런 아버지를 보고서 '저렇게 살지 말아야지' 배웠던 것 같습니다. 그래서 자녀가 없어도 첩을 들이지 않고 오직 리브가와 살았습니다. 이삭에 대해서는 별 설명도 없습니다. 순종을 잘했기 때문입니다. 모태신앙의 저력이 이런 것 아닌가 생각합니다.

비록 실수도 많았지만 부모가 믿음을 삶으로 보여 주었기에 똑같이 불임의 고난을 겪어도 이삭은 평안합니다. "인생의 목적은 행복이 아니라 거룩"이라고, "재앙이 없는 것이 재앙이고 재앙이 오는 게 축복"이라고 믿음의 부모가 날마다 부르짖어 주어서, 정말 재앙이 닥쳐도 너무 쉽게 해석되는 겁니다.

- 비록 넘어지고 실수해도 결국엔 하나님께 순종하는 모습을 자녀에게 보여 주고 있습니까?

자녀 고난을 그치지 않는 복으로 주셨습니다

그 아들들이 그의 태 속에서 서로 싸우는지라 그가 이르되 이럴 경우에는 내가 어찌할꼬 하고 가서 여호와께 묻자온대_창 25:22

20년이나 기다려서 어렵게 잉태했는데 이 자녀들이 배 속에서부터 싸우고 난리를 떱니다. 이삭과 리브가는 정말 쉽게 넘어가는 일이 없습니다. 이스마엘 자손은 누가 힘들게 했다는 이야기조차 없는데 이삭 부부는 왜 나날이 시련만 더해지는 겁니까. 그래서 리브가도 "어찌할꼬" 여호와께 묻습니다. 여기에 주님은 뭐라고 답하십니까?

여호와께서 그에게 이르시되 두 국민이 네 태중에 있구나 두 민족이 네 복중에서부터 나누이리라 이 족속이 저 족속보다 강하겠고 큰 자가 어린 자를 섬기리라 하셨더라_창 25:23

산 넘어 산입니다. 예상치 못한 더 큰일이 기다리고 있습니다. "큰 자가 어린 자를 섬기리라" 말씀하십니다. 대체로 형이 잘돼야 집안이 평안합니다. 형은 공부를 지지리 못하는데 동생은 잘한다고 생각해 보세요. 동생을 칭찬할 수도 없고, 형을 야단칠 수도 없습니다. 훈계할 사람은 훈계하고 칭찬할 사람은 칭찬해야 하는데 어느 것 하나 제대로 못 하니까 둘 다 상처를 받습니다.

이삭도 이스마엘 형이 아닌 자신이 택함을 받아서 여러 고초를 겪었는데, 자녀들도 동생이 택함을 받았다고 합니다. 이 얼마나 고난입니까. 제대로 되는 일이 없습니다.

우리네 가정들도 그렇습니다. 문제투성이입니다. 정말 이혼을 생각할 수밖에 없는 심각한 문제가 많습니다. 가족끼리 아무리 화목해도 문제없는 가정은 없습니다. 리브가처럼 잉태를 못 하거나, 아이가 생겨도 가난해서 키울 능력이 없다거나, 가정형편이 좋아도 부모가 아프기도 하고, 야곱과 에서처럼 형제 사이가 나쁘기도 합니다. 그러나 그치지 않는 복은 이렇듯 끊임없는 고통에서 비롯된다는 걸 아셔야 합니다. 그치지 않는 고통이, 우리 가정에 복을 그치지 않게 하는 통로가 된다는 말입니다.

- 계속되는 고난 가운데 "내 인생은 왜 이러냐" 하며 원망합니까, "어찌할꼬" 하나님께 묻습니까?
- 우리 가정의 문제를 통해 하나님을 찾습니까? 문제 많은 가정을 끊어 내겠다면서 이혼, 별거를 생각하지는 않습니까?

묵상하고 기도하고 묻는 것이 복입니다

육적인 고난을 통하여 묵상하고 기도하며 하나님께 묻는 것이 복입니다. 이런 그치지 않는 복을 이삭에게 주셨습니다. 이삭은 배우자를 구하며 묵상하고 기도했습니다(창 24:63). 자녀가 없을 때는 기도로 간구했습니다(창 25:21). 리브가는 자녀들이 태 속에서 싸울 때 하나님께 물었습니다(창 25:22). 어떤 일을 만나도 이삭 부부는 여전한 방식으로 묵상하고, 기도하고, 하나님께 물었습니다. 하루하루 평범한 생활예배를 잘 드렸습니다.

『믿음의 항해』를 쓴 레이 프리처드(Ray Pritchard)에 의하면, 우리는 "하나님 공식을 주세요" 하며 하나님과의 관계에서도 공식을 만들려고 하지만 그런 것은 없다고 합니다. 다만 하나님은 "나를 알고 나와 시간을 보내고 너의 삶 모든 분야에서 나를 최우선으로 두어라, 그러면 내가 모든 삶을 책임지겠다"고 말씀하신다고 합니다. 이를 다시 말하면 끊임없이 기도하면서 하나님께 모든 문제를 맡겨 드리는 것 아니겠습니까. 그것이 삶을 바라보는 새로운 방법입니다.

사역에 위기를 맞은 한 사역자가 자신이 겪고 있는 고충을 편지로 써서 베스트셀러 작가인 달라스 윌라드(Dallas Albert Willard)에게 보냈습니다. 자신이 왜 힘든지, 누가 힘들게 하는지 구구절절 편지에 담았습니다. 그러고는 '알지도 못하는 분에게 괜히 편지를 보냈나' 하는 불편한 마음으로 답장을 기다리다가 몇 주가 지나도 답장이 오지 않자 포기해 버렸습니다. 그런데 두 달 만에 딱 두 줄의 답장이 왔습니다.

"매일 아침에 일어나 하나님이 원하신다고 생각하는 일을 하십시오. 그리고 남이 어떻게 생각하는지에 대한 고민은 이제 그만하십시오. 달라스 윌라드 드림."

이것은 그가 들어야 하는 정확한 말이었습니다. 우리도 무엇을 해야 할지 모르겠다면 아침에 일어나 하나님이 원하신다고 믿는 일을 하면 됩니다. 다른 사람이 어떻게 생각할지는 걱정하지 마십시오. '예수 믿는 내게 자식이 없으니 남이 어떻게 생각하겠어?', '예수 믿는 가정에서 형제끼리 맨날 싸우니 남 보기에 창피해 죽겠네.' 밤낮 이런 걱정만 하지 말고 오늘 내게 주신 말씀에 순종하기 바랍니다. 하나님의 인도는 매일의 순종에서부터 시작합니다. 이것이 묵상하고 기도하고 묻는 복입니다.

오늘날 가정의 위기는 돈이 없는 것도, 건강을 잃는 것도, 자녀가 없는 것도 아닙니다. 기도가 없는 것이 가장 큰 위기입니다. 기도하는 가정은 어떤 일이 와도 망하지 않습니다. 가장 위기의 순간은 기도를 포기하는 때입니다. 끊임없이 기도하며 하나님의 시간과 나의 시간이 다르다는 것을 배워야 합니다.

이삭이 기도했더니 잉태되었습니다(창 25:21). 기도하면 응답됩니다. 하나님은 우리의 기도를 들으시고 쌓아 놓고 계십니다. 그런데 우리는 "당장 문제를 해결해 달라"고 기도하면서, 하나님이 꿈쩍도 안 하신다고 원망합니다. 내 기도에는 응답하지 않으신다고 생각합니다. 그러나 하나님은 단지 하나님의 시간에 계실 뿐입니다.

이삭은 문제에 부딪힐 때마다 기도했습니다. 그런 이삭을 보면서 문제가 없는 가정이 아니라, 기도하면서 문제를 통과하는 가정이 복된 가정이라는 걸 깨닫습니다. 문제없는 가정이 문제 있는 가정이고, 문제 있는 가정이 문제없는 가정입니다. 부부가 서로 불임의 책임을 물으며 원망할 수도 있었을 텐데 이삭 부부는 그러지 않았습니다. 20년 동안 끊임없이 기도하여, 마침내 응답을 받았습니다. 우리의 기도는 절대 땅에 떨어지지 않습니다.

말을 잘하려면 먼저 남의 말을 잘 들어야 합니다. 상대의 말에 귀 기울이면서 대화하는 사람은 한마디 말을 해도 힘이 있습니다. 내 말만 맞다고 우기면서 다른 사람의 말은 좀체 듣지 않으니까 소통이 안 되는 겁니다. 한마디라도 나의 말을 잘 들어 주려는 사람에게 모두가 점수를 줍니다. 그러니 하물며 하나님의 말씀도 잘 들어야 응답을 받지 않겠습니까. 하나님의 말씀을 잘 묵상하며 항상 기도하십시오. 하나님은 우리의 기도를 다 듣고 계십니다. 내가 형편없이 중언부언해도 귀 기울여 듣고 계십니다. 다만 하나님의 시간이 될 때까지 기다리시는 것뿐입니다.

아브라함과 사라를 보세요. 하나님께서 하늘의 별처럼, 바닷가의 모래처럼 많은 자손을 주겠다고 약속하셨지만 그들 살아생전에 그만큼 번성했습니까? 아브라함이 생전에 소유한 땅은 막벨라 매장지밖에 없었습니다. 그러나 하나님의 약속은 그 후손과 후손에게까지 끊어지지 않고 계속됩니다. 이것을 믿음으로 바라보아야 합니다.

에노스처럼 슬픔과 한계상황을 겪어 보지 않은 인생은 앉으나 서나 이스마엘과 그두라 자손이 부럽습니다. 저는 여러분의 가치관이 바뀌었으면 좋겠습니다. 이삭을 보세요. 이스마엘 형은 나날이 강성해지는데, 나는 비실비실하고 오랫동안 불임의 고난을 겪다가 그나마 어렵게 얻은 자식들은 배 속에서부터 싸웁니다. 이렇게 날마다 슬픈 현실을 마주하면서, 고생하는 인생을 말없이 살아 낸 사람이 이삭입니다. 고난이 그치지 않아도 하나님 앞에 원망하거나 불평하지 않고 그저 한 절로 지나갈 정도로 이삭은 평강했습니다.

말씀을 맺습니다. 하나님의 뜻에 의지하지 않으면 내 뜻, 내 의지는 주의 일을 방해할 뿐입니다. 이스마엘은 '사라의 여종 애굽인 하갈이 아브라함에게 낳은 아들'이라며 설명부터 장황한데, 이삭은 '아브라함의 아들'이라고만 간단히 표현합니다. 아브라함에게서 세 후손이 났지만 어머니가 누구냐에 따라 약속의 계보와 세상 계보로 갈립니다. 그러므로 온 집안 식구가 이상해도, 아버지가 이상해도 한 사람만 말씀으로 중심 잡으면 우리 집에도 믿음의 후손이 주렁주렁 열릴 것입니다.

택자보다 불택자가 세상에서 더 강성하는 것 같습니다. 그러나 세상을 이끌어 가는 주인공은 소수의 택자입니다. 가정과 나라, 세상의 역사는 택자를 중심으로 돌아갑니다. 이스마엘의 후예들이 아무리 강성해도 그들은 약속에서 제외된, 선택 받지 못한 계보입니다. 하물며 택함 받지 못한 이스마엘에게도 약속을 신실히 지키시는 하나님일진대, 이삭의 후예에게는 얼마나 창대한 복을 주시겠습니까! 그러므로 지금 내가 병에 걸렸다고, 배우자가 바람피우고 자식이 속 썩인다고 너무 절망하지 마세요. 불택자인 형의 대적, 불임의 고통, 자녀 고난 등 그치지 않는 고통 속에서도 하나님만 바랐던 이삭처럼, 우리도 늘 묵상하고, 기도하고, 하나님께 물으며 나아갈 때 내 자녀에게 그치지 않는 복이 임할 줄 믿습니다. 무엇보다 에노스의 복을 보이며 많은 사람을 주께 인도하는 자녀들이 될 줄 믿습니다.

성도는 복의 개념부터 바뀌어야 합니다. 우리는 이 땅에서 부유하고 강성하게 되는 것만 복이라고 생각하지만, 주님은 심령이 가난하고, 온유하며, 주를 위하여 박해를 받는 자에게 복이 있다고 말씀하셨습니다. 이 그치지 않는 복이 나와 우리 자녀들에게 이어지기를 소원합니다. 그치지 않는 복을 받는 여러분 되기를 예수님의 이름으로 축원합니다.

- 묵상하고, 기도하고, 하나님께 묻는 복을 날마다 누리고 있습니까? 문제를 만났을 때 나는 어떻게 대처합니까?
- 며칠 기도하고 하나님이 응답하지 않으신다면서 멈춘 기도는 무엇입니까?

오늘날 가정의 위기는 돈이 없는 것도,
건강을 잃는 것도, 자녀가 없는 것도 아닙니다.
기도가 없는 것이 가장 큰 위기입니다.
기도하는 가정은 어떤 일이 와도 망하지 않습니다.
가장 위기의 순간은 기도를 포기하는 때입니다.
끊임없이 기도하며 하나님의 시간과
나의 시간이 다르다는 것을 배워야 합니다.

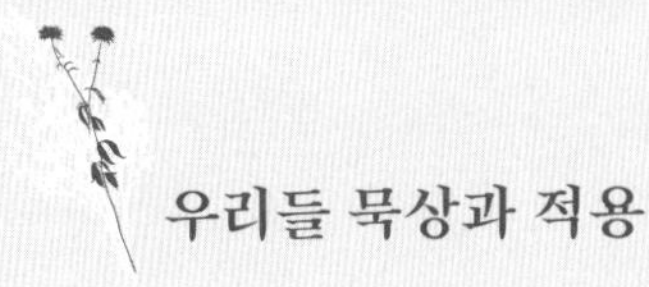

우리들 묵상과 적용

직업군인인 아버지는 전역 후 술과 도박에 빠져 물려받은 재산을 탕진하고 서울로 올라오셨습니다. 저는 그런 아버지를 보며 '나는 절대 술과 도박을 하지 않겠다'고 다짐했습니다. 그러나 사회생활을 시작하고 직장 선배들과 어울려 다니며 저 역시 술과 음란에 빠져 지냈습니다. 결혼 후에도 업무를 핑계 삼아 술과 음란을 즐기자 아내는 제게 별거를 요구했습니다. 그런데도 저는 잘못을 인정하기는커녕 형식적인 사과만 반복하다가 결국 이혼하게 되었습니다.

리브가가 20년간 임신하지 못했던 것처럼(창 25:21), 저는 술과 음란에 허덕이며 영적 불임의 시간을 보냈습니다. 교회에 가도 원망의 기도만 드릴 뿐이었습니다. 이런 저를 안타깝게 여긴 어머니는 저를 위해 눈물로 기도해 주셨습니다. 이에 응답하신 하나님의 은혜로 저는 외삼촌을 통해 지금의 믿는 아내를 만나 재혼할 수 있었습니다. 재혼 후에도 부부싸움은 계속되었지만, 최소한의 순종으로 매주 목장 예배에 참여해 "내가 어찌할꼬" 물었습니다(창 25:22). 그렇게 하나님의 뜻을 알고자 하니 아내를 향한 정죄는 줄어들고 저의 회개는 늘어났습니다.

그러던 중, 다니던 회사의 부채가 불어나 회사 기물을 압류당하는 일이 일어났습니다. 사장님은 "압류 딱지를 떼고 회사 자산을 처분하라"는 지시를 내리셨습니다. 저는 그렇게 하면 사장님이 구속된다는 것을 알았기에 만류했습니다. 하지만 사장님은 나중에 갚으면 된다는 한 직원의 말을 믿고 일을 진행하셨습니다. 사실 저는 더 적극적으로 말릴 수 있었습니다. 하지만 밀린 급여를 받지 못해 경제적 어려움을 겪는 제 사정이 회사와 사장님의 사정보다 더 중요하기에 가만히 따랐습니다. 이렇게 저는 하나님께 택함 받지 못한 이스마엘의 형통을 부러워하며 욕심에 치우친 선택을 했습니다(창 25:16). 하나님이 돌이킬 기회를 주셔도 '내가 옳아'라는 생각과 돈을 최고로 여기는 세상 가치관을 따라 눈에 보이는 강성함만 좇았습니다.

그러자 결국 회사는 부도가 났고 모든 것이 경매로 넘어갔습니다. 이 처참한 현실을 본 저는 그제야 제 죄를 회개하게 되었습니다. 또한 이삭과 같이 연약한 제 모습이, 형통하지 못한 제 인생이 진정한 축복임을 깨달을 수 있었습니다. 이후 하나님은 술, 물질, 자존심, 혈기에 넘어지는 저를 강하게 하시고자 때마다 선택의 기로에 서게 하십니다. 이 훈련을 통해 단련된 저는 현재 술을 권하는 지인들에게 금주를 선포하는 적용을 하고 있습니다. 이제는 어떤 연단의 과정을 거치더라도 말씀을 기준 삼고 하나님께 묻기를 원합니다(창 25:21~22).

영혼의 기도

주님, 끊임없이 기도할 수밖에 없는 환경이 그치지 않는 복을 받는 통로라고 하십니다. 우리의 영적·육적 자녀들이 이 섭리를 잘 깨달아 그치지 않는 복을 받기를 원합니다. 그래서 우리 모두 본향인 천국에서 만나게 되기를 원합니다.

우리 자녀들이 혹여 악인의 형통함을 보면서 기가 죽을까 봐 염려됩니다. 혹여 불임의 고통을 겪으면서도 기도하지 않을까 봐, 갈등과 불화 속에서도 하나님께 어찌할꼬 묻지 않을까 봐 염려됩니다. 이렇게 염려가 되는 것은 부모인 우리가 본을 보여 주지 못했기 때문입니다. 믿는다고 하면서도 십자가 복음이 아닌 성공 복음을 좇고, 팔복이 아닌 세상 복만 바라는 모습만 보였기 때문입니다. 이런 나로 인해 자녀들이 그치지 않는 복을 받지 못할까 봐 두렵습니다. 불쌍히 여겨 주옵소서.

슬픈 일을 보고, 힘든 일을 겪어도 그 고난을 통해 그치지 않는 복을 주시려는 주님의 마음을 깨닫고 감사하기 원합니다. 내 힘으로는 아무것도 할 수 없음을 고백하며 영접하실 하나님만 바라보기 소망합니다.

우리 집안을 예수 믿게 하려고 악인 역할을 맡아 수고하는 부모, 형제자매, 자녀들이 있습니다. 우리가 그들을 위해 드리는 눈물의 기도를 하나님이 다 쌓아 두고 계시는 줄 믿습니다. 내가 죽은 후에라도 부모가 나를 위해 기도해 주었다는 것을 자녀들이 기억하게 하옵소서.

주님을 믿지 않는, 주님께 택함 받지 못한 형제들이 있습니다. 불임의 고통, 형제간에 불화를 겪고 있는 가정이 있습니다. 주님, 그들이 모두 사명을 찾을 수 있도록 도와주옵소서. 그치지 않는 복은 그치지 않는 고통에서 비롯된다는 것을 깨닫고, 후손에게 이런 복의 신비를 전하는 우리가 되도록 인도해 주옵소서. 예수님 이름으로 기도하옵나이다. 아멘.

—

Part

3

택자이기 때문에

09.

택하심

창세기 25:22~34

_______ 하나님 아버지,
하나님의 택한 자가 되어서
예수 그리스도를 믿고 영접하기 원합니다.
말씀하여 주옵소서. 듣겠습니다.

수년 전 어린 동생만 편애한다는 이유로 집에 불을 질러 부모를 살해하고 동생에게 중상을 입힌 20대 청년이 구속되었습니다. 청년의 친어머니는 20여 년 전 재혼하여 남편과의 사이에서 둘째 아들을 낳았습니다. 그런데 이 친어머니와 새아버지가 공부를 잘하는 둘째 아들만 예뻐했다는 겁니다. 청년은 집을 팔아서라도 사업 자금을 대 주겠다던 부모가 자신이 4년 동안 일해서 번 천만 원까지 열세 살 동생의 학원비로 몽땅 써 버렸다는 걸 알고서 이런 엄청난 범죄를 저질렀습니다.

이것이 타락한 인간의 역사입니다. 단지 의붓형제만이 아니라 친형제 사이에도 물고 뜯는 분쟁이 일어납니다. 야곱과 에서가 그랬습니다. 야곱이 도망갔기에 망정이지 형 에서도 동생 야곱을 죽이려고 했습니다. 그러나 콩가루 가정이 따로 없을 만큼 서로 싸워도, 에서가 장자의 명분을 야곱에게 넘겨준 것은 하나님의 섭리였습니다.

에서는 경솔하고 야곱은 간교합니다. 둘 다 연약합니다. 야곱이 잘나서 하나님께 택함 받은 것이 아닙니다. 하나님의 선택에 누구도 이의를 달 수 없습니다. 하나님은 더 연약한 야곱을 택하여 사랑하셨습니다. 본문을 묵상하며 이 '택하심'에 대해 하나님이 무엇이라고 말씀하시는지 살펴보겠습니다.

택하심은 큰 자가 어린 자를 섬기는 것입니다

22 그 아들들이 그의 태 속에서 서로 싸우는지라 그가 이르되 이럴 경우에는 내가 어찌할꼬 하고 가서 여호와께 묻자온대 23 여호와께서 그에게 이르시되 두 국민이 네 태중에 있구나 두 민족이 네 복중에서부터 나누이리라 이 족속이 저 족속보다 강하겠고 큰 자가 어린 자를 섬기리라 하셨더라_창 25:22~23

어렵게 잉태한 자녀들이 태 속에서부터 싸웁니다. 그래서 리브가가 "어찌할꼬" 하나님께 물었더니 "큰 자가 어린 자를 섬기리라" 대답해 주십니다. 이해가 안 됩니다. 지금 하나님이 "내 마음이다" 이러시는 겁니다.

두 국민이 출생 전부터 이미 반목 관계입니다. 앞으로 두 형제가 서로 끊어져 흩어지게 될 것입니다. 한 배에서 나온 형제이지만 아무런 공통점 없이 독자적으로 살며 서로 다른 민족을 이루게 될 것입니다. 근본적인 차이로 영원히 분리되어서 긴장과 불화가 그치지 않을 것입니다. 에서가 강한 자 같아도 "큰 자가 어린 자를 섬기리라"는 말씀대로 동생 야곱이 에서를 지배하게 될 것입니다.

로마서 9장에서 사도 바울은 이 사건을 이렇게 이야기합니다. "그 자식들이 아직 나지도 아니하고 무슨 선이나 악을 행하지 아니한 때에 택하심을 따라 되는 하나님의 뜻이 행위로 말미암지 않고 오직 부르시는 이로 말미암아 서게 하려 하사 리브가에게 이르시되 큰 자가 어린 자를 섬기리라 하셨나니"(롬 9:11~12). 출애굽기에서는 "여호와께서 이르시되 내가 내 모든 선한 것을 네 앞으로 지나가게 하고 여호와의 이름을 네 앞에 선포하리라 나는 은혜 베풀 자에게 은혜를 베풀고 긍휼히 여길 자에게 긍휼을 베푸느니라"고 했습니다(출 33:19). 즉, 선택과 유기는 하나님의 주권이라는 것입니다.

야곱의 혈통에서 그리스도가 나십니다. 하나님은 인간적으로 강하고 큰 자가 아니라 하나님이 기뻐할 자를 택하십니다. 그런데 우리는 기왕이면 장남이 제일 예수 잘 믿고 딸보다는 아들이 잘되기를 바랍니다. 고정관념이 좀체 깨지지 않습니다. 믿음이 있어도 순서에 자유하지 못해서 고난입니다. 대통령은 국민을, 목회자는 성도를 섬겨야 하는데 내가 더 윗자리라고 생각하니까 잘 안 됩니다. 그래서 예수를 믿는 것은 고정관념을 깨뜨리는 것이라고 해도 과언이 아닙니다. 이 세상에서 큰 자는 군림하려 합니다. 내가 강하고 크니까 지배하려고 합니다. 물론 질서에 순종해야 합니다. 그러나 큰 자라고, 윗자리라고 군림하려 해서는 안 됩니다. 윗질서에 순종해야 하지만, 그렇다고 윗사람이 "나를 섬겨라" 해서도 안 된다는 겁니다.

하나님은 늘 약한 자를 쓰십니다. 약한 자를 강하게 하셔서 하나님의 영광을 드러내시는 것이 성경의 주제입니다. 그런데 우리는 반대로 내 배우자, 자녀, 가족에게 육신의 강함이 머물게 해 달라고 얼마나 기도하는지 모릅니다. 좋은 집, 좋은 차, 좋은 학교, 좋은 직장 등등 내 가족이 이 세상에서 좋은 환경만 누리기를 간절히 바랍니다. 이것이 우리 믿음의 현주소입니다.

아브라함에게도 강하고 멋진 아들 이스마엘이 있습니다. 하나님은 아브라함이 갈대아 우르를 떠날 때부터 아들을 주시겠다고 약속하셨습니다. 그런데 기다림이 길어지자 아브라함이 하갈을 통해 이스마엘을 얻습니다. 이 이스마엘이 얼마나 마음에 쏙 들었는지 그 후 13년간 아브라함이 기도했다는 기록이 없습니다. 그러나 아브라함에게는 눈에 넣어도 안 아픈 아들일지 몰라도, 하나님은 "이스마엘은 약속의 자녀가 아니라"고 말씀하셨습니다. 25년 만에 이삭을 주시면서 그가 택한 자라고 말씀하셨습니다. 아브라함이 택한 자를 알아보기까지 25년이 걸렸습니다.

이삭은 더 어렵습니다. 같은 엄마에게서, 같은 시간에 태어난 쌍둥이 자녀인데 형 에서가 아닌 동생 야곱을 택하셨다고 합니다. 심지어 태어나기 전부터 "큰 자가 어린 자를 섬기리라"고 딱 못 박으십니다. 그런데 야곱이 생후 1개월 때 선택을 받았다고 생각해 보세요. "야곱에게 예수 그리스도의 조상이 될 만한 자질이 있었어" 하면서 어떤 이유라도 붙이지 않았을까요? 1개월간의 행위를 가지고서 왜 야곱이 선택 받았는지 피 터지게 분석했을 겁니다. 아무리 믿음으로만 구원을 얻는다고 해도 우리는 이렇게 끊임없이 행위에서 구원의 근거를 찾습니다. "무엇인가 택할 만했을 거야" 하면서 말이죠.

그 해산 기한이 찬즉 태에 쌍둥이가 있었는데_창 25:24

해산 기한이 찼습니다. 이 구절을 직역하면 '그러자 출산을 위한 그녀의 날들이 채워졌다'입니다. 하나님의 때가 채워져 학수고대하던 자녀를 낳았습니다. 그러나 큰 자가 어린 자를 섬겨야 하는 고통이 기다리고 있습니다. 기도하여 얻은 자녀라도 내게 고통을 줄 수 있습니다. 열심히 기도하여 결혼했건만 배우자가, 자녀가, 부모가 고통을 줍니다. 그렇다면 하나님이 보시기에 누가 큰 자이고 누가 어린 자입니까?

25 먼저 나온 자는 붉고 전신이 털옷 같아서 이름을 에서라 하였고 26 후에 나온 아우는 손으로 에서의 발꿈치를 잡았으므로 그 이름을 야곱이라 하였으며 리브가가 그들을 낳을 때에 이삭이 육십 세였더라_창 25:25~26

25절에 '붉고'는 에서의 몸이 보통 아기보다 붉은빛을 띠었다는 것입니다. 다윗의 빼어난 용모를 묘사할 때도 같은 말이 쓰인 것으로 보아, 이것은 아름답다는 의미로 해석할 수 있습니다(삼상 16:12; 17:42). '전신이 털옷 같다'는 것은 아이의 몸에 털이 많아 마치 털옷을 껴입은 사람처럼 보였다는 의미입니다. 그만큼 에서가 남성적이고 정력적이며 난폭하고 거친 기질을 타고났다는 걸 암시합니다.

반면에 야곱은 한 손으로 형의 발꿈치를 잡고 태어났다고 합니다. 야곱이 굉장히 억울했나 봅니다. 한 시간, 하루도 아니고 순간의 차이로 장자의 명분을 내준 동생이 된 것입니다. 그래서인지 에서를 향한 강한 경쟁심을 표출합니다. 형의 발꿈치를 잡은 교활하고 집요한 자입니다.

그런데 야곱과 에서의 출생과 함께 성경은 특별히 이삭의 나이를 언급하고 있습니다. 이것이 무엇을 의미할까요? 에서에 비해 야곱은 별 볼 일 없어 보입니다. 형의 발꿈치를 잡고 나올 정도로 날 때부터 교활합니다. 그러나 그 면모가 어떻든 성경은 이삭이 약속의 자녀 야곱을 낳았다는 것에 중점을 두고 있습니다. 이삭이 40세에 결혼하여 첩도 얻지 않고 20년 만에, 그의 나이 60세에 하나님의 뜻대로 약속의 자녀를 낳았다 이겁니다.

멋진 자녀가 아니라 문제 자녀가 약속의 자녀입니다. 하나님이 공부 잘하는 자녀가 아니라 감옥에 갔다 온 자녀가 약속의 자녀라고 하신다면 여러분은 믿을 수 있겠습니까? 그래서 고난 없이는 이 택하심을 알 수가 없습니다. "큰 자가 어린 자를 섬기리라"는 말씀처럼 택하심은 고난 가운데 있습니다. 이 말씀은 일인자가 이인자를 섬기게 된다는 게 아닙니다. 내가 늘 섬겨야 하는 이인자의 위치라도 약속의 자녀라면 결국 일인자를 지배할 수 있다는 겁니다. 내가 파출부라도 믿는 자라면, 믿지 않는 주인이 아니라 내가 진짜 주인이라는 겁니다.

내가 안 믿는 주인을 섬기더라도 결국 모두 믿는 자의 지배 아래 있다는 것입니다.

- 윗사람이라고, 부모라고, 상사라고 군림하려 하지는 않습니까?
- 약한 자를 쓰시는 하나님의 택하심이 이해됩니까? 하나님의 택하심을 훼방하는 나의 고정관념은 무엇입니까?

택하심을 이해하지 못하는 문제 부모가 있습니다

하나님이 "큰 자가 어린 자를 섬기리라" 하셔도 우리는 이 택하심이 이해되지 않습니다. 우리에게는 큰 자가 큰 자이고, 작은 자가 작은 자이기 때문입니다. 돈이 있는 자가 있는 자이고, 돈이 없는 자는 없는 자이지 거꾸로라니, 이걸 어떻게 이해하겠습니까? 그래서 문제 부모가 생깁니다. 편애의 비극이 시작됩니다.

그 아이들이 장성하매 에서는 익숙한 사냥꾼이었으므로 들사람이 되고 야곱은 조용한 사람이었으므로 장막에 거주하니_창 25:27

이질적인 두 형제가 그 모습 그대로 자라서 자아가 형성됐습니다. 불화의 씨앗을 품고 태어났으니 다툼이 일어나는 것은 당연합니다.

익숙한 사냥꾼이 된 에서는 일명 '들사람'입니다. '사냥' 하면 그와 견줄 자가 없을 정도로 신출귀몰합니다. 지금으로 말하면 건강하고 호탕한 데다 공부까지 잘하는 아들입니다. 이런 에서를 보며 이삭이 얼마나 좋았겠습니까. 큰 자가 어린 자를 섬기리라는 하나님의 말씀은 들었지만, 야곱이 택자라는 것을 알지만 에서가 너무 좋습니다. 아브라함이 이스마엘을 끼고돌았듯 이삭도 털 많고 남자다운 에서만 보면 든든합니다. 하나님의 주권이 야곱을 향해도 나의 자유의지는 에서에게 못이 박힙니다. 듬직하고 성공한 자녀를 어느 부모가 싫어하겠습니까.

사냥을 잘하는 에서는 연장도 잘 다루고, 사람도 잘 다룹니다. 들판을 앞마당 삼아 사냥하면서 항상 피를 보고 생명을 죽이는 일이 업(業)입니다. 오늘날 오대양 육대주를 주름잡으며 기업을 인수·합병하는 기업사냥꾼에 빗댈 수 있을까요. 남의 회사를 무너뜨리고 누군가의 일자리를 빼앗더라도 돈을 척척 벌어 오는 자식에게 애통할 수 있는 부모, 손들어 보십시오.

반면에 야곱은 조용한 사람으로 장막에 거주했다고 합니다. 에서와 비교하면 쪼잔하고 능력 없어 보입니다. 요즘으로 말하면 취직을 못 해서 집에만 있는 자식이라고 할까요? 그러니 이삭은 야곱이 못마땅합니다. 남자답지 못한 녀석이라는 생각이 듭니다. 그러나 단지 사냥에 관심이 없을 뿐이지, 야곱은 장막 안의 생활을 즐거워하며 만족합니다. 각자 부르심이 다른데 우리는 자꾸 비교하며 자녀를 절망시킵니다.

야곱이 무시를 받으며 얼마나 서러웠겠습니까. 저는 야곱을 이해합니다. 제가 공간 지각, 수리 능력이 부족해서 기계를 정말 못 다루거든요. 제가 휴대폰을 다루는 걸 보고 아들, 며느리, 딸이 얼마나 무시하는지 모릅니다. 제가 못하고 싶어 못하겠습니까. 애초에 기계를 잘 다루는 DNA(?)가 없는 겁니다. 반면에 저도 조용해서 장막에 잘 거하고 있잖아요? 그런데도 기계에 서툰 저를 자녀들이 어찌나 무시하는지…… 무시 받을 조건이 아닌데 이삭도 야곱을 무시하는 겁니다. 그러니까 엄마 리브가는 마음이 아픕니다.

> 이삭은 에서가 사냥한 고기를 좋아하므로 그를 사랑하고 리브가는 야곱을 사랑하였더라_창 25:28

부모가 자식을 행위로 판단하면서 각자 취향에 따라 편애하기 시작합니다. 부모의 사랑을 가리켜 내리사랑이라고 하지만, 그것도 실상은 얼마나 자기 유익을 구하는 것인지 모릅니다.

이삭은 에서가 사냥한 고기를 좋아하므로 그를 사랑했다고 합니다. 입속에 먹을 것을 넣어 주니까 좋아했다는 겁니다. 용돈 많이 주는 아들을 최고라고 생각하는 우리네 모습과 똑같습니다. 왜, 명절날 그 아들이 안 오면 아무도 밥을 못 먹지 않습니까.

반면에 리브가는 야곱을 사랑했다고 합니다. 아버지에게 멸시받는 야곱이 애처로웠겠지요. 눈물샘을 자극하는 야곱에게 자연스레 마음이 기웁니다. 그러나 그보다 리브가는 "큰 자가 어린 자를 섬기리라" 하신 하나님의 말씀을 기억한 것 같습니다. 그녀는 하나님이 야곱을 택하셨다는 것을 알았습니다. 물론 이삭도 알았지만 자유의지가 앞섰고, 리브가는 하나님의 주권이 앞섰습니다. 이렇게만 보면 리브가가 옳은 것 같지요? 그러나 결국 그녀도 야곱을 편애했기 때문에 이삭이나 리브가나 똑같습니다.

하나님의 주권과 인간의 자유의지가 충돌하면서 편애가 시작됐습니다. 그러므로 하나님의 주권만 강조해도, 인간의 자유의지만 강조해도 둘 다 이단입니다. 구원만 외치면 구원파가 되고 자유의지만 외치면 자유주의 신학이 됩니다. 성경은 늘 균형을 강조합니다. 좌로도 우로도 치우쳐서는 안 됩니다.

내 욕심을 이루려고 자녀를 끊임없이 판단하는 부모가 얼마나 많은지 모릅니다. 내 눈에 잘난 자녀는 코드가 맞다고 좋아하고, 코드 안 맞는 못난 자녀는 구박합니다. 심지어 "너는 태어나지 말았어야 해. 너는 우리 집안의 저주야" 하면서 폭언을 퍼붓는 부모도 있습니다. 내 속에서 난 내 새끼도 이렇게 차별하는 판에 남이야 오죽하겠습니까. 믿음의 부모라고 예외는 아닙니다. 그러나 좋은 자녀, 나쁜 자녀 없습니다. 역할이 있을 뿐입니다. 다만 에서처럼 세상적으로 잘 갖추면 믿음의 자녀가 되기 어렵다고 성경은 줄기차게 이야기합니다.

한 아동 상담 전문가의 글에서 본 내용입니다. 여러 열등감이 있지만 그중 '나는 부모에게 중요하지 않은 사람, 부모에게 사랑 받을 자격이 없는 사람'이라고 여기는 것이 가장 끔찍한 열등감이라고 합니다. 그런 데다가 편애를 겪고, 경쟁 구도를 만나면 열등감은 더 심해진다고 합니다.

내가 비록 형보다 공부를 못하고 달리기도 못해도 부모에게 특별한 자녀라고 느끼면 자신감이 생기지 않겠습니까? 부모의 사랑을 얻고자 아등바등할 필요가 없어집니다. 그런데 부모가 "형 좀 보고 배워라", "왜 언니만큼 못 하니", "동생의 반만 따라가라" 하면서 자꾸 비교하니까 자녀가 열등감에 시달립니다. 부족한 부분을 만회할 요량으로 경쟁적으로 돌변합니다. 매사 타인의 약점을 찾는 데 혈안이 됩니다. 그 타인이 성장기에는 형제이고, 커서는 친구, 배우자, 자녀가 된다는 겁니다.

예를 들어, 남편이 세차를 했습니다. 아내가 그런 남편을 격려합니다.

"차가 반짝반짝하네. 무엇으로 광택을 냈어요?"

"역시 당신이 우리 동네에서 제일 세차를 잘해!"

둘 다 격려하는 말 같아 보여도 다릅니다. 또 엄마가 설거지를 도운 아들을 칭찬합니다.

"엄마 도와줘서 고마워."

"역시 우리 아들이 제일 착하다니까. 네 이모 자식들은 설거지 한번 안 도와주더라."

역시 둘 다 칭찬 같게 들려도 다릅니다. 후자는 격려를 가장한 비교입니다. 남을 이겨야 한다고 암시합니다. 그래서 도리어 열등감을 조장하고 경쟁심을 부추깁니다.

한 집사님의 나눔입니다. 어느 주일, 중학생 딸이 화장을 짙게 하고 하이힐을 신고 교회에 왔습니다. 솔직히 엄마인 집사님의 눈에도 딸이 참 예쁘더랍니다. 그런데 한 친한 지체가 이 딸을 보고는 이랬다는 겁니다.

"어머, 집사님 딸 임신할 날이 머지않았네!"

자칫 기분 나쁠 수 있는 말인데 집사님은 금세 '옳소이다' 되었답니다. 당시 딸은 학교 선배에게 돈을 가져오라는 협박을 받고 두려워서 열심히 큐티를 했습니다. 그날도 딸은 집사님과 함께 큐티를 했습니다. 딸은 안식일을 거룩히 하라는 예레미야 말씀을 보면서 지난주 예배에 빠진 것을 고백하고 회개했습니다(렘 17:19~27). 집사님은 이때다 싶어 딸에게 안식일을 범하면 안 되는 이유와 왜 이른 나이에 화장을 하면 안 되는지 차근차근 설명해 주었습니다.

"남자들이 짙은 화장을 보고 유혹을 받아서 자칫 네가 의도하지 않은 나쁜 일이 생길 수도 있잖니. 그러니 지금은 학생의 때에 순종하고 화장은 성인이 돼서 하는 게 어떨까?"

집사님의 말을 조용히 듣던 딸은 앞으로는 안식일을 잘 지키고 화장도 하지 않겠다고 약속했습니다. 집사님은 딸의 대답이 기쁘기도 했지만, 그보다 흥분하지 않고 침착하게 말씀으로 권면한 것이 가장 감사하다고 했습니다.

문제없는 가정은 문제 있는 가정이고, 문제 있는 가정은 문제없는 가정입니다. 가정에 문제가 생길 때마다 이렇게 함께 말씀을 묵상하며 하나님께 '묻자와 이르되' 한다면, 아무리 어려운 문제라도 술술 풀리지 않겠습니까.

- 내가 가장 총애하는 자녀는 누구이고, 그 이유는 무엇입니까? 예수 믿는 자녀가 예쁩니까, 용돈 많이 주는 자녀가 예쁩니까?
- 자녀를 대하는 나의 언어는 어떻습니까? 자녀를 말씀으로 권면합니까? 은근히 비교하면서 상처를 주고 경쟁심을 부추기지는 않습니까?

택하심을 얻으려면 장자의 명분을 중히 여겨야 합니다

다른 말로 하면 하늘나라 시민권, 하나님의 선택을 귀히 여기는 자가 하나님께 택하심을 받습니다.

> 29 야곱이 죽을 쑤었더니 에서가 들에서 돌아와서 심히 피곤하여 30 야곱에게 이르되 내가 피곤하니 그 붉은 것을 내가 먹게 하라 한지라 그러므로 에서의 별명은 에돔이더라_창 25:29~30

에서는 먹고 마시는 게 인생의 제일 목적인 호탕한 사람입니다. 정욕과 탐식, 나태함으로 똘똘 뭉쳤습니다.

> 야곱이 이르되 형의 장자의 명분을 오늘 내게 팔라_창 25:31

야곱이 죽을 쑤고 기다립니다. 마침 에서가 몹시 허기진 상태로 사냥에서 돌아오자 야곱이 그 약점을 딱 노리고서 장자의 명분을 팔라고 합니다.

그런데 장자의 명분이 도대체 뭐기에 야곱이 이토록 탐을 낼까요? 고대 중동에서 장자는 아버지의 축복을 받은 자로서 다른 형제들과는 대우가 달랐습니다. 장자권을 가진 자는 가문 재산의 3분의 2를 상속 받았습니다. 만약 형제가 둘인데 동생이 노비 소생이라면 장자가 재산의 100%를 차지했습니다. 또한 가족의 대표자로 아버지를 대신하여 재판권을 행사할 수 있었는데, 당시 사형까지도 선고할 수 있는 권위였다고 합니다. 무엇보다 하나님의 언약과 기업을 계승 받는 영적 지위가 장자에게 주어졌습니다. 특별히 하나님이 이삭에게 주신 축복은 메시아의 기업이 되는 것이었습니다. 이삭의 후손에서 메시아가 오시는 것입니다.

야곱은 이 영육 간 장자권을 갖기를 간절히 바랐습니다. 물론 당시는 야곱이 믿음이 연약할 때라 육적 장자권을 더 사모했겠지요. 어쨌든 야곱이 앉으나 서나 장자권을 사모했다는 게 중요합니다. 그리고 그 결과 생각해 낸 방법이 에서의 배고픔을 이용해 장자권을 빼앗는 것이었습니다. 너무 치졸하지만 그만큼 야곱이 간절했다는 겁니다. 그런데 정작 장자권을 가진 자는 그것이 얼마나 귀한지 모릅니다. 에서는 모든 것이 자기 것이기에 심각하지 않습니다.

에서가 이르되 내가 죽게 되었으니 이 장자의 명분이 내게 무엇이 유익하리요_창 25:32

영적인 것에 도무지 관심이 없는 에서는 "내가 죽게 되었는데 장자의 명분이 무엇이 유익하냐" 합니다. 하나님은 "네가 만일 헛된 것을 버리고 귀한 것을 말하면 너는 나의 입이 될 것이라"고 말씀하셨는데(렘 15:19), 에서는 도리어 귀한 것을 버리고 헛된 말로 응답합니다.

예수 믿으라고 하면 "예수가 밥 먹여 주냐!" 하는 사람이 있습니다. 지금 에서가 꼭 그렇습니다. "내가 죽겠는데 무슨 장자권!" 하면서 탐식 때문에 인생을 망칩니다. 밥 한 번 굶는다고 죽지 않는데 마치 죽음의 문턱까지 간 것처럼 과장하면서 부르짖습니다.

등 따습고 배부른 사람은 매사 심각하지 않습니다. "어떻게든 되겠지" 합니다. 이런 사람이 호탕하고 시원해 보이기도 합니다. 그러나 장자의 명분을 파는 것이 어떻게든 되는 문제입니까? 야곱이 가장 중요한 문제를 제안하고 있는데 에서는 당장에 급한 허기를 해결하느라 돌이킬 수 없는 실패를 합니다.

> 야곱이 이르되 오늘 내게 맹세하라 에서가 맹세하고 장자의 명분을 야곱에게 판지라_창 25:33

하나님은 야곱을 태중에서부터 약속의 자녀 삼으셨습니다. 그런데 야곱이 하나님의 때를 기다리지 못하고 인간적인 술수로 장자권을 따냅니다. 그 결과 그는 20년 동안 험악한 인생을 살았습니다.

야곱처럼 예수 믿으면 축복 받는다는 말만 듣고 열심히 신앙생활 하지만 정작 말씀 적용은 안 되는 크리스천이 참 많습니다. 오히려 비인격적인 방법으로 세상을 살아갑니다. 커닝, 횡령, 탈세 등을 일삼으면서 하나님께 축복을 받았다고 여깁니다. 그래서 하나님을 인격적으로 만나려면 인생에 칼과 기근과 전염병이 임해야 합니다. 야곱도 이 모든 것을 겪었습니다.

기다림과 인내가 따르는 험악한 인생이 우리에게 최고 축복입니다. 그래도 야곱은 죽을 쑤면서 기다렸습니다. 다만 이런 세상적인 참음이 영적인 인내로 바뀌기까지 시간이 걸렸습니다. 반면에 에서는 한 끼 배고픈 것도 못 참습니다. 영적 진실성은 인내로 나타나는데, 에서에게는 인내라는 단어가 애초에 존재하지 않습니다.

> 야곱이 떡과 팥죽을 에서에게 주매 에서가 먹으며 마시고 일어나 갔으니 에서가 장자의 명분을 가볍게 여김이었더라_창 25:34

야곱이 에서에게 떡과 팥죽을 주자 에서가 먹으며, 마시고, 일어나서 갔다고 합니다. 신속하게 먹어 치우고, 먹자마자 자기 곳으로 갔습니다. 에서가 얼마나 눈앞에 물질에만 정신이 빠져 있는지 보여 줍니다. 장자의 명분을 가볍게 여기며 멸시하고 비웃습니다. 장자로 태어나게 하신 이가 하나님이기에, 장자의 명분을 판 것은 곧 하나님을 판 것 아니겠습니까.

히브리서 기자는 이런 에서를 '망령된 자'라고 표현합니다. "음행하는 자와 혹 한 그릇 음식을 위하여 장자의 명분을 판 에서와 같이 망령된 자가 없도록 살피라"(히 12:16). 왜 에서를 망령된 자라고 부를

까요? 그가 하나님의 택하심을 멸시했기 때문입니다.

우리가 그동안 창세기를 묵상하며 보았듯 다른 씨, 즉 의외의 사람이 믿음의 계보를 이어가는 것이 성경의 주제입니다. 아담의 잘난 아들 가인이 아벨을 죽인 후 '한계상황의 불치병'이라는 뜻의 다른 씨 에노스에게서 예수님이 오시지 않았습니까. 그런데 우리가 믿음 없이는 이 선택론을 이해하기가 참 어렵습니다.

한번 스스로 돌아보세요. 내가 병에 걸리거나 자녀가 공부를 못하면 '하나님께 저주를 받았나'라는 생각부터 들지 않습니까? 그러나 그게 아니라는 겁니다. 한계상황의 고난을 통해서 우리를 약속의 조상으로 세우시려는 것이죠. 그러니 고난은 축복의 통로입니다. 그런데 고난이 정말 축복이 되기 위해서는 내 죄에 대한 인식이 필요합니다. 내 죄를 모르고서는 하나님의 택하심을 이해할 수 없습니다. 내가 얼마나 외모로 사람을 차별하는지, 얼마나 문제 부모인지 보여야 합니다. 내가 죄인이라는 것을 깨닫지 못하면 에서처럼 장자의 명분을 가볍게 여기는 망령된 자가 되는 겁니다.

그래서 주님은 힘든 사람을 붙이셔서 우리를 훈련하십니다. 로마서 9장 11~12절에서 야곱과 에서의 택하심에 대해 이야기한 바울은 이어서 이렇게 말합니다.

"성경이 바로에게 이르시되 내가 이 일을 위하여 너를 세웠으니 곧 너로 말미암아 내 능력을 보이고 내 이름이 온 땅에 전파되게 하려 함이라 하셨으니 그런즉 하나님께서 하고자 하시는 자를 긍휼히 여기시고 하고자 하시는 자를 완악하게 하시느니라"(롬 9:17~18).

내가 긍휼히 여김 받아야 할 죄인이라는 걸 깨닫게 하시고자 내 곁에 바로를 붙이셨다고 합니다. 내 죄를 깨달으라고 바로같이 완악한 남편, 아내, 자녀, 상사를 붙이셨다는 겁니다. 내가 좋아서 택한 바로가 나를 힘들게 하니까 비로소 내 죄가 깨달아집니다. 바로가 괴롭혀 주지 않으면 우리는 스스로 죄인이라는 걸 깨닫지 못합니다. 이것이 영적 원리입니다.

고대 애굽은 모든 것을 가지고 누린 최강대국이었습니다. 그런데 그 애굽의 왕 바로를 완악하게 하신 분이 하나님이랍니다. 하나님은 모세에게는 모세의 역할을, 바로에게는 바로의 역할을 주셨습니다. 이왕이면 우리는 바로처럼 몽둥이 역할이 아니라 모세처럼 택함받는 역할이 되어야 하지 않겠습니까. 에서가 아니라 야곱이 되어야 하지 않겠습니까. 밤이 있어야 낮이 얼마나 밝은지 압니다. 마찬가지로 바로가 나를 괴롭힐수록 하나님의 진가를 바로 알 수 있습니다. 그러니 나를 힘들게 하는 사람 때문에 절망하지 마십시오. 어떤 수치를 당해도 우리는 모세의 역할을 잘 감당하면 됩니다.

그런데 부모가 이런 택하심을 모르고 자꾸 차별하니까 자녀가 문제아로 활동하며 속 썩여 주는(?) 겁니다. 무엇이 진짜 자녀를 위하는 것인지조차 모르는, 영적으로 무지한 나를 깨닫게 하시고자 하나님이 힘든 자녀를 붙이셨습니다. 그러니 좋은 자녀, 나쁜 자녀 없습니다. 그저 역할이 있을 뿐입니다. 내가 엇나가는 자녀 때문에 주님 앞에 나아갔다면 그 자녀가 택자입니다. 장애 자녀 때문에 하나님 발아래 엎드러졌다면 그 자녀가 택자입니다. 공부 잘하고 말 잘 듣는 자녀를 붙들고 안타깝게 기도할 부모가 어디 있습니까. 자녀가 힘들게 하니까 엎드려 기도하게 됩니다.

장자권을 가졌다는 것은 하나님의 자녀로서 권세를 누리며 살 권리를 부여 받았다는 의미입니다. 바로 예배드리고, 묵상하고, 기도하고, 교회와 공동체를 사모하고, 말씀이 임하여 은혜를 받을 수 있는 권리입니다. 하나님의 임재를 느끼며 사명 따라 살고, 그런 나를 통해 하나님이 영광 받으시고 하나님 나라가 확장되는 어마어마한 권리입니다. 그러므로 절대로 장자권을 빼앗겨서는 안 됩니다.

나로 하여금 이 영적 장자권을 누리게 하시고자, 내 죄를 깨닫게 하시고자 바로를 붙이셨다니 주의 말씀이 얼마나 오묘합니까! 완악한 바로, 센 바로, 강한 바로, 똑똑한 바로, 권세 있는 바로가 나를 위해 수고하고 있는 겁니다. 내 죄를 모르면 하나님의 택하심을 깨달을 수 없습니다.

우리는 늘 자식 때문에 인생이 힘듭니다. 예레미야 15장에 보면 "유다 왕 히스기야의 아들 므낫세가 예루살렘에 행한 것으로 말미암아 내가 그들을 세계 여러 민족 가운데에 흩으리라"고 하셨습니다(렘 15:4). 히스기야는 이스라엘 최고 성군입니다. 그런데 그 아버지 아하스와 아들 므낫세는 가장 악독한 왕으로 꼽힙니다. 요시야 역시 성군이지만 그 아버지 아몬과 할아버지 므낫세, 세 아들도 악한 왕입니다. 이처럼 악한 왕에게서 성군이 나고, 성군에게서 악한 왕이 나는 걸 보면서 우리는 택하심의 원리를 알아야 합니다. 내 생전에 자녀가 변화되지 않을 수 있다는 것을 인정해야 합니다. 그러나 이 악한 왕들도 예수님의 계보에 올랐습니다. 50년, 100년, 수천 년 후에 예수님이 오셨습니다.

택하심은 옳고 그름의 문제가 아닙니다. 앉으나 서나 장자권을 사모하면서 사는 자가 하늘나라 시민권을 얻습니다. 오히려 힘든 가정의 지체들이 장자권을 얻는 것을 제가 정말 많이 보았습니다. 하나님은 누구도 편애하지 않으십니다. 약할수록 더 택하시고 사랑하십니다. 그러니 내가 자녀를, 타인을 외모로 차별하는 것이 얼마나 크나큰 악입니까. 우리 속에 선한 것이 하나도 없습니다.

지금은 청년이 된 우리들교회의 한 자매가 중학생 때 나눈 간증입니다.

저는 갓난아기일 때 지금의 엄마, 아빠에게 입양되었어요. 제가 초등학교 1학년 때 입양됐다는 사실을 알게 되었어요. 평소 큐티를 열심히 하는 부모님이 말씀을 따라서 제게 솔직히 고백하신 것이에요. 사실 그때는 입양이 무엇인지 잘 몰라서 상처를 받지 않았어요. 그런데 제가 입양되었다고 말하니까 친구들이 너무 놀라는 거예요. 심지어 "네 엄마는 가짜 엄마"라고 놀리는 친구 때문에 상처를 받기도 했어요. 부모님이 이런 상황을 말씀으로 해석해 주셨지만, 친구들이 자꾸 이상하게 보니까 더는 제가 입양되었다는 사실을 이야기하기가 싫었어요.

그런데 청소년부 목사님이 제게 이번 수련회에서 간증을 해 줄 수 있겠냐고 부탁하셨어요. 저는 너무너무 하기 싫은데 엄마는 하나님이 명하신 일이라는 것이에요. 그래서 하나님의 마음이 무엇인지 알고 싶어서 큐티책을 펼쳤어요. 그날 본문은 고린도후서 3장 말씀이었어요. "오늘까지 모세의 글을 읽을 때에 수건이 그 마음을 덮었도다"라는 말씀을 묵상하는데(고후 3:15), 하나님의 말씀을 제대로 알지 못하도록 제 마음을 덮은 수건이 입양 자녀라는 걸 부끄러워하는 모습이라는 생각이 들었어요. 그다음 날은 고린도후서 4장 말씀이었어요. 바울은 "숨은 부끄러움의 일을 버리고 속임으로 행하지 아니하며 하나님의 말씀을 혼잡하게 하지 아니하고 오직 진리를 나타냄으로…… 만일 우리의 복음이 가리었으면 망하는 자들에게 가리어진 것이라…… 어두운 데에 빛이 비치라 말씀하셨던 그 하나님께서 예수 그리스도의 얼굴에 있는 하나님의 영광을 아는 빛을 우리 마음에 비추셨느니라"고 고백해요(고후 4:2~6). 저는 이 말씀을 보면서 입양된 사실을 부끄럽게 여기는 제 마음이 하나님의 말씀을 혼잡하게 하며 복음을 가리고 있다고 또다시 생각했어요.

또 다음 날 본문에서 바울은 자신을 질그릇에 비유하며 질그릇이 깨어져야 그 속에 담긴 보배가 보인다고 말해요(고후 4:7). 금 그릇은 겉은 멋있지만 어떤 압력을 받아도 깨지지 않아서 그 속에 있는 보배를 보이지 못한대요. 저도 질그릇이 아니라 금 그릇이 되고 싶었어요. 입양된 걸 공개적으로 고백하면 친구들이 이상하게 볼까 봐, 깨지기가 싫어서 간증하는 것을 포기하려 했어요. 그러나 질그릇처럼 잘 깨지면 제 속에 있는 보배, 하나님의 복음이 잘 보인대요. 바울에게도 힘든 고난이 많았듯이 제게도 입양됐다는 것이 큰 고난이에요. 그러나 그 고난을 통해 저를 만나 주신 하나님을 간증하며 많은 친구에게 복음을 전하기 원해요. 제 마음에 덮인 수건을 거두어 주신 하나님, 감사해요.

이 자매의 부모님은 우리들교회에서 중직자와 목자로 섬기고 있습니다. 이 가정에는 아들도 있는데 지금까지도 교회를 나오지 않습니다. 친자녀인 아들은 교회 오기를 거부하는데, 입양된 이 딸은 그때부터 지금까지 교회와 말씀을 얼마나 사모하는지 모릅니다. 그러니 택하심이 무엇인지 아시겠습니까? 이 자매가 장자권을 가졌습니다. 물론 진정한 장자권을 얻기까지 앞으로도 힘든 일이 많겠지요. 그러나 입양 자녀라는 고난이 이 자매를 겸손케 할 것입니다. 세상 편견에 흔들리더라도 말씀으로 해석해 주는 부모와 교회 공동체가 곁에 있기에 믿음 안에서 다시 굳건히 설 줄로 믿습니다. 그리하여 입양 자녀라는 같은 상처를 가진 많은 사람에게 약재료를 나누어 주는 자로 쓰임 받을 줄 믿습니다.

말씀을 맺습니다. 하나님의 택하심은 큰 자가 어린 자를 섬기는 것입니다. 이 섭리를 이해하지 못해서 가정마다 문제 부모가 생기고 편애의 비극이 일어납니다. 그러나 하나님은 잘난 자녀가 아니라 장자권을 귀하게 여기는 자녀를 사랑하십니다. 연약하고 부족해도 예수님을 귀하게 여기는 자녀를 택하십니다. 어떤 환경에서도 하늘나라 시민권을 귀하게 여기는 아들과 딸을 택하십니다. 나를 지으신 이는 하나님입니다. 그 하나님의 택하심을 받는 여러분 되기를 축원합니다.

- 나는 예배드리고 기도하고 말씀을 묵상하며 교회 공동체와 교제하는 영적 장자권을 가장 귀하게 여깁니까?

- 나는 무엇에 장자권을 팔고 있습니까? 게으름 때문에 예배드릴 권리를 팔고 있지 않습니까? '말씀이 밥 먹여 주냐' 하면서 큐티는 뒤로한 채 주식, 부동산, 입시 공부, 취업 준비에만 매진하지는 않습니까?

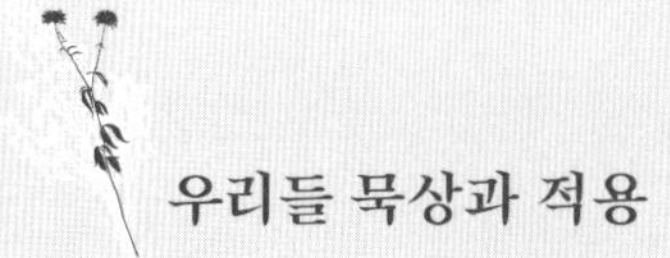

우리들 묵상과 적용

우리 부부는 성경 공부 모임에서 만나 교제를 시작했고, 혼전 임신을 하여 급히 결혼했습니다. 결혼 후 저는 무직인 남편을 대신하여 일하느라 어린 아들을 잘 챙기지 못했습니다.

아들이 중학생일 때 철야예배를 드리던 날, 저는 목사님들과 교회 유치원 앞에 놓인 갓난아기를 발견했습니다. 아기를 안자 알 수 없는 감동이 몰려왔고, 가족의 동의를 받아 아기를 입양했습니다. 그러나 딸이 입양 사실을 알고 충격을 받을까 봐 걱정된 우리 부부는 언제 이 사실을 밝혀야 할지 기도했습니다. 딸이 초등학생이 되던 때, 저는 마리아가 성령으로 아기 예수님을 잉태한 말씀을 묵상했습니다(눅 1:35). 그러자 하나님이 성령님을 통해 딸을 주신 것이라는 확신이 들어 딸에게 입양 사실을 알렸습니다. 딸은 생모를 잃은 슬픔에 마음 아파하며 울었습니다. 저는 딸을 껴안고 “우리가 엄마와 딸로 만난 것은 하나님의 뜻이란다. 엄마가 많이 사랑해”라고 다독였습니다. 이후 중학생이 된 딸은 “우리의 영적 눈을 가린 수건이 그리스도 안에서 벗겨진다”라는 말씀을 묵상하며 하나님의 은혜와 공동체의 사랑이 마음에 충만해져 교회 수련회에서 입양 사실을 나누었습니다(고후 3:14~18). 그 소식은 제게 큰 기쁨이었습니다. 저는 이 일을 계기로 함께 말씀 듣고 기도하는 딸이 바로 야곱과 같은 영적 자녀임을 깨달았습니다(창 25:26).

한편 군 제대 후 열심히 공부한 아들은 대학원에서 전액 장학금을 받고, 교수님들에게 인정받으며 실험 조교로 일하고 있습니다. 그렇기에 겉으로는 완벽해 보이지만, 부모의 충분한 사랑과 인정을 받지 못해 생긴 상처로 하나님을 믿지 않습니다. 심지어 이성 교제를 할 때도 상대방의 종교가 기독교라고 하면 만나려고조차 하지 않습니다. 하나님은 그런 아들을 돌이키시고자 나이는 어려도 영적으로 더 큰 자인 동생을 섬겨야 하는 고통을 허락하셨지만(창 25:23), 아들은 여전히 세상에 속해 하나님을 불신합니다.

그런데 하루는 창세기 말씀을 묵상한 딸이 "오빠가 예수님 믿고 영적 장자의 명분을 이어 가면 좋겠어요"라고 나누었습니다(창 25:33~34). 이 말을 들으니 야곱을 더 사랑한 리브가처럼(창 25:28), 딸만 신경 쓰느라 아들을 돌보지 못한 제가 문제 부모임이 깨달아졌습니다. 또한 아들을 위해 힘써 기도하지 않은 죄를 회개하게 되었습니다. 이제라도 하나님의 주권을 따르며, 아들의 모든 안위를 주께 맡기고 구원을 위해 기도하기 원합니다. 딸을 편애하며 아들에게 충분한 사랑을 주지 못한 저의 죄를 보게 하신 하나님, 사랑합니다.

영혼의 기도

주님, 하나님의 택하심은 '큰 자가 어린 자를 섬기는 것'이라고 하십니다. 그러나 우리는 세상에서 큰 자가 되어 날마다 큰소리를 치고 싶습니다. 내 자녀도 외모로, 성격으로, 능력으로 비교하고 차별합니다. 그러니 정말 문제아는 없고 문제 부모만 있다는 말에 "옳소이다"가 나옵니다. 주여, 문제 부모인 우리를 용서해 주옵소서.

우리는 구원의 축복을 받고 싶다고 말하면서도 하늘나라의 장자권보다 이 세상의 장자권을 얻기만 바랍니다. 그래서 무엇이 더 중요한지 분별하지 못합니다. 그저 큰 자가 되지 못하는 게 슬프고 고난뿐인 인생이 고달프게 느껴집니다. 자녀들을 행위로 비교하고, 하나님이 연약한 자녀를 쓰신다고 하셔도 내 기준으로 옳고 그름을 판단하여 왜냐고 따져 묻습니다. 선한 것 하나 없는 우리를 불쌍히 여겨 주옵소서.

하나님, 히스기야와 요시야 같은 성군에게 악한 아버지와 자녀들을 허락하신 것을 보았습니다. 히스기야와 요시야가 자녀들을 위해 당연히 기도하지 않았겠습니까? 하나님이 그 기도를 들으시고 딱 맞는 택자를 허락하신 줄로 믿습니다. 그러므로 도저히 감당이 안 되는 식구들도 주께서 붙여 주신 택자임을 믿고 감사하게 하옵소서.

히스기야와 요시야를 통해 예수 그리스도가 오셨습니다. 우리가 믿고 기도하는 것이 쌓여서 우리도 예수 그리스도의 후손 되게 하실 줄로 믿습니다. 우리 자녀들을 통해 예수 그리스도의 후손이 올 것을 믿습니다. 주님, 다 택해 주옵소서. 이 땅에서 수많은 고난을 겪으며 험악한 인생을 살게 되더라도 말씀과 기도로 살아 내고, 택한 자로서 자리매김하는 우리가 되도록 함께해 주옵소서. 예수님 이름으로 기도하옵나이다. 아멘.

10.

택자의 연약함

창세기 26:1~11

________하나님 아버지,
주님의 택하심을 받은 우리가 아무리 연약해도
하나님이 이끌어 가신다고 합니다.
말씀하여 주옵소서. 듣겠습니다.

우리들교회의 한 집사님 부부가 새벽 3시가 다 되도록 아들이 귀가하지 않자 걱정스러운 마음에 아들이 공부하는 독서실로 찾아갔습니다. 그 시각 아들은 독서실 옥상에서 친구들과 이야기를 나누고 내려오던 참이었습니다. 무사한 아들을 보고 안도한 것도 잠시, 아들에게서 진한 담배 냄새가 풍겨 왔습니다.

"너, 담배 피웠니?"

아들은 꼼짝없이 걸렸다는 생각에 순순히 실토했습니다. 담배 냄새를 가리려고 커피도 마시고 파스도 붙였다는 겁니다.

고등학생인 이 아들은 우리들교회 중등부 회장 출신입니다. 아내 집사님은 공동체에서 이 사건을 나누며, 만일 들은 말씀이 없었다면 다른 아이와 비교하며 아들을 잡는 엄마가 되었을 것이라고 고백했습니다. 그러나 그 순간, 집사님은 자신의 죄가 보였답니다. '내가 아들에게 본이 되지 못해서 이런 일이 왔구나!' 또 한편으로는 '내 형제의 자녀 중에는 이런 아이가 없는데, 교회에 제일 열심히 다니는 우리 집 아들이 왜 이러나…… 하늘이 놀랄 일이다' 하는 생각도 들었습니다. 이 집사님 내외는 교회에서 중직자로 섬기고 있고, 아들도 교회를 열심히 다닙니다. 그런데 이런 일이 일어난 것입니다.

본문에서 이삭도 연약해서 죄를 짓습니다. 아버지의 실수를 보며 타산지석 삼았다면 좋았을 텐데 늦둥이 이삭은 아브라함 생애에 어떤 일이 있었는지 잘 알지 못했습니다. 그래서 직접 느끼고 체험하고 만지면서 깨달아야 했습니다.

세상은 완악하고 택자는 연약합니다. 성경은 택자들의 실수를 숨기지 않고 오히려 낱낱이 보여 줍니다. 노아는 술 취했고, 아브라함은 첩을 얻었고, 이삭과 리브가는 자녀를 편애했습니다. 그러나 하나님은 우리가 실수해도 실패하지 않게 하십니다. 우리가 실수해도 우리의 모든 연약한 가족이 구원의 복을 받아야 한다는 것이 성경의 주제입니다. 택자인 이삭이 어떤 실수를 하고, 얼마나 연약했는지 본문을 통해서 살펴보겠습니다.

이삭은 흉년에 하나님을 의지하지 않고 피난 갔습니다

아브라함 때에 첫 흉년이 들었더니 그 땅에 또 흉년이 들매 이삭이 그랄로 가서 블레셋 왕 아비멜렉에게 이르렀더니_창 26:1

약속의 땅도 기근이 듭니다. 이 세상 어디에도 풍년만 계속되는 땅은 없습니다. 나라님도 흉년은 못 막습니다. 가나안의 흉년은 구조적인 문제였습니다. 가나안 땅은 대부분 사막이나 아열대 지역으로 건기와 우기가 뚜렷이 나뉩니다. 건기인 5월부터 9월은 해가 일찍 뜨고 갑자기 더워지고, 지역에 따라서 몇 주일, 몇 달이고 비가 내리지 않는 곳도 있습니다. 게다가 아라비아 사막에서 뜨거운 동풍이 불어오면 여지없이 기근이나 가뭄으로 몸살을 앓아야 합니다.

성경은 특별히 아브라함 때에 첫 흉년이 들었다고 언급합니다. 여기서 '첫 흉년'은 문자 그대로 첫 번째라는 뜻이 아니라 다른 흉년보다도 굉장히 절박하고 힘들었던 때라는 의미입니다. 그때 아브라함이 애굽으로 피난을 갔습니다(창 12장). 그리고 그로부터 약 75년 후인 지금, 브엘라해로이에 흉년이 들자 이삭도 블레셋의 그랄로 피난을 갑니다. 그랄은 유명한 곡창지대였기에 기근이 일어나면 많은 사람이 모여드는 도시였습니다. 지난 20장 1절에서 헤브론, 마므레 상수리 수풀에 거하던 아브라함도 기근을 피해 남쪽으로 남쪽으로 내려가던 중에 이 그랄에 '거류했다'고 했습니다.

특별히 절박하고 힘들었던 흉년에서도 하나님이 살려 주셨는데 아브라함 부자는 매번 흉년만 오면 피합니다. 이상하게 기근만 들면 아브라함도, 이삭도 기도했다는 소리가 없습니다. 애굽으로, 그랄로 피난 가서 사람의 도움을 먼저 구합니다. 우리에게 가뭄의 고통을 겪게 하시는 것은 하나님을 찾으라는 뜻입니다. 그러므로 고통을 피하기보다 그런 환경을 허락하신 하나님을 바라보며 이유를 물어야 하는데 아브라함도, 이삭도 도망부터 갑니다.

브엘라해로이에서 이삭은 리브가를 기다리며 묵상했습니다(창 24:63). 또한 아버지 아브라함이 죽은 후 맞은편에 대치한 형제를 보면서 기도했을 것입니다(창 25:18). 자녀를 위해서도 기도했습니다(창 25:21~22). 그런데 다른 고난에서는 열심히 기도하던 이삭이 흉년의 고난에서는 기도하지 않고 헐떡거리며 약속의 땅을 떠납니다. 블레셋 그랄로 가서는 아비멜렉 왕을 찾아갑니다. '아비멜렉'은 애굽의 바로처럼 블레셋 왕을 부르는 공식 명칭입니다. 본문의 아비멜렉은 아브라함을 선대한 아비멜렉이 아니라 그 후계자로 추정됩니다. 이삭이 아버지 때 일을 기억하고서 자신도 선대해 줄까 해서 찾아간 것이죠. 그러나 그랄은 경유지로, 이삭의 최종 목적지도 애굽이었습니다(창 26:2).

이처럼 집집마다 해결하지 못하는 구조적인 흉년이 있습니다. 술, 음란, 여러 중독, 나태함 등등 대를 이어 같은 문제로 넘어집니다. 아버지가 도박하면 아들도 도박을 합니다. "이 문제는 해결 못 해", "우리 집은 이것만은 못 고쳐" 하면서, 어떤 문제만 생기면 그 아빠에 그 아들, 그 엄마에 그 딸입니다.

우리 인생에 영원한 풍년은 없습니다. 이 세상 무엇도 우리에게 완전한 평화를 가져다주지는 못합니다. 사도 바울도 "피조물이 다 이제까지 함께 탄식하며 함께 고통을 겪고 있는 것을 우리가 아느니라"고 했습니다(롬 8:22). 세상이 주는 안락함은 일시적입니다. 결코 영원하지 않습니다. 그래서 성경은 영적 가나안인 천국에만 소망을 두라고 끊임없이 이야기합니다. 날마다 영적 전쟁을 치르면서 한 걸음씩 나아가는 것밖에, 달리 피할 땅이 없습니다. 예레미야 선지자도 "우리가 평강을 바라나 좋은 것이 없으며 고침을 입을 때를 바라나 놀라움뿐이로다"라고 했습니다(렘 8:15). 아무리 내 꾀로 사람의 도움을 받으러 가도 하나님을 의지하지 않는다면, 어디로 피하든지 좋은 것이 없고 놀랄 일뿐입니다.

우리들교회에 남편의 외도로 힘들어하는 A집사님이 있습니다. 이분이 명절날 시댁을 방문했다가 시어머니에게 면박을 당했답니다. 아래는 목장보고서에 올라온 A집사님의 나눔입니다.

> 오랜만에 만난 시어머니가 저를 보고는 대뜸 이러시는 거예요.
>
> "얘, 너 정신과 약을 먹더니 얼굴이 이상해졌다."
>
> 저는 너무 억울해서 속으로 아우성쳤어요.
>
> '어머니, 약 때문이 아니라 어머니 아들이 바람피워서 그런 거예요!'
>
> 저는 이대로는 정신병자로 몰릴 것 같아서 정신과를 찾아 진단서를 떼 달라고 했어요. '남편의 외도로 인한 불안, 우울, 불면증'이라 적힌 진단서를 3장 받아서는, 한 장은 집 안 냉장고에 붙여 두고 한 장은 시댁으로, 한 장은 시누이네로 보냈죠.
>
> 남편의 외도를 알게 된 후로 저는 제가 할 수 있는 모든 수로 분노를 표출해 왔어요. 내연녀의 아이를 해코지하는 것 빼고는 정말 다 해 본 것 같아요. 그러나 이런 제 행동을 악(惡)이라고 인정하고 싶지 않았어요. 하나님이 악이라고 말씀하시니까 '악인가 보다' 할 뿐이었어요. 복

수, 시기, 질투 등 모든 헛된 것을 버리고 귀한 것을 말하라고 하나님이 말씀을 통해 끊임없이 알려 주셔도(렘 15:19), 늘 스스로 답을 정해 두고 하나님께 묻는 척만 했어요.
그런데 정신을 차리고 보니 외도하는 남편이나 그런 남편을 용서하지 못하는 저나 하나님 앞에서는 도토리 키 재기 같다는 생각이 들어요. 힘들어하는 자녀들은 나 몰라라 한 채 내 감정에만 휩싸여 있는 제 악을 보게 된 것이에요. 제가 남편을 용서해야 자녀들도 살아날 텐데, 말씀을 보는 시간에만 잠깐 평안하고 나머지 시간은 여전히 지옥을 살고 있어요.

A집사님의 이야기를 들은 목자님은 이렇게 처방했습니다.

바람피운 남편보다 하나님을 의지하지 않고 하나님을 대신해서 내가 무엇을 해 보겠다는 집사님의 죄와 악이 더 큰 것, 아세요? 그것이 바로 '하나님은 없다' 하는 교만입니다. 집사님이 그러시면 남편이 감동을 받겠어요? 집사님을 보고 남편이 감동을 받아서 말씀을 듣고 예수 믿게 되는 게 하나님의 방법이에요!

몇 년 전 부산에 집회를 인도하러 갔을 때 한 분과 식사하며 이야기를 나누었습니다. 그분 집에는 시어머니가 세 명 계셨답니다. 자기 시어머니가 본부인이고, 그 아래로 첩을 두 명이나 둔 겁니다.

그런데 본부인인 시어머니가 얼마나 인내를 잘 하셨는지 하루는 이런 일도 있었답니다. 시아버지가 셋째 부인을 들이자 둘째 부인이 잔뜩 화가 나서는 이 첫째 형님에게 찾아왔습니다. "남편이 어떻게 이럴 수 있냐, 내가 어떻게 해야 하냐"면서 성토를 해 댔죠. 그런데 시어머니의 한마디에 이 둘째 부인이 아무 말도 못 하고 돌아갔다는 겁니다.

"자네를 볼 때 내 심정이 딱 그랬네."

두 부인은 시아버지가 돌아가시자마자 떠났는데 조강지처인 시어머니는 끝까지 참고 견디며 가정을 지켰습니다. 그래서 가족 모두가 그분을 존경하고 사랑한답니다. 또 하나님이 축복하셔서 그 후손들이 영적·육적 복을 많이 받았답니다.

이 시어머니에 대한 재밌는 일화가 하나 더 있습니다. 시어머니가 평소 커피를 안 드셨는데 예수님을 믿은 후부터는 자주 드시더랍니다. 누가 "어머니, 왜 안 드시던 커피를 드세요?" 묻자, 시어머니의 대답이 걸작이었습니다.

"교회에 가면 거(그) 피로 속죄함 얻었네, 거(그) 피로 속죄함 얻었네 하지 않니? 내가 거피로 속죄함을 얻었는데 어떻게 이걸 안 마시겠니!"

경상도 사람들은 '그'를 '거'로 발음합니다. 이분에게 이렇게 순전한 마음이 있으니까 하나님이 인내할 힘을 주신 줄 믿습니다. 그러니 학벌과 재물, 명예나 스펙이 아무 소용없습니다. 오직 인내하는 사람이 모든 것을 얻습니다. 사라가 인내하므로 그 후손이 큰 복을 받지 않았습니까.

- 우리 집에 대대로 흐르는 구조적인 흉년은 무엇입니까? 바람피운 아버지를 미워하면서 나도 음란에 빠져 있지는 않습니까?
- 흉년의 때에 나는 어디로 피하고 있습니까? 하나님을 의지하지 않고 내 힘으로 강구하는 방법은 무엇입니까?

연약해도 택자에게는 하나님이 음성을 들려주십니다

여호와께서 이삭에게 나타나 이르시되 애굽으로 내려가지 말고 내가 네게 지시하는 땅에 거주하라_창 26:2

아브라함에게 임하셨던 하나님이 이삭에게도 나타나십니다. 이삭이 연약해도 하나님이 음성을 들려주십니다. 언약을 재확인시켜 주십니다. 우리도 이렇게 하나님의 말씀이 들려야 합니다.

가지 말아야 할 애굽이지만 아브라함은 가게 두시고, 훗날 야곱에게는 그곳에 이주해 살도록 허락하셨습니다. 그런데 이삭에게는 아예 "내려가지 말라"고 말씀하십니다. 차별하신 게 아니라 각자 수준과 상황에 맞게 처방하신 것입니다. 아브라함은 당대 신앙이기에 가서 당하고 깨지면서 배워야 했습니다. 아무리 가지 말라 해도 아브라함은 갈 것이니까요. 애굽에 갔다가 혼쭐나고, 전쟁을 치르고, 첩을 얻고…… 이런 여러 시행착오를 겪으면서 아브라함의 신앙이 다져졌습니다.

그러나 이삭은 아브라함처럼 당하면서 배우게 하지 않으십니다. 이런 사람도 있어야지요. 당대 신앙으로 갖은 고난을 겪으면서 쓰임 받는 사람이 있고, 그런 부모의 결론으로 안온하게 신앙생활 하는 사람도 있고, 야곱처럼 3대손에 이르자 주님이 다시 곤고함을 주셔서 뜨겁게 신앙생활 하는 사람도 있습니다. 각자 수준에 맞게 하나님의 섭리를 이어 가십니다.

"내려가지 말라"는 말씀을 원어로 보면 하나님이 다소 부드러운 표현으로 금지하신 것을 알 수 있습니다. 애굽으로 내려가는 것은 영적으로도 내려가는 것입니다. 반대로 예루살렘에 갈 때는 '올라간다'라는 표현을 주로 씁니다. 지리적으로는 실제 내려가는 길일지라도 성경은 '올라간다'라고 표현합니다. 영적인 의미가 담긴 것입니다. 즉, "애굽으로 내려가지 말라"는 말씀은 세상 사람들처럼 넓고 편한 길을 가려 하지 말고, 좁고 협착해도 믿음의 길을 가라는 하나님의 간곡한 명령입니다.

> 이 땅에 거류하면 내가 너와 함께 있어 네게 복을 주고 내가 이 모든 땅을 너와 네 자손에게 주리라…… _창 26:3a

2절에 '내가 네게 지시하는 땅'은 아브라함에게 주신 약속의 땅 가나안 전체를 말합니다. 또 그 땅에서 "거주하라"는 말씀은 '브엘세바에서 영구히 살라'는 의미입니다. 천국은 우리가 영원히 살 곳입니다. 반면에 3절에 이 땅에 "거류하라"는 말씀은 '잠시 머물라'는 뜻입니다. 블레셋 주민이 사는 그랄에서는 영원히 거주해서는 안 됩니다. 육적으로는 풍요해도 하나님이 임재하지 않으시는 곳은 오래 머물면 안 됩니다. 이 모든 말씀은 선택이 아닌 명령입니다.

> 3b ……내가 네 아버지 아브라함에게 맹세한 것을 이루어 4 네 자손을 하늘의 별과 같이 번성하게 하며 이 모든 땅을 네 자손에게 주리니 네 자손으로 말미암아 천하 만민이 복을 받으리라_창 26:3b~4

주님은 아브라함 생전에 맹세하신 언약을 이삭에게 상기시키십니다. 이것은 '내가' 아브라함에게 맹세한 것, 즉 하나님 스스로 하신 맹세입니다. 아브라함에게 그럴 만한 조건이 있어서 약속해 주신 것이 아닙니다.

지난 22장에서 아브라함이 이삭을 번제로 드리려 했을 때 하나님은 "내가 네게 큰 복을 주고 네 씨가 크게 번성하여 하늘의 별과 같고 바닷가의 모래와 같게 하리니 네 씨가 그 대적의 성문을 차지하리라 또 네 씨로 말미암아 천하 만민이 복을 받으리라"고 약속하셨습니다(창 22:17~18). 그리고 지금 그 아브라함의 씨인 이삭에게 그 약속을 다시 보증하십니다. 이삭이 받은 언약은 더 큰 것이고 더 큰 성취입니다.

아브라함과 야곱에 비하면 이삭은 참 연약합니다. 위대한 아버지 아브라함과 훌륭한 아들 야곱 사이에 낀 샌드위치 처지입니다. 성경 분량만 보아도 창세기 12장에서 25장까지는 아브라함, 28장부터 마지막까지는 야곱의 이야기입니다. 이삭 이야기는 26장에서 27장, 딱 두 장입니다. 연약하고 비실비실하고, 특출난 것도 선한 것도 별로 없는 이삭인데 하나님이 태중에서부터 그를 택하셨습니다. 이삭에게 주신 약속의 내용도 정말 대단합니다.

"네 아버지 아브라함에게 맹세한 것을 이루어 네 자손을 번성하게 하고 모든 땅을 네 자손에게 주리라, 네 자손으로 말미암아 천하 만민이 복을 받으리라."

택자는 하나님이 전적으로 함께하시는 인생임을 보여 주는 것이 이삭의 역할입니다. 비록 한 일 없어도 택자이기에 주님이 복을 주시는 것을 보이는 역할로 쓰였습니다.

구원의 내용은 죄인을 의인 되게 해 주시는 것만이 아닙니다. 하나님은 택자에게 현실적인 복도 반드시 주십니다. 이 땅에서 하나님 나라의 축복을 맛보아야 천국을 사모하지 않겠습니까. 내가 죄인에서 의인의 반열로 올라갔다면 반드시 현실적인 복도 주십니다. 내가 아직 죄인에서 의인으로 바뀌지 않았기 때문에 복을 받지 못하는 것입니다. 내 신분이 바뀌었다면 나의 필요도 점진적으로 채워 주십니다.

그러므로 성경을 통해 위로만 받으려 해서는 안 됩니다. "모든 성경은 하나님의 감동으로 된 것으로 교훈과 책망과 바르게 함과 의로 교육하기에 유익하니 이는 하나님의 사람으로 온전하게 하며 모든 선한 일을 행할 능력을 갖추게 하려 함이라"고 했습니다(딤후 3:16~17). 성경이 주시는 책망을 잘 받는 자는 하나님의 사람으로 온전케 됩니다. 그래서 하나님도 이삭을 책망하십니다. "너 블레셋 그랄로 갔니? 애굽으로 가지 마, 네가 가지 않으면 복을 줄게!" 하시면서 그를 온전한 길로 인도하고 복에 복을 약속하십니다.

여러분은 어떤 애굽으로 향하고 있습니까? 하나님의 말씀이 여러분의 애굽행을 포기시켜 주기를 바랍니다. 힘들어도 말씀을 따라 약속의 땅에 거하는 나의 적용이 온 가족을 살릴 줄 믿습니다.

- 내가 힘들어도 거주해야 할 약속의 땅은 어디(무엇)입니까? 내가 말씀에 순종하여 지켜야 할 자리는 어디입니까? 내 뜻대로 떠났다가 영적으로 침체된 일은 무엇입니까?
- 나는 성경이 주시는 책망을 잘 듣고, 받습니까?

이삭에게는 해결할 수 없는 죽음의 두려움이 있었습니다

이삭이 그랄에 거주하였더니_창 26:6

일단은 이삭이 순종합니다. 그러나 그랄에서 영원히 거주해서는 안 됩니다. 같은 가나안 땅이라도 묵상하는 공동체가 있는 브엘라해로이가 있고, 무찔러야 할 그랄이 있습니다. 그랄은 블레셋 사람의 땅입니다. 블레셋은 택함 받지 못한 함의 자손으로, 여호와를 두려워하는 듯 보여도 결코 믿지는 않는 사람들입니다. 그러므로 그 땅을 정복하든지, 아직 때가 아니라면 떠나든지 해야 합니다. 오래 머물러서는 안 됩니다.

그런데 그랄이 워낙 곡창지대이다 보니 떠나기가 쉽지 않습니다. 돌아가면 무서운 기근이 기다리고 있는데 발길이 쉬이 떨어지겠습니까. '이곳도 가나안인데', '여기도 교회인데' 하면서 부유한 그랄에 머물고 싶었을 겁니다. 그렇게 지체하다가 결국 죄를 짓고 맙니다.

> 그곳 사람들이 그의 아내에 대하여 물으매 그가 말하기를 그는 내 누이라 하였으니 리브가는 보기에 아리따우므로 그곳 백성이 리브가로 말미암아 자기를 죽일까 하여 그는 내 아내라 하기를 두려워함이었더라_창 26:7

따지고 보면 리브가는 아브라함 조카의 딸이니까 이삭에게 누이인 것은 맞습니다. 그러나 이것이 틀린 말은 아니라도 얼마나 위선적인 말입니까. 그 아버지에 그 아들입니다. 그래서 부모가 삶으로 보이는 게 중요합니다. 하나님이 약속을 상기시켜 주셔도 이도 저도 아닌 회색지대 그랄에 머물고 있으니까 안 해도 될 거짓말을 하게 됩니다.

하나님이 가장 싫어하시는 것 중 하나가 거짓말입니다. 그런데 아브라함에 이어 이삭도 거짓말을 합니다. 또한 사라를 데려갔을 때 아브라함이 기도했다는 말이 없는 것처럼 이삭도 리브가를 위해 기도했다는 기록이 없습니다.

'그곳 백성이 리브가로 말미암아 자기를 죽일까 두려워했다'는 것도 그렇습니다. 하나님이 언약을 재확인까지 시켜 주셨는데, 죽음의 문제 앞에 두려워서 덜덜 떱니다. 자신의 안전을 위해서라면 리브가는 희생시켜도 된다고 생각합니다. 이삭이 이렇게 연약합니다.

한 집사님의 나눔입니다. 이 집사님의 남편이 부부싸움을 하고서 집을 나갔다가 돌아왔습니다. 이후 남편은 가출 당시 이야기를 집사님에게 털어놓았습니다. 무작정 집을 나온 남편은 너무 괴로운 나머지 죽을 결심을 했습니다. 그래서 농약을 사려고 시도했다가 실패했답니다. 또 배에서 뛰어내리려 했는데 당시 한 고등학생 실종 사건으로 세상이 떠들썩하던 때라 난간마다 안전요원이 지키고 있더랍니다. 그다음엔 설악산에 가서 어슬렁거렸더니 이를 이상하게 본 안전요원이 "얼른 내려가라" 해서 또 실패했습니다. 몇 차례나 죽으려 시도했지만 실패로 돌아갔습니다.

그런데 남편의 고백을 듣던 집사님의 마음 한편에 이런 생각이 들더랍니다. '죽으려면 한적한 곳에서 죽지 왜 사람 많은 곳에서 죽으려는 거야.' '얼마나 힘들었으면 그랬을까'라는 안타까움은 조금도 없었습니다. 집사님은 이런 자신의 모습을 보면서 "내 안에 잠재된 악이 얼마나 많은지 소름이 끼쳤다"고 했습니다. 눈물로 고백하는 남편을 품어 주지 못하는 자신이 절망스러웠습니다. '우리 집에서 가장 아픈 사람은 나라고 생각했는데 남편도 많이 아팠구나' 깨달아졌답니다. 이 남편이 죽지 못한 것은 죽음이 두렵기 때문이고, 죽기 쉽지 않았던 것은 택자이기 때문입니다. 택자는 자살할 수 없습니다.

이삭이 거기 오래 거주하였더니 이삭이 그 아내 리브가를 껴안은 것을 블레셋 왕 아비멜렉이 창으로 내다본지라_창 26:8

영원히 속일 수는 없습니다. 이삭이 그랄에 오래 거주하다가 딱 들통이 났습니다. '오래 거주했다'는 것은 이삭이 그랄에서의 생활에 나름 만족했다는 뜻입니다. 이제는 리브가를 아내라고 해도 되는데, 이삭이 자기 생각이 많아서 굳이 밝히지 않은 것 같습니다. 그렇게 내 생각대로 하기를 잘했다 여길 즈음, 블레셋 왕 아비멜렉이 이삭과 리브가가 동침하는 걸 딱 봅니다. '내다보았다'라는 말은 원어로 '주시했다'라는 의미입니다. 이처럼 택한 사람은 어디를 가든지 자세히 지켜보는 사람이 있습니다. 의로운 아비멜렉이 너무 놀랐습니다. '이삭이 어떻게 그럴 수 있을까?'

하나님은 모든 사람의 거짓말에 일일이 간섭하지 않으십니다. 악인의 형통에는 간섭하지 않으십니다. 악인은 그저 심판하실 뿐입니다. 그러나 하나님의 일에는 간섭하십니다. 택자의 연약함에는 간섭하십니다. 그래서 드러나는 것이 축복입니다.

이삭이 리브가와 동침하기는 좋아하면서 리브가를 아내라고 말하기는 싫어합니다. 너무 연약합니다. 가만 보면 결혼하기는 싫어하면서 동침하기만 좋아하는 남녀가 있습니다. 그들도 이삭처럼 연약해서 그렇습니다.

이에 아비멜렉이 이삭을 불러 이르되 그가 분명히 네 아내거늘 어찌 네 누이라 하였느냐 이삭이 그에게 대답하되 내 생각에 그로 말미암아 내가 죽게 될까 두려워하였음이로라_창 26:9

아비멜렉이 "네가 어찌하여 아내를 누이라 했느냐?" 묻자 이삭이 "내 생각에 리브가로 말미암아 내가 죽게 될까 두려웠다"고 대답합니다. "내 생각에" 그랬다는 겁니다. 이삭은 자기 생각이 많습니다.

아비멜렉이 이르되 네가 어찌 우리에게 이렇게 행하였느냐 백성 중 하나가 네 아내와 동침할 뻔하였도다 네가 죄를 우리에게 입혔으리라_창 26:10

아무리 이삭이 두려워서 거짓말했다지만, 거짓말은 나 한 사람에서만 끝나는 죄가 아닙니다. 모두를 죄짓게 합니다. 그러니 자꾸 숨기고 감추지 마십시오.

구체적으로 적용해 보면 "이 이야기는 남에게 절대 하지 마"라는 말로 모두를 죄짓게 하지 마세요. 여러분도 이런 말을 입버릇처럼 하지는 않습니까? 이 말의 빈도수에 따라 내 믿음의 정도가 드러나는 줄 아십시오. 선의의 거짓말도 삼가야 하는데, 입만 열면 "이 이야기는 누구한테도 하지 마" 하면 됩니까? 그러면 정말 안 하나요? "○○이가 이 말은 하지 말라고 했어"라는 말까지 달아서 전할 겁니다.

믿는 이삭 한 사람의 거짓말 때문에 안 믿는 그랄 사람, 아비멜렉까지 죄짓게 할 뻔했습니다. 택자인 이삭이 이렇게 형편없습니다. 기근이 오니까 그랄로 딱 도망가고, 하나님이 약속을 상기시켜 주셔도 그랄에 거하면서 리브가를 팔아먹습니다.

- 내가 합리화하면서 머물러 있는 회색지대는 어디입니까? 온라인 예배만 드리면서 '이것도 예배니까'라며 합리화하지는 않습니까?
- 나는 어떤 거짓말을 자주 합니까? "이 이야기는 남한테 절대로 하면 안 돼"라는 말을 얼마나 합니까?

그럼에도 불구하고, 연약한 택자인 우리를 끝까지 끌고 가십니다

4 네 자손을 하늘의 별과 같이 번성하게 하며 이 모든 땅을 네 자손에게 주리니 네 자손으로 말미암아 천하 만민이 복을 받으리라 5 이는 아브라함이 내 말을 순종하고 내 명령과 내 계명과 내 율례와 내 법도를 지켰음이라 하시니라_창 26:4~5

하나님이 이삭에게 언약을 상기시키시는 본문을 다시 보겠습니다. 아브라함에게 언약하신 큰 복을 이삭에게도 약속하시면서 하나님이 뭐라고 말씀하십니까? "아브라함이 내게 순종하고 내 명령과 율례와 법도를 지켰다", "아브라함이 전인격적으로 내게 무릎 꿇었다!" 말씀하십니다. 우리는 아브라함이 얼마나 연약하고 치졸했는지 잘 압니다. 아브라함이 잘나서 순종했습니까? 하나님이 순종하도록 이끌어 주셨습니다. 우리도 그렇습니다. 내 생각에는 인생길마다 죽을까 두렵지만 하나님께서 이끌어 주십니다. 말씀에 순종하고, 주의 명령과 계명, 율례와 법도를 지키도록 하나님이 끌고 가십니다.

> 아비멜렉이 이에 모든 백성에게 명하여 이르되 이 사람이나 그의 아내를 범하는 자는 죽이리라 하였더라_창 26:11

아브라함 때 그랬듯 하나님은 또다시 아비멜렉을 통로로 사용하여 이삭을 지켜 주십니다. 아비멜렉에게는 선대 왕에게 하나님이 현몽하여 "네가 데려간 이 여인으로 말미암아 네가 죽으리라" 경고하셨던 고통스러운 기억이 있습니다(창 20:3). 그때도 죄는 아브라함이 짓고 훌륭한 아비멜렉 덕분에 살았습니다. 지금도 죄는 이삭이 짓고 아비멜렉 덕에 삽니다. 대를 이어서 아브라함 가문은 죄짓고, 아비멜렉 가문은 자비를 베풉니다. 그러니 세상이 기독교를 칭찬하겠습니까?

그래서 구원은 행위로 받는 것이 아니라고 성경은 늘 깨우쳐 줍니다. 택자를 향한 하나님의 관심은 끝이 없습니다. 주무시지도, 졸지도 않고 지키시는 사랑입니다. 하나님은 우리에게 탁월한 아비멜렉이 아니라 실수한 이삭을 보여 주십니다. 행위나 도덕, 윤리가 아니라 오직 믿음으로 구원을 얻는다고 알려 주십니다. 오직 믿음으로만 하나님의 자녀가 될 수 있다고 말씀하십니다.

도덕적인 사람만 교회에 옵니까? 성도의 잣대는 도덕과 윤리가 아닙니다. 교회는 죄 많고, 힘들고, 환난당하고, 빚지고, 원통한 자가 모이는 곳입니다. 그래서 성경도 치졸한 사람들을 자신 있게 내놓습니다. 아무리 실수해도 하나님께는 내 자식인 겁니다. 이삭도 그렇습니다. 그에게 무슨 공로가 있습니까. 이삭이 순종해서가 아니라 아버지 아브라함이 순종해서 복을 준다고 하지 않으셨습니까? 그래서 믿음의 부모가 정말 중요합니다.

그런데 왜 아비멜렉이 아니라 아브라함과 이삭이 택자일까요? 내 자식이 아비멜렉처럼 훌륭하고 올바르다고 칩시다. 그런데 늘 부모 눈치를 보고 긴장하면서 자유함이 없습니다. 그러면 자식이 아무리 잘났어도 부모 마음이 얼마나 아프겠습니까. 실수하고 별짓 다 해도 내 자녀니까 사랑의 대상입니다. 아브라함과 이삭은 자기가 잘못해 놓고 '배 째라' 합니다. 그래도 하나님이 알아서 해 주십니다. 자녀들이 실수하고 배 째라 한다고 부모가 내쫓습니까? 훌륭한 자녀보다 연약한 자녀에게 더 마음이 갑니다.

훌륭한 아비멜렉은 하나님을 두려워만 할 뿐 하나님의 사랑은 알지 못합니다. "리브가 건드렸다가는 혼나!"라는 경고만 잘 듣지, '아버지' 하나님은 모릅니다. 반면에 이삭은 정말 치졸합니다. 아브라함을 이어 흉년에 넘어지고, 그랄에 머무르고, 리브가는 아내가 아니라고 거짓말합니다. 그런데도 하나님이 그때마다 가슴 아파하며 일으켜 주십니다. 순종했다고 여겨 주십니다. 정말 어머니와 같은 사랑, 목이 메는 사랑입니다. 결코 행위로 판단하지 않으십니다.

그러므로 우리도 지체들을 행위로 판단해서는 안 됩니다. 죄를 고백한 지체를 손가락질하지 마세요. 그러면 불택자의 길로 가는 겁니다. 세상에는 아비멜렉처럼 훌륭한 사람들이 많은지 몰라도, 교회는 죄인들의 공동체입니다. "내 죄가 네 죄보다 크다"고 고백하는 곳이 교회입니다. 그런데 교회에서 "나 같은 죄인 살리신~" 찬양은 하면서, 평생 죄 이야기는 안 하면 되겠습니까?

서두에 언급한 집사님은 고등학생 아들이 담배를 피워서 놀랐지만 자기 죄를 보았다고 했습니다. 무슨 죄를 보았을까요?

이 아들이 중3 때 불신자인 여자 친구를 깊이 사귀다가 불행 중 다행으로 차였습니다. 그런데 그즈음 집사님의 남편이 몇 년 전 회사 여직원과 은밀한 문자메시지를 주고받은 것을 목장예배에서 고백했습니다. 이미 지나간 일이고, 그저 문자만 주고받은 것이지만 집사님의 마음은 무너졌습니다. 집사님은 이 일을 아들에게 하소연했습니다. 너무 힘드니까 아들을 붙들고 "나 힘들다, 도와 달라" 넋두리를 한 것이죠. 그러자 시련의 아픔으로 힘들어하던 아들이 "엄마 마음 다 안다" 하면서 공감해 주었습니다. 그 자리에서 모자가 부둥켜안고 울었답니다. 그러나 집사님은 아들을 타박하기만 했습니다. 오히려 "네가 중등부 회장인데 어떻게 불신교제를 할 수 있느냐"면서 다그치고 믿음 없는 아이로 취급했습니다. 그때부터 아들이 겉돌면서 세상으로 눈을 돌리게 되었답니다.

집사님이 먼저 죄를 깨닫고 돌이켜야 아들도 돌이킬 텐데 그러지 못했습니다. 집사님은 여전히 남편의 죄 고백이 받아들여지지 않아서 지옥을 살았습니다. 그러자 하루는 아들이 이러더랍니다. "엄마, 아빠가 목자면 뭐 해! 믿는다는 엄마가 용서 못 해서 이렇게 생난리를 치는데……." 미움에 몸부림치는 엄마를 보며 '믿음이 무슨 소용인가' 한 겁니다. 그런데 이번 담배 사건으로 남편 집사님이 아들에게 먼저 죄를 고백하며 용서를 구했습니다.

"나도 나이 마흔에 예수님을 믿기 시작해서 담배를 끊는 것이 너무 힘들었어. 아빠가 본이 안 돼서 네가 그러는 것 같다. 미안하다. 하지만 나도 예수 믿고서 담배 끊었으니까 너도 끊었으면 좋겠다."

그러자 아들이 "담배를 끊을 수 있게 기도해 달라"고 했답니다. 이분들도 연약하지만 하나님을 의지하고 가기에 소망이 있다고 생각합니다.

우리는 다 연약합니다. 부모도 연약하고, 자녀도 연약합니다. 예수 믿어도 연약하고, 목자여도 교구장이어도, 목사여도 연약합니다. 그러나 내가 연약하다고 고백하기만 하면 하나님이 이끌어 주실 줄 믿습니다.

예레미야 14장에서 예레미야는 가나안 땅에 임할 극심한 가뭄을 예고합니다.

"귀인들은 자기 사환들을 보내어 물을 얻으려 하였으나 그들이 우물에 갔어도 물을 얻지 못하여 빈 그릇으로 돌아오니 부끄럽고 근심하여 그들의 머리를 가리며. 땅에 비가 없어 지면이 갈라지니 밭 가는 자가 부끄러워서 그의 머리를 가리는도다. 들의 암사슴은 새끼를 낳아도 풀이 없으므로 내버리며. 들 나귀들은 벗은 산 위에 서서 승냥

이같이 헐떡이며 풀이 없으므로 눈이 흐려지는도다"(렘 14:3~6).

약속의 땅에 기근이 오는 것은 하나님이 심판하셨기 때문입니다. 그런데 비가 없어서 지면이 갈라지는데 왜 밭 가는 자가 부끄러워합니까? 우리는 사업하다 망해도 부끄럽고, 자녀가 공부를 못해도 부끄럽습니다. 가뭄을 만나면 부끄러워하고 헐떡이는 게 세상의 특징입니다. 배우자가, 자녀가, 집안이 내가 원하는 수준에 안 차면 "부끄럽다"가 주제가입니다. 전부 자존심 때문입니다. 그러므로 내가 부끄러운 것은 죄의 문제, 믿음의 문제입니다.

말씀이 들리는 사람은 어떤 흉년을 만나도 내 죄를 보는데, 말씀이 안 들리는 사람은 흉년이 오면 정신이 아득해져서는 부끄러워 말도 못 합니다. 그러다 문제가 해결되면 가슴을 쓸어내리면서 아무 일 없었다는 듯 지나갑니다. 하나님이 해결해 주셨으니 이제 복음을 전하라고 해도 "됐어요" 합니다. 그러니 또다시 인생에 흉년이 들 수밖에 없습니다.

말씀을 맺습니다. 약속의 땅에도 기근이 옵니다. 이 세상에 영원한 풍년은 없습니다. 흉년을 피해 여러분은 어떤 애굽으로 도망가고 있습니까? 말씀을 듣고 애굽행에서 유턴하고 있습니까? 기근의 땅이라도 하나님이 함께하시기에 머물러야 할 브엘라해로이는 어디입니까? 고난은 위장된 축복이라고 했습니다. 주 안에 머물면 어떤 고난도 복의 근원이 됩니다. 바울 한 사람이 고난 받음으로써 천하 만민이 복음을 영접하지 않았습니까? 내가 어떤 흉년에서도 인내하며 예수를 붙들 때 그런 나로 인해 천하 만민이 복을 받게 될 것입니다. 우리가 그런 신분이 되었습니다.

택자여도 연약합니다. 이삭도 얼마나 연약합니까. 그러나 우리의 어떠함으로 구원 받는 게 아닙니다. 구원의 근거는 오직 하나님께 있습니다. 연약하고 치졸해도 택자는 하나님이 끌고 가십니다. 때마다 약속을 상기시키시면서 우리를 이끌어 주십니다. 아무리 큰 흉년이 들어도 하나님은 약속하신 것을 반드시 이루십니다. 그러므로 이 약속을 신뢰하며 나아가기 바랍니다.

- 있는 모습 그대로 하나님께 나아가고 있습니까? 죄짓고 넘어졌다고 부끄러워서 숨어 버리지는 않았습니까? 내가 연약해도 끝까지 이끌어 주실 하나님을 신뢰합니까?

우리들 묵상과 적용

모태신앙인인 저는 아버지의 사업 부도로 물질 고난을 겪으며 하나님을 인격적으로 만났습니다. 이후 교회에서 열심히 봉사했지만, 성공 가치관을 좇아 의대생 남자 친구와 불신결혼했습니다. 결혼하면서 하나님을 떠난 저는 가정을 우상 삼았습니다. 시댁에서 제사를 지내고자 제례를 드리는 것이 가능한 천주교로 개종하고 심지어 시아버지 장례 제사에서 제가 상여를 메고 곡을 하기도 했습니다.

그러던 어느 날, 도저히 내 힘으로 해결할 수 없는 흉년이 찾아왔습니다(창 26:1). 시어머니가 사채를 쓰신 것이 10억이 넘는 채무가 되어 돌아온 것입니다. 게다가 남편이 시어머니의 빚보증을 서서 빚과 채무는 점점 더 늘어났습니다. 이 모든 일은 저 모르게 벌어진 것이었습니다. 이뿐만 아니라 제 눈을 피해 외도하던 남편은 이혼을 요구하며 집을 나가 버렸습니다.

그제야 저는 다시 하나님을 찾았지만, 회개하는 마음보다 시댁과 남편을 정죄하는 마음이 컸습니다. 제게 닥친 흉년의 사건을 해석할 수 없었고, 시댁 식구들이 원망스럽기만 했습니다. 하나님을 의지하지 않고 회색지대인 그랄에 거주한 이삭처럼(창 26:6), '이혼하면 이혼녀로서 수치 받지 않을까, 딸이 상처 받지 않을까' 하는 두려움에 거하며 우울해했습니다. 갈수록 두려움에 짓눌린 저는 리브가를 누이라고 속인 이삭처럼(창 26:7), 의사 남편과 화목하게 사는 척 연기했습니다. 제 실상을 알게 된 친구들과는 연락을 끊었습니다. 이렇게 거짓된 삶을 살던 저는 결국 별거 7년 만에 이혼했습니다.

그럼에도 하나님이 연약한 택자인 이삭을 포기하지 않으신 것처럼 고난을 통해 제 연약함과 죄를 드러내시며 저를 건져 주셨습니다. 회사 운영이 힘들어지고, 어머니가 간암 투병 끝에 소천하신 사건을 통해 스스로 삶의 주인이라고 생각한 죄를 처절히 회개하게 하신 것입니다. 이후 저는 전남편과 딸의 단절된 관계 회복과 구원을 돕는 것이 제 사명임을 깨닫고 최선을 다하고 있습니다. 이렇게 내 생각을 내려놓고 하나님의 뜻을 따르니 주님은 물질적으로 돕는 손길을 허락해 주셨습니다. 또한 연약해도 내 행위가 아닌 하나님의 약속을 근거로 믿음의 유산을 물려주는 부모가 되어야 한다고 알려 주셨습니다. 이삭이 하나님의 말씀을 듣고 '그 땅'에 머문 것을 순종으로 보시고 여호와께서 복을 주신 것처럼(창 26:12), 저도 말씀에 순종함으로 마침내 '하나님을 나타내는 부모'로 살아 내길 원합니다.

영혼의 기도

주님, 하나님의 택한 자녀에게도 기근이 온다는 것을 알았습니다. 이 땅에 영원한 풍년이 없다고 하시는데도, 내 힘으로 풍년을 이루고자 애굽으로 도망가고 싶은 유혹에 끊임없이 빠집니다. 하나님이 말씀으로 약속을 상기시켜 주심에도 욕심 때문에 거짓말로 둘러댑니다. 죽음의 문제가 해결되지 않아서, 두려워서 주가 싫어하시는 거짓말을 합니다. 악하고 연약한 우리를 불쌍히 여겨 주옵소서.

치졸한 아브라함과 이삭을 하나님의 자녀라는 이유로 끝까지 사랑으로 끌고 가신 것을 보았습니다. 우리는 너무나 연약해서 하나님 앞에 나아갈 수가 없습니다. 하나님 앞에 내놓을 것이 아무것도 없습니다. 그런데 주님은 때마다 "네가 잘나서 데려가는 것이 아니다"라고 말씀하시며 오직 사랑으로 끌고 가 주십니다. 이 크신 사랑 앞에 절로 목이 메입니다. 우리를 붙들어 주옵소서.

흉년 가운데 있는 가족과 지체들을 위해 기도합니다. 배우자 흉년, 자식 흉년이 들어 힘들어하는 이들이 많습니다. 흉년의 때에 지시하는 땅에 거하라고 하셨는데, 잘나서 애굽으로 내려가는 자녀들이 있습니다. 그러나 우리가 이렇게 부족해도 하나님께서 택하셨기에 끝까지 끌고 가실 줄 믿습니다. 주여, 끝까지 이끌어 주옵소서.

하나님 앞에 눈물 흘리고 기도하는 것밖에는 우리가 할 수 있는 것이 없습니다. 하나님의 택한 자녀인 우리의 연약함을 불쌍히 여겨 주옵소서. 우리 집안을 끝까지 인도해 주옵소서. 각종 흉년 가운데 모든 식구의 기도에 응답하시어 일시적인 풍년도 허락해 주시길 간구합니다. 영원한 풍년이신 예수 그리스도를 아는 지혜를 허락해 주옵소서. 그리하여 본향인 천국에 입성하는 진정한 풍년을 이루도록 은혜를 내려 주옵소서. 예수님 이름으로 기도하옵나이다. 아멘.

11.

여호와께서 복을 주시므로

창세기 26:12~22

________ 하나님 아버지,
연약한 택자에게 복을 주겠다고 말씀하십니다.
그 복이 무엇인지 알아 우리도 받기 원합니다.
말씀하여 주옵소서. 듣겠습니다.

성경은 택한 자의 약점을 그대로 보여 줍니다. "이는 내가 약한 그때에 강함이라"는 말씀처럼 하나님은 우리의 약점을 통해 일하시기 때문입니다(고후 12:10). 부모님이나 배우자, 자녀 등 그 누가 아니라 '여호와께서' 복을 주시기에 택한 자는 연약해도 염려할 것이 없습니다. 하나님이 연약한 택자인 이삭에게, 우리에게 어떤 복을 주시는지 본문을 통해서 살펴보겠습니다.

그 땅에서 백 배의 육적 복을 허락하십니다

12 이삭이 그 땅에서 농사하여 그해에 백 배나 얻었고 여호와께서 복을 주시므로 13 그 사람이 창대하고 왕성하여 마침내 거부가 되어 14 양과 소가 떼를 이루고 종이 심히 많으므로 블레셋 사람이 그를 시기하여_창 26:12~14

이삭은 흉년이 들자마자 하나님을 등지고 애굽으로 가려고 했습니다. 그러나 하나님이 붙드셔서 그 땅(그랄)에 머물렀습니다. 그 땅에 오래 머물면서 죄도 지었습니다. 아내인 리브가를 누이라고 속였다가 창피를 당했습니다. 그런데 하나님은 이상하게 그런 이삭을 야단치지 않으시고 오히려 그에게 재물을 주십니다. 아브라함이 바로에게 아내 사라를 누이라고 거짓말했을 때도 하나님은 아브라함에게 가축과 은금이 풍부하게 하셨습니다. 아비멜렉에게 같은 거짓말을 또다시 했어도 아브라함에게 많은 재물을 허락하셨습니다. 왜 그러셨을까요?

당시는 남편들이 아내를 누이라고 속여서 목숨을 부지하는 일이 관행처럼 이루어졌던 것 같습니다. 그런 사회 분위기 속에서 혼자 정직히 사는 것이 더 어렵지 않았을까요? 그래서 이방인 앞에 하나님의 명예를 나타내시고자 아브라함이나 이삭에게 책임을 묻지 않으셨다고 생각합니다.

저는 친정도, 시댁도 제사를 지내지 않아서 그 어려움을 잘 모릅니다. 그런데 양가 모두 제사 지내는 집은 제사를 폐하기가 얼마나 어렵겠습니까. 우리 집은 예수를 믿어도 집안 관행에 따라 어쩔 수 없이 제사를 지내야 합니다. 하나님은 이런 사람들을 특별히 불쌍히 여겨 주시는 것 같습니다. 그래서 세상 관행 아래 살고 있는 이삭을 불쌍히 여기시고 흉년이 든 그해에 백 배나 얻게 하신 것입니다.

여호와께서 복을 주시므로 이삭이 창대하고 왕성하여 거부가 되었다고 합니다. 약하고 치졸한 나를 오히려 창대하고 왕성하게 하시는 하나님입니다. 도망갈 곳 하나 없이 수치의 끝을 달리고 있을 그때 하나님이 찾아오십니다. 재물이 복의 전부는 아니지만, 물질을 통해 하나님의 복이 나타날 수도 있다는 것을 보여 주십니다.

24장 1절에서 아브라함이 범사에 복을 받았고, 아브라함이 죽은 후에 이삭이 복을 받았고(창 25:11), 본문에서 또다시 이삭이 복을 받습니다. 하나님이 약속하신 복이 세 번째 실현됩니다. 하나님은 가장 연약한 이삭에게 두 번이나 복을 내리십니다. 이삭이 연약해도 '그 땅'에 붙어 있었더니 실수해도 거부가 되게 하셨습니다. 말씀에 순종하여 애굽에 가지 않았더니 복을 내려 주십니다. 이처럼 우리가 형편없어도 예수께 붙어만 있으면 복을 받습니다. 그래서 아무리 죄를 지었어도 교회와 공동체를 떠나서는 안 됩니다. 그 자리에 그대로 있어야 합니다.

물론 이삭이 가만히 앉아 거부가 된 건 아닙니다. 특별히 흉년의 때였으니 이삭도 물을 있는 대로 길어다 나르면서 평소보다 더 열심히 농사지었을 것입니다. 그러나 하나님이 알맞은 햇빛과 비를 허락하지 않으시면 말짱 헛수고입니다. 그러니 내가 수고했다 말할 수 없는 겁니다. 내가 아무리 열심히 살아도 하나님이 은혜를 베풀어 주지 않으시면 결코 열매 맺을 수 없습니다.

'거부'라면 저는 한 사람이 떠오릅니다. 바로 일본전산(日本電産)의 회장 나가모리 시게노부(永守重信)입니다. 그의 성공 신화를 엮은 『일본전산 이야기』는 단숨에 베스트셀러에 올랐고, 삼성경제연구소는 CEO가 반드시 읽어야 할 책으로 꼽기도 했습니다.

초창기 일본전산은 보잘것없는 작은 회사였습니다. 나가모리 회장은 어떻게 하면 회사를 성장시킬 수 있을까 고민했습니다. 그러던 중 "군 생활을 해 보니 밥을 빨리 먹고, 목욕을 빨리하고, 용변도 빨리 보는 사람이 일도 잘하더라"는 한 장인의 말에 그는 눈이 번쩍 뜨였습니다. 그래서 실제로 1978년 신입사원 공채 시험에 '밥 빨리 먹기'를 평가 항목에 넣었습니다. 160명의 응시자 중 서류·면접 과정을 통과한 절반에게 도시락을 나누어 주고 빨리 먹은 순서대로 33명을 뽑았습니다.

시험에 떨어진 사람들은 "무슨 이런 시험이 있느냐"고 욕을 하고, 지역 신문들도 한심한 회사라며 야유하는 보도를 냈습니다. 그러나 나가모리 회장은 밥 빨리 먹기 시험이야말로 어느 채용 시험보다도 효과 만점이었다고 말합니다. 이외에도 그는 화장실 청소하기, 큰 소리로 말하기, 오래달리기 등 남이 보면 괴상하다고 할 만한 채용 시험을 이어 갔습니다. 이 일본전산에서 세계적인 발명이 나왔는데 바로 그때 밥 빨리 먹고 목소리 커서 뽑힌 사람들이 그 발명자라는 겁니다. 나가모리 회장의 경영 전략은 능력이 출중한 인재보다는 평범한 사람들을 뽑아서 전력을 기울이게 하는 것입니다. 능력의 개인차는 아무리 커도 다섯 배를 넘지 않지만 의식의 차이는 백 배의 격차를 보인다는 것이 나가모리 회장의 지론입니다.

이처럼 전력을 다해 살면 세상에서도 백 배의 복을 받을 수 있습니다. 그러나 단지 예수 믿으면 물질의 복을 받는다는 걸 보여 주시려고 이삭에게 백 배의 복을 허락하신 것이 아닙니다. 택한 자는 세상 성공이 목적인 사람이 아니기 때문입니다.

- 약하고 치졸한 나를 하나님이 오히려 창대하고 왕성하게 하신 일이 있습니까?
- 하나님이 은혜 베푸신 것인데 내가 했다고 착각하는 일은 무엇입니까?

참된 복인 영적 복을 주십니다

연약한 이삭이 아비멜렉의 보호를 받아 그 땅에서 창대하게 되었습니다. 그런데 그 부유함 때문에 이삭이 추방당합니다. 저는 이것이 하나님만 바라게 하시려는 공평한 양육 방법이라고 생각합니다. 하나님은 우리에게 영적 복을 주시고자 다툼과 전쟁을 허락하십니다. 하나님이 어떻게 영적 복을 주시는지 네 가지로 살펴보겠습니다.

첫째, 절박한 문제로 공격 받게 하십니다.

하나님의 은혜로 이삭이 창대하고 왕성하게 되었습니다. 그런데 우리는 창대하게 된 이유가 나에게 있는 줄 알고 자꾸 그 자리에 안주하려고 합니다. 그러면 영적 복을 받을 수 없습니다. 그래서 주님은 시기를 당하게 하십니다.

> 14 양과 소가 떼를 이루고 종이 심히 많으므로 블레셋 사람이 그를 시기하여 15 그 아버지 아브라함 때에 그 아버지의 종들이 판 모든 우물을 막고 흙으로 메웠더라_창 26:14~15

지난 21장에서 아비멜렉의 종들이 아브라함의 우물을 빼앗으려 하자 아브라함이 아비멜렉에게 값을 지불하고서 우물 판 증거를 삼았습니다(창 21:25~31). 아브라함이 죽었으니 이제 이삭이 그 우물의 소유주입니다. 그런데 블레셋 사람이 이삭을 시기하므로 그의 우물을 메워 버렸다고 합니다. 사막을 여행해 본 사람이라면 우물이 얼마나 중요한지 잘 알 것입니다. 사막에서 물은 곧 생명입니다.

우간다에서 사역하시는 선교사님의 말에 의하면, 우간다에 우물 하나를 파려면 한화로 약 1,700만 원이 든다고 합니다. 그곳 최고 의사가 받는 봉급이 20만 원인 것을 감안하면 가히 천문학적인 금액이라고 할 수 있습니다. 그래도 물이 있어야 가난과 질병이 해결되기에, 이 선교사님이 우물을 파기 시작했다는 겁니다. 이전에는 제대로 된 관개시설 하나 없어 주민들이 구정물을 마시며 각종 질병에 시달렸는데, 우물 하나가 생기자 대부분 건강해졌답니다. 이후 200가구가 우물 근처로 이사를 왔습니다. 이사 오는 조건은 단 하나, 이슬람교가 아닌 기독교를 믿는 것이었습니다. 그런데도 200가구나 모였다고 하니 우간다에서는 우물 파기가 정말 중요한 프로젝트입니다.

마찬가지로 이삭에게 우물은 죽느냐 사느냐의 문제였습니다. '막고 메웠더라'는 말은 우물을 파면 메우고, 다시 파면 또 메우고 반복했다는 겁니다. 내가 살려고 우물을 파는데 내 옆에 누군가가 자꾸 메웁니다. 내가 살려고 성경 보고 예배 가는데 옆에 식구가 자꾸 방해합니다. 절박한 문제로 자꾸 공격하는 겁니다.

그러나 둘째, 내가 감당할 만하기에 공격하는 것입니다.

이삭은 이미 백 배의 부를 갖추었습니다. 여유가 있습니다. 그래서 주님도 이삭이 공격 받도록 두시는 겁니다. 이삭이 연약할 때는 무조건 도와주셨지만 강성해지자 '너, 한번 싸워 봐라' 하십니다. 주님은 아무 때나 힘든 일을 주지 않으십니다. 우리가 감당할 만할 때 주십니다.

> 아비멜렉이 이삭에게 이르되 네가 우리보다 크게 강성한즉 우리를 떠나라_창 26:16

선왕(先王) 아비멜렉은 아브라함이 사라를 누이라 속였어도 우물을 파도록 허락했습니다. 아브라함의 우물을 빼앗지 않기로 맹세까지 했습니다. 반면에 아들 아비멜렉은 이삭이 강성해지자 약속을 파기하고 "떠나라" 명합니다. 그래서 사람은 믿음의 대상이 아닙니다. 사람은 오직 사랑해야 할 대상입니다.

한 집사님의 남편이 평생 믿었던 친구에게 회사를 부탁하고 세상을 떠났다고 합니다. 그런데 남편이 죽자마자 그 친구가 재산을 다 삼키고서 껍데기 회사와 빚만 남겨 주었다는 겁니다. 그러나 속상해 할 것 없습니다. 남편이 분별을 못 한 것입니다. 있어야 할 일입니다.

우리를 강하게 하는 것은 오직 복음, 말씀입니다. 그래서 복음을 전하며 말씀으로 양육하는 것이 최고의 사랑입니다. 자녀에게도 어려서부터 복음을 나누어 주어야 자녀가 성장해서 주님과 동행하지 않겠습니까. 내 속에 복음이 있는데 무엇이 두렵겠습니까. 복음이 확실한 사람은 아프리카를 간들, 어디를 간들 전도도 잘합니다. 공격을 받으면 받을수록 더 열심히 전도합니다.

> 이삭이 그곳을 떠나 그랄 골짜기에 장막을 치고 거기 거류하며 _창 26:17

'거류한다'는 것은 어떤 곳에 임시로 머무는 걸 말합니다. 부자에게는 '거류한다'라는 표현을 잘 쓰지 않습니다. 이 땅에서 잘 먹고 잘 사는데 왜 여기저기 옮겨 다니겠습니까. 그러나 어느 노래 가사처럼 성도의 인생은 나그넷길입니다. 이 땅에 잠시 머물렀다 가는 인생입니다. 강한 사람은 나그네 인생길을 기쁘게 갑니다.

그런데 아무리 나그네 인생이라도 '말씀'에 순종해서 떠나야 합니다. 주식이 망해서 이사 가고, 이혼해서 이사 가면 자녀가 상처를 받습니다. 반면에 빚 갚는 적용으로 이사 가고, 선교하느라 이사 가고, 말씀이 그리워 교회 가까운 곳으로 이사 가면 100번을 이사 다녀도 부모나 자녀나 상처 받지 않습니다. 오히려 더 강성해집니다. 이삭도 강성하니까 떠나가라 하십니다.

> 그 아버지 아브라함 때에 팠던 우물들을 다시 팠으니 이는 아브라함이 죽은 후에 블레셋 사람이 그 우물들을 메웠음이라 이삭이 그 우물들의 이름을 그의 아버지가 부르던 이름으로 불렀더라_창 26:18

아브라함이 죽은 후에 블레셋 사람이 아브라함의 우물들을 메웠습니다. 계약을 어긴 것은 블레셋 사람들입니다. 그러나 이삭이 아버지의 우물들을 다시 팝니다. 그리고 그 우물들의 이름을 그의 아버지가 부르던 이름으로 불렀다고 합니다. 이는 "이 우물들은 내 아버지의 소유다. 너희가 우리를 추방하는 것은 마땅하지 않다"라는 선포요, 시위입니다. 더 나아가 이삭 스스로 아버지 아브라함의 신앙을 좇는 하나님의 백성이요, 언약의 계승자임을 확인한 것입니다. 이처럼 강한 자는 아버지가 판 우물을 다시 팝니다.

자녀가 믿음이 연약할 때는 부모가 이해하며 잘 기다려 주어야 합니다. 그것밖에 할 것이 없습니다. 그렇게 기다리다 보면 자녀도 주님의 이름을 부를 때가 옵니다. 내 아버지가 부르던 주의 이름을 부를 때가 옵니다. "고난이 축복이다", "문제아는 없고 문제 부모만 있다", "영적인 것이 육적인 것이다" 아무리 밤낮 이야기해 주어도 자녀에게 믿음이 없으면 듣기도 싫어합니다. 그러다 고난을 만나서 자녀 스스로 우물을 파다 보면, 아버지가 한 대로 행하고 아버지가 부르던 이름을 부르게 되는 겁니다.

이삭이 그랬습니다. 아브라함이 사라를 누이라고 거짓말한 것처럼 이삭도 리브가를 누이라고 거짓말하고, 아브라함이 조카 롯에게 재물을 양보한 것처럼 이삭도 우물을 양보합니다. 아버지에게 보고 배운 대로 행합니다. 그러므로 부모가 어떤 때도 하나님의 이름을 부르면, 자녀들도 각자의 고난에서 부모가 부르던 하나님의 이름을 부르게 될 줄 믿습니다. 세상이 막고 메워도 다시 우물을 파며 아버지의 하나님을 나의 하나님으로 부르게 될 줄 믿습니다.

셋째, 끝날 것 같지 않은 시험으로 공격 받게 하십니다.

19 이삭의 종들이 골짜기를 파서 샘 근원을 얻었더니 20 그랄 목자들이 이삭의 목자와 다투어 이르되 이 물은 우리의 것이라 하매 이삭이 그 다툼으로 말미암아 그 우물 이름을 에섹이라 하였으며
_창 26:19~20

이삭이 골짜기에서 새 우물을 파자 그랄의 목자들이 이 물은 우리의 것이라 하면서 시비를 걸어옵니다. 그래서 이삭이 그들과 다투고는 우물 이름을 에섹이라 짓습니다. '에섹'은 '다투다', '억압하다', '강탈하다', '부당하게 취급하다'라는 뜻입니다. 이삭이 얼마나 억울했겠습니까. 내가 힘들여 판 우물인데 졸지에 빼기게 생겼습니다. 지금도 우물 하나 파려면 1,700만 원이 드는데, 그 당시에는 더 어마어마한 값과 노동력을 치르지 않았겠습니까.

우리도 그렇습니다. 하나님의 백성에게 이 땅의 삶은 전쟁입니다. 세상을 거슬러 살아가려니 여기저기서 치받습니다. 그때마다 우리는 다투어야 합니다. 이 땅의 악한 생각, 악한 환경과 다투어야 합니다. 치열히 고민해야 합니다. 내가 다툰다는 것은 살아 있다는 증거입니다. 특별히 나의 악한 생각과 싸워야 합니다. 누군가 나를 괴롭히면 갖은 악한 생각이 내 속에서 치고 올라옵니다. 억울해서 살 수가 없습

니다. 복수하고 싶습니다. 그러나 이를 갈며 미워하면 지는 겁니다. 그러면 어떻게 해야 합니까? 또 다른 우물을 파야 합니다.

> 또 다른 우물을 팠더니 그들이 또 다투므로 그 이름을 싯나라 하였으며_창 26:21

내가 양보했는데도 또 다툽니다. 이 우물 전쟁도 결국 돈 문제 아니겠습니까? 부부, 부모 자식, 할아버지 손자 사이라도 돈 문제는 해결이 안 됩니다. 모든 다툼의 중심에 돈이 있습니다. 돈이 모조리 없어져야, 인생이 망가지도록 싸워야 그 싸움이 끝납니다.

'싯나'는 '대적하다', '반대하다'라는 뜻입니다. 이 말을 원어로 보면 사탄과 어근이 같습니다. 야고보서 4장 7절에 보면 "마귀를 대적하라 그리하면 너희를 피하리라"고 합니다. 사탄은 두려워하거나 도망갈 대상이 아니라 '대적할' 대상입니다. 그리하면 사탄이 우리를 피한다고 합니다. 이것이 하나님이 주신 명령이요, 약속입니다.

그러면 사탄을 어떻게 대적합니까? 광명의 천사로 가장하여 우리를 유혹하고 핍박하는 사탄을 어찌 내 힘으로 대적하겠습니까(고후 11:14). 오직 그리스도의 영으로 대적해야 합니다. 유혹은 절제로, 핍박은 온유로 맞서야 합니다. 반대의 영으로 대적해야 합니다. 그러면 예수께서 반드시 승리하게 하십니다.

제 남편도 결혼 전에는 광명의 천사같이 저를 유혹하더니 결혼하고 나서는 우는 사자같이 핍박했습니다. 결혼 전에는 누구든 광명의 천사를 가장합니다. 나만 사랑해 주고, 나를 모시고 살 것처럼 가장합니다. 그런데 세상에 그런 사람이 어디 있습니까? 알면서도 내 욕심 때문에 속아 넘어가는 것이죠. 그러므로 내가 당하는 것은 내 삶의 결론입니다. 누구를 욕할 것이 없습니다. 무엇보다 내 속의 사탄을 경계하고 대적해야 합니다. "네 길과 행위가 이 일들을 부르게 하였나니 이는 네가 악함이라 그 고통이 네 마음에까지 미치느니라"는 말씀처럼 나의 욕심이 고통을 불러온다는 걸 알아야 합니다(렘 4:18).

이스라엘 백성이 70년간 바벨론 아래서 포로 생활을 했는데 그러면 바벨론만 악합니까? 바벨론은 하나님의 도구로 쓰인 것뿐입니다. 이스라엘을 훈련하는 데 쓰이고 하루아침에 사라진 나라가 바벨론입니다. 역사상 강대국이 이렇게 흔적도 없이 사라지기가 어렵다고 합니다. 성경을 보면 많은 선지자가 수없이 회개하라 외쳤지만 이스라엘은 듣지 않았습니다. 결국 바벨론 포로 생활은 이스라엘이 자초한 일입니다. 나의 포로 생활도 결국 나 때문입니다. 나의 악, 나의 욕심 때문입니다. 남편 바벨론, 아내 바벨론, 자식 바벨론, 사장 바벨론, 상사 바벨론이 나를 괴롭히는 것 같아도, 나의 악 때문에 사로잡힌 것입니다. 그러므로 70년 포로 생활에 묵묵히 순종해야 합니다. 하나님이 다 아시고 시작하셨습니다.

넷째, 넓어지고 번성하는 진짜 복, 영의 복을 주십니다.

이삭이 거기서 옮겨 다른 우물을 팠더니 그들이 다투지 아니하였으므로 그 이름을 르호봇이라 하여 이르되 이제는 여호와께서 우리를 위하여 넓게 하셨으니 이 땅에서 우리가 번성하리로다 하였더라 _창 26:22

자꾸자꾸 양보했더니 드디어 다투지 않는 때가 왔습니다. 마침내 르호봇을 주셨습니다. '르호봇'은 '하나님이 우리의 장소를 넓게 하셨다'라는 의미입니다. 하나님은 온유한 자의 지경을 넓히시고, 그로 땅을 차지하게 하십니다.

물질이 많아지면 싸움도 끝이 없습니다. 내가 성공한 그때, 재물이 많아진 그때 안 믿는 사람들이 불꽃 같은 눈으로 지켜보고 있다는 걸 기억하십시오. 믿는 사람은 돈 문제가 깨끗해야 합니다. 무조건 믿는 사람이 돈 문제를 해결해야 합니다. 손해 볼 결심이 서야 해결의 실마리가 보입니다. 그래서 아브라함도 조카 롯에게 재물을 양보했고, 이삭도 블레셋 사람들에게 우물을 양보했습니다. 여호와께서 '우리를 위하여' 넓게 하셨다고 했습니다. 내 힘으로 성공한 것이 아닙니다.

하나님은 저에게도 육적인 복을 주셔서, 제 힘으로는 죽었다가 깨어나도 입학할 수 없는 대학에 붙여 주셨습니다. 그런데 제게 진짜 복인 영적 복을 주셔야 했기에, 힘든 결혼생활이라는 절박한 문제, 끝나지 않을 것 같은 문제로 공격 받게 하셨습니다. 돌아보면 제가 감당할 만해서, 제게 복음이 있어서 시험을 주신 것이었습니다. 내 힘으로 안 되는 일이 있다는 것을 그때 알았습니다. 그래서 제가 사람이 되었습니다. 이 얼마나 축복입니까! 그러니 절대 이혼하면 안 됩니다. 하나님이 결혼생활을 통해 제 한계를 보여 주셔서 저의 지경이 이렇게 넓어졌습니다.

다투다가 "그만둬, 될 대로 되라" 이러지 마십시오. 다투면 양보하고, 또 다투면 또 양보하고, 그러다 보면 다투지 않을 때가 반드시 옵니다. 에섹과 싯나의 시대를 거쳐 르호봇의 시대가 옵니다. 시험이 끝날 것 같지 않아도 하나님이 함께하십니다. 이제는 사람들이 저를 보고 예수님을 믿지 않습니까? 다투고 양보하다 보니 여호와께서 저를 번성케 하시고 저의 지경을 넓히셨습니다. 이런 육적 복, 영적 복을 모두 누리는 여러분 되기를 예수님의 이름으로 간절히 축원합니다.

- 내가 공격 받는 절박한 문제는 무엇입니까? 그 문제를 두고 열심히 다투고 고민하고 있습니까? 문제가 끝나지 않을 것 같아서 포기해 버리지는 않았습니까?
- 나는 에섹, 싯나, 르호봇 중에 어떤 시대를 살고 있습니까? 르호봇의 때로 가기 위해 어떤 손해를 보기로 작정했습니까?

하나님의 백성에게 이 땅의 삶은 전쟁입니다.
세상을 거슬러 살아가려니 여기저기서 치받습니다.
그때마다 우리는 다투어야 합니다.
이 땅의 악한 생각, 악한 환경과 다투어야 합니다.
치열히 고민해야 합니다.
내가 다툰다는 것은 살아 있다는 증거입니다.

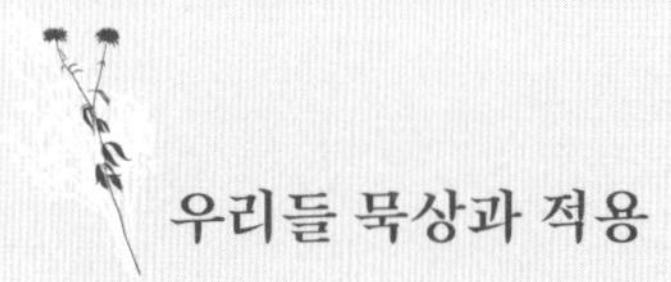

우리들 묵상과 적용

저는 대학교와 대학원 재수, 백수 생활, 결혼 반대라는 흉년을 차례대로 겪었습니다. 그러다 보니 이삭이 흉년을 피해 애굽으로 가려고 한 것처럼(창 26:2), 저도 백수의 흉년을 피해 유학을 가려 했습니다. 당시 아내는 저를 대신해 임신한 몸으로 피아노 레슨을 하며 생계를 책임지고 있었는데, 저는 좋은 학벌을 얻으려는 욕심과 이기심으로 유학을 가고자 한 것입니다. 그러나 말씀을 듣고 지체들의 기도를 받으니 가장으로서 돈을 버는 게 꼭 맞는 적용이라는 생각이 들었습니다. 그래서 취업을 준비하여 한 대기업의 1, 2차 입사 전형에 합격하게 되었습니다. 하지만 제가 면접 날짜를 착각하여 준비할 시간이 하루도 채 남지 않는 위기가 닥쳤습니다. 위기 앞에서 저는 오직 하나님만 붙들며 기도할 수밖에 없었습니다.

그런데 면접 당일, 저는 놀랍게도 교회 봉사 경험을 바탕으로 최고의 답변을 하게 되었습니다. 면접관은 리더십을 발휘한 경험이 있냐고 물었고, 저는 교회 수련회를 총괄하며 깨달은 점을 답했습니다. 토론 면접에서는 교회 수련회 스태프 모임을 진행한 경험을 살려 사회자로 자원하여 토론을 진행했습니다. 면접을 마치면서는 재수하고

1년간 취업 못 한 것이 제 삶의 결론이라고 고백하며 제 부족을 인정하고, 더 성실히 일할 것이라는 각오를 밝혔습니다.

하나님의 도우심으로 면접을 마무리했지만 면접 결과를 기다리는 시간은 지옥 같았습니다. 이삭이 골짜기에 우물을 팠는데도 그랄 목자들이 자기들 것이라 우겨서 이삭과 다툰 것처럼(창 26:20), 입사 시험을 치른 후에는 학벌 열등감 시험이 찾아와 저를 괴롭혔기 때문입니다. 저는 열등감에 눌려 하루빨리 합격한 모습을 자랑하고 싶었습니다. 이렇게 연약한 제 모습을 직면하고서야 주의 은혜로 여기까지 온 것임을 인정하며, 제 생각을 내려놓고 기다릴 수 있었습니다.

그 결과 입사 시험에 최종 합격했습니다. 유학을 포기하는 적용을 하자 하나님이 복을 주셔서 백 배로 갚아 주신 것입니다(창 26:12). 이후 입사 준비를 하며 '이 면접을 위해 하나님께서 6년간 나를 양육시켜 주셨구나'라는 것을 깨달았습니다. 하나님은 예배와 말씀 묵상을 통해 주일 성수를 가장 소중히 여기도록 가르치셨고, 목장예배에 참여해 저의 죄를 보고 아내와 한마음이 되도록 이끄셨습니다. 이제 회사에 다니면 또 다른 시험으로 사탄과 전쟁을 치러야 한다는 것을 압니다. 하지만 믿음으로 인내하며 욕심을 버릴 때 주께서 르호봇을 차지하게 하실 거라고 믿습니다(창 26:22). 연약한 저를 택하시고 영육의 복을 모두 누리게 하신 하나님, 사랑합니다.

영혼의 기도

주님, 지나간 인생을 생각해 보니 저에게도 이삭이 받은 것과 같은 백배의 육의 복을 허락하셨다는 것을 알았습니다. 사탄은 저를 시기하여 절박한 문제로, 끝날 것 같지 않은 고통으로 계속 공격했습니다. 그런데 저는 제가 얼마나 강성한지 모르고 '왜 나에게 이런 사건이 와야 하나', '왜 끝나지 않는 이런 고통을 받아야 하나' 날마다 질문했습니다. 이렇게 연약한 저이지만 한량없는 은혜로 주님께, 말씀에 붙어만 있었더니 르호봇의 복을 받았습니다. 교회 공동체의 번성을 허락하시고 영적 지경을 넓혀 주십니다.

우리가 감당하지 못할 시험은 당하지 않게 하시는 주님입니다. 예수가 길이요, 진리요, 생명이기에 감당 못 할 시험은 결코 오지 않는다는 것을 믿습니다. 어떤 시험이 오더라도 내 악 때문에 고통당한다는 것을 알게 해 주옵소서. 나의 악을 직면하는 만큼 내 영적 지경이 넓어지고, 다른 사람들을 영적 후사로 인도하게 될 줄 믿습니다.

우리에게는 여호와께서 주신 복을 보여야 하는 책임이 있다고 하십니다. 이 말씀을 기억하기 원합니다. 우리가 여호와께서 주신 복을 보이는 인생을 살 수 있도록 은혜를 내려 주옵소서.

취직 시험, 관계 시험, 다툼 시험을 겪는 지체들을 위해 기도합니다. 무엇보다도 그들이 교회 공동체에 나와서 예배드리게 하옵소서. 교회 공동체에 속해 다른 사람들을 섬기며, 죄와 수치를 나누고, 나 자신의 약점을 보는 훈련을 받게 해 주옵소서. 그럴 때 여호와께서 복을 주실 줄로 믿사오니, 그들이 하루속히 교회 공동체에 들어가 예배와 나눔에 참여하도록 도와주옵소서. 믿음의 공동체를 귀히 여기도록 마음을 움직여 주옵소서. 예수님 이름으로 기도하옵나이다. 아멘.

12.

올라감의 축복

창세기 26:23~25

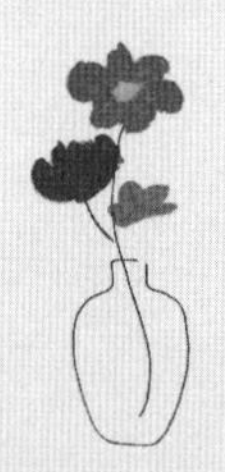

________하나님 아버지,
우리가 올라감의 축복을 받기 원합니다.
무엇이 올라가는 것인지
말씀하여 주옵소서. 듣겠습니다.

우리들교회 목장보고서에서 읽은 내용입니다. 한 집사님에게 보기만 해도 기쁜 중학생 딸이 있답니다. 별다른 사교육도 받지 않고 열심히 공부하지 않는데도 성적이 좋은, 일명 KS마크 딸입니다. 그런데 이 딸의 바로 위 등수인 친구는 공부에 목매는 타입이랍니다. 그 엄마도 열성이어서, 딸이 밤새워 공부하면 같이 밤을 새울 정도로 뒷바라지를 열렬히 한답니다. 집사님은 그 집에 비해 우리는 너무 안일한가 걱정되기도 했지만, '나는 주의 일에 충실하잖아? 과연 하나님이 누구 손을 들어 주시는지 보자' 생각했답니다.

그런데 막상 뚜껑을 열고 보니 실망스러웠습니다. 딸은 외고 시험을 보기에는 실력이 간당간당한 데다가 갈수록 성적도 떨어졌습니다. 집사님은 예레미야를 큐티하며 이 일을 멸망의 소식으로 들었습니다. 겉으로는 믿음을 앞세우면서 실상은 하나님의 정의와 진리에서 벗어나 사는 내 죄가 깨달아졌답니다(렘 5:1). 그래서 믿음의 부모로서 딸에게도 "네가 머리만 믿고 성실하지 못했다"라고 멸망의 소식을 들려 주겠다고 다짐도 했습니다.

나눔이 여기에서 끝났다면 좋았겠지요. 그러나 집사님은 이어서 "이렇게 회개해도 뒤돌아서면 '하나님, 우리 딸 외고 붙여 주세요'라는 기도만 나온다"며 탄식했습니다. 자기 욕심을 늘 회개하는데도 돌아서면 "붙여 주세요"라는 기도만 튀어나온답니다. 이런 자신이 절망스럽고 '나 때문에 우리 딸의 믿음이 클 수가 없겠구나' 생각하니 슬퍼졌다는 겁니다.

이 집사님의 나눔을 읽으면서 우리의 신앙은 어디까지 올라가야 할까, 신앙이 올라간다는 것은 도대체 무엇일까 생각해 보았습니다. 본문을 통해 올라감의 축복이 무엇인지 함께 살펴보겠습니다.

올라감의 축복은 목적지가 영적으로 변하는 것입니다

이삭이 거기서부터 브엘세바로 올라갔더니_창 26:23

이 구절이 정말 중요하다고 생각해서 정말 한참을 묵상했습니다. 이삭에게 백 배의 복을 주신 하나님은 더 나아가 진짜 복인 영적 복을 주시고자 다툼과 대적, 에섹과 싯나의 싸움을 허락하셨습니다. 그리고 이삭이 그 싸움을 잘 치르자 르호봇의 번성을 주셨습니다. 이에 이삭은 "여호와께서 우리를 위하여 넓게 하셨으니 이 땅에서 우리가 번성하리로다" 고백합니다(창 26:22). 하나님께서 복을 주셔서 이제

안정된 생활을 할 수 있게 됐다고 확신한 겁니다.

그런데 이삭이 거기서부터, 곧 그랄 골짜기 르호봇에서부터 브엘세바로 올라갔다고 합니다. 블레셋의 그랄은 애굽과 맞닿은 국경지대에 있는 마을입니다. 이삭이 흉년을 피해 블레셋의 그랄까지 간 것이 애굽에 가기 위함이라고 하지 않았습니까. 한편 브엘세바는 블레셋에서 가나안 땅 중심으로 들어가는 초입입니다. 따라서 블레셋 그랄은 '회색지대'라고 할 수 있습니다. 그랄을 중심으로 한쪽은 세상 애굽, 한쪽은 약속의 땅 가나안입니다.

이삭이 오랜만에 찾은 안정된 생활을 포기하고 가나안 땅을 향해 올라가는 이유가 무엇이겠습니까? 브엘세바는 아브라함이 이삭을 번제로 드리려다가 하나님께 엄청난 약속을 받고 돌아가서 거주한 장소입니다(창 22:19). 또한 아브라함이 죽을 때까지 거하면서 하나님과 친밀히 교제했던 곳입니다. 즉, 이삭에게 브엘세바는 아버지를 생각나게 하는 곳, 믿음을 생각나게 하는 곳, 본향을 떠올리게 하는 곳입니다. 그러므로 이삭이 '브엘세바로 올라갔다'는 것은, 세상 애굽으로 내려가지 않고 영적 땅 가나안으로 확실히 올라갔다는 의미입니다.

하나님이 그랄에 머무는 이삭에게 백 배의 육적 복을 주셨습니다. 또한 우물을 파고 또 파는 수고를 거치게 하신 뒤 르호봇의 번성을 허락하셨습니다. 그런데 겨우 정착하나 싶을 때 브엘세바로 떠나게 하십니다. 성경은 이삭이 올라갔다고 기록했지만 사실은 하나님이 올라가게 하신 것이죠. 왜냐하면 우물 얻는 게 목적이 아니라 우리의 최종 목적지는 가나안 천국이기 때문입니다. 여러 가지 시험을 주시면서 우리의 목적지를 가나안 천국으로 바뀌게 하십니다. 물론 이 땅에서 완성된 천국을 사는 사람은 없습니다. 그러나 한 걸음, 한 걸음 주와 같이 가는 그곳이 천국인 줄 믿습니다.

"주의 궁정에서의 한 날이 다른 곳에서의 천 날보다 나은즉 악인의 장막에 사는 것보다 내 하나님의 성전 문지기로 있는 것이 좋사오니"(시 84:10).

고라 자손의 이 고백처럼 이방 땅인 세상에서 편하게 사는 것보다 하나님 앞에서 말씀에 순종하며 살아가는 것이 이삭에게 더 기쁨이 되었습니다. 드디어 이삭이 인생의 참목적을 찾은 것입니다. 이리저리 옮겨 다니며 우물을 파느라 힘들었지만 파고, 파고, 또 파다 보니까 목적지가 달라졌습니다. 우물 얻는 게 아니라 약속의 땅에 거하는 것이 인생의 목적이 되었습니다. 다시 말하면 이제는 이삭이 저절로 헌신하고 싶어졌다는 의미입니다.

야고보 사도는 "내 형제들아 너희가 여러 가지 시험을 당하거든 온전히 기쁘게 여기라"고 했습니다(약 1:2). 지금까지 이삭이 순종의 삶을 산 것 같아도 '시험을 당하거든 온전히 기쁘게 여기라'의 삶은 이행하지 못했습니다. 흉년이 오자 하나님께 묻지도 않고 애굽으로 가려 하지 않았습니까? 또 그랄에 머물면서 자신이 죽을까 봐 리브가를 누이라고 속였습니다. 하나님을 온전히 신뢰하지 못했습니다.

이삭이 주님 명령 따라 떠나긴 떠나지만 '올라가야' 하는데 그러지 못하니까 하나님이 하는 수 없이 우물이라는 절박한 문제로 끝없이 공격 받게 하셨습니다. 심각함 속에 있게 하신 것입니다. 오직 믿음으로 구하지 않고 정함이 없는 두 마음으로 구하는 자는 주께 얻기를 생각하지 말라고 했는데(약 1:6~8) 이삭도 하나님의 뜻만 간구하는 자가 되라고 여러 시험을 허락하셨습니다. 이삭이 그 시험 속에서 승리하다 보니까 '시험을 당하거든 온전히 기쁘게 여기라'는 말씀이 무슨 의미인지 알게 되었습니다. 내가 당한 여러 시험을 자랑하고 싶은 참을 수 없는 기쁨이 생겼습니다. 에섹과 싯나, 르호봇의 싸움에 함께하신 하나님을 너무 자랑하고 싶은 겁니다.

우리도 그렇지 않습니까? 예수 믿고 나면 옛날에 못살았던 것, 힘들었던 것도 다 자랑하고 싶습니다. "내가 고생고생해서 우물을 파며 왔더니 하나님이 다툼을 그치게 하시고 르호봇의 번성을 주셨다!" 자랑하고 싶습니다. 그런데 이런 이야기를 그랄 사람들, 세상 사람들은 못 알아듣습니다. 그러니까 이삭이 시험을 온전히 기쁘게 여기는 내 형제들이 있는 곳이 그립지 않겠습니까? 내 이야기를 찰떡같이 알아듣고 같이 박수 쳐 줄 형제, 지체들이 너무 보고 싶은 겁니다. 세상을 기웃거리면 필연적으로 시련을 겪게 됩니다. 그래서 브엘세바로 올라간 것입니다.

성경은 이삭이 그랄 골짜기 르호봇에서 브엘세바로 '올라갔다'라고 기록했는데, 지리적으로는 브엘세바가 약 150m 낮은 지대입니다. 그러나 그곳이 하나님과 언약을 맺은 거룩한 장소, 믿음의 장소이기에 올라갔다라고 표현한 것입니다. 흉년의 브엘세바로 내려가는 것 같아도 오늘 내가 믿음으로 한 발을 내디디면 하나님이 올라갔다고 여겨 주십니다. 올라감의 축복을 주십니다.

우리가 예수를 처음 믿을 때는 교회가 지질해 보이기도 합니다. 낮아 보입니다. 그러나 내가 교회에 한 걸음 디디는 순간 하나님이 올라가게 하실 줄 믿습니다. 그러니 반드시 교회에 등록해서 다니기 바랍니다. 또 교회에는 등록했지만 목장이 지질해 보인다고 안 가는 분도 있습니다. 이런 분들은 오늘 목장으로 한 발 내딛기 바랍니다. 이렇게 한 걸음, 한 걸음 발걸음을 옮기면서 낮은 곳으로, 더 낮은 곳으로 가는 것이 신앙입니다. 어디까지 갑니까? 이상한 남편, 아픈 아내, 힘든 가정으로까지 나아가야 합니다. 오늘 내가 한 걸음 내디뎌야 할 흉년의 브엘세바는 어디인지 생각해 보십시오. 브엘세바로 "올라갔다" 한 것처럼, 내가 내려가는 것 같아도 올라감의 축복이 임할 줄 믿습니다.

우리들교회 청년부인 한 자매의 이야기입니다. 지방에서 양계장을 운영하던 아버지가 쓰러지면서 자매 가정에 흉년이 찾아왔습니다. 그 후 장녀인 자매가 빵집을 차리고 그때부터 온 가족이 달라붙어 빵집 운영에 매진했습니다. 그러자 하나님이 백 배의 육적 복을 더하셔서 한 달 순수익이 천만 원을 훌쩍 넘었다고 합니다. 그렇게 온 식구가 우물을 파고 또 파면서 4년간 빵집이 그야말로 르호봇의 번성을 누렸습니다. 겉으로는 모든 일이 잘 흘러가는 듯 보였습니다.

그런데 돈을 벌면 벌수록 자매의 삶은 피폐해졌습니다. 늘 빵집에 매여 교회도 못 가고, 사람을 쓰자니 아무에게나 빵 굽는 일을 맡길 수는 없었습니다. 그렇게 밤낮없이 일에 치여 사니 몸도 지치고 기쁨도 사라졌습니다. 그러다 이 자매가 방송을 통해 우리들교회 설교를 들었습니다. 말씀을 들으면서 이렇게 일만 하다가 죽을 수는 없다는 생각이 들었답니다. 그래서 잘되는 빵집을 고민도 없이 팔아 버리고 “우리들교회로 가자!” 선포하고서 그길로 온 가족이 서울로 올라왔다는 겁니다. 그 주일부터 온 가족이 교회에 등록하여 목장에도 나가고 예배에 전념하고 있습니다. 지금 이 자매와 동생은 청년부 목자로도 섬기고 있습니다.

정말 놀랍지 않습니까? 시골에서 그런 큰돈을 번다는 건 기적 같은 일입니다. 황금알을 낳는 거위를 가진 것과도 같지요. 그런데 그걸 버리고 온 가족이 우리들교회로 올라온 것입니다. 여러분은 돈이 고파서 상상도 못 할 일 아닙니까? 지금 이삭이 이런 적용을 했다는 겁니다. 번성하는 르호봇을 버리고 브엘세바로 올라간 것입니다. 이렇게 신앙 때문에 이사도 갈 수 있습니다.

- 내가 지금 머물고 있는 회색지대는 어디입니까? 오늘 믿음으로 한 걸음 내디뎌야 할 곳은 어디입니까?
- 교회에 등록도 하지 않고 안개처럼 왔다가 사라지는 일명 ‘안개 신자’는 아닙니까? 지질해 보인다고 목장예배 가기를 거부하지는 않습니까?

올라감의 축복은 하나님이 만나 주시는 것입니다

그 밤에 여호와께서 그에게 나타나 이르시되 나는 네 아버지 아브라함의 하나님이니 두려워하지 말라 내 종 아브라함을 위하여 내가

너와 함께 있어 네게 복을 주어 네 자손이 번성하게 하리라 하신지라_창 26:24

이삭이 르호봇을 과감히 포기하고 흉년의 땅 가나안으로 믿음의 첫발을 옮기자마자 복이 쏟아지기 시작합니다. 회개하고 헌신의 마음으로 올라온 이삭에게 그 밤에 하나님이 나타나십니다. 주님은 회개하는 자녀를 즉시 만나 주십니다. 주님 보시기에 이삭이 얼마나 기특했겠습니까. 고난 후에 이삭이 아버지 아브라함의 길을 그대로 걸어갑니다. 아버지 아브라함을 생각하면서 끊임없이 하나님께 약속과 확신을 받고 걸어갑니다. 그러자 하나님도 "나는 네 아버지 아브라함의 하나님이다" 하면서 나타나 주십니다. 그래서 부모의 기도가 정말 중요합니다. 자녀가 참신앙을 찾아가는 데 가장 큰 역할을 하는 것이 부모의 신앙, 부모의 기도입니다. 하나님이 이삭에게 나타나실 때마다 "내가 네 아버지 아브라함을 생각해서"라고 말씀하지 않으십니까? 부모가 얼마나 중요한지 모릅니다.

이번 주 영아부 주보를 보는데 '자녀에게 부모는 하나님의 거울이다'라는 문구가 제 마음을 울렸습니다. 그리고 그 아래 부모님들의 수많은 기도 제목이 눈에 들어왔습니다.

부부싸움을 하지 않게 해 주세요.
감정 조절이 잘 되게 해 주세요.
중독을 끊게 해 주세요.

주일 성수를 할 수 있는 환경으로 인도해 주세요.

교회에서 양육 훈련을 받고 있는데 무사히 마칠 수 있게 해 주세요.

재정적으로 어려운데 사명으로 여길 수 있는 직업을 허락해 주세요.

예배를 사모하는 마음을 주시고 부부가 함께 목장예배에 나갈 수 있게 해 주세요.

자녀들이 서로 시샘하지 않게 해 주세요.

자녀의 아토피를 치료해 주세요.

아이가 발육이 늦더라도 조바심하지 않고 하나님이 맡기신 자녀로 알고 기다릴 수 있게 해 주세요.

예배 때 주님이 아이들의 친구가 되어 주세요.

우리들교회는 생후 36개월까지 부모와 아이가 영아부에서 함께 예배를 드립니다. 36개월, 금세 지나가는 시간입니다. 이때 자녀와 함께 예배드리며 기도해 주십시오. 아직 말도, 글도 모르는 아이라도 엄마, 아빠가 함께 큐티하며 말씀을 가르쳐 주십시오. 이것이 자녀 평생에 기억에 남을 줄 믿습니다. 이렇게 부모가 하나님을 신실히 보여 주면 오늘 "나는 네 아버지 아브라함의 하나님이다" 이삭에게 찾아오신 것처럼, 내가 죽은 뒤에라도 하나님이 내 자녀를 만나 주실 것입니다. 급히 달려 나가 탕자를 맞아 준 아버지처럼 내 자녀를 기쁘게 맞아 주실 것입니다(눅 15:20).

그런데 이삭은 아브라함의 상속자니까 이제는 이삭의 하나님이라고 하셔도 되지 않습니까? 굳이 '아브라함의 하나님'이라고 말씀하시는 이유는 무엇입니까? "네 아버지 아브라함은 죽었지만 내가 그와 맺은 언약은 영원하다" 지금 강조하시는 것입니다. "이 세상 사람들은 약속을 내버려도 나는 반드시 지킨다"라고 보증해 주시는 겁니다. 그러니 우물을 떠났어도 두려워하지 말라 하십니다. "네 아버지 아브라함에게 약속한 대로 네게 복을 주겠다, 네 자손이 번성하게 하겠다!" 도장 쾅쾅 찍어 주십니다.

이삭이 우물 싸움을 하다 지쳤는데 결국에 우물을 소유하게 되었어도 약속의 땅으로 떠났습니다. 이런 이삭을 주님이 기특하게 보시고 격려해 주십니다. 아브라함이 인간적으로 훌륭해서 하나님이 흡족히 여기셨습니까? 오히려 너무 치졸하고 부족하지만 그래서 하나님을 붙드는 그 한 가지를 예쁘게 보셨습니다. 그리고 그 아브라함에게 주신 언약이 이어져 후손이 별처럼 많아져야 하기에, 이삭 역시 부족해도 믿음을 지키며 가는 모습을 흡족히 여기시고 격려해 주십니다. 하나님의 후손이 이 땅에 펼쳐져야 하기에 내가 부족해도 하나님만 붙잡으면 내 후손을 번성하게 해 주신답니다. 연약하지만 "하나님, 나를 살려 주세요. 붙잡아 주세요" 간구하면, 하나님이 "나만 보고 가면 된다, 나만 붙잡아라" 약속해 주십니다.

우리가 시험을 당해도 온전히 기쁘게 여기면 하나님이 지혜를 주십니다. 야고보서 1장 5절에서 "너희 중에 누구든지 지혜가 부족하거든 모든 사람에게 후히 주시고 꾸짖지 아니하시는 하나님께 구하라 그리하면 주시리라"고 합니다. 하나님이 "지혜를 구하라 그리하면 주시리라" 약속하셨으니 우리는 어떤 때에도 지혜 주시기를 구하고 기다리면 됩니다. 그런데 우리는 오직 세상 것만 구하고 기다립니다.

그러나 내가 영적으로 올라가면 구하는 것도 달라집니다. 여러 가지 시험을 통과하면서 내가 구하는 것과 하나님이 주고 싶으신 것이 다르다는 걸 알게 됩니다. 하나님과 함께하는 복만이 영원하다는 것, 보이는 것보다 보이지 않는 것이 더 가치 있다는 것을 알게 됩니다. 이것이 하나님이 만나 주시는 복입니다.

앞에서 이야기한 빵집 자매는 바빠서 교회에는 못 나가지만 선교단체에 열심히 헌금하면서 스스로 의인이라고 생각했답니다. 그러다 브엘세바로 발걸음을 옮겨 우리들교회에 온 후 자신이 얼마나 큰 죄인인지 깨달았다는 겁니다. 하나님이 자매를 만나 주신 것입니다. 할렐루야! 이 세상 제일가는 축복은 내가 죄인인 걸 아는 것입니다.

- 어린 자녀와 함께 예배드리고 기도하고 큐티합니까?
- 말씀에 순종하며 발걸음을 뗐지만 여전히 두려운 것은 무엇입니까? 부족해도 하나님만 붙들 때 복을 주시고 번성하게 하실 것을 믿습니까?
- 요즘 나는 하나님께 무엇을 구합니까? 입술로는 지혜를 구하지만 마음으로는 무엇을 기다리는지 솔직히 나누어 보십시오.

올라감의 축복은 인생의 목적이 예배가 되는 것입니다

이삭이 그곳에 제단을 쌓고, 여호와의 이름을 부르며 거기 장막을

쳤더니 이삭의 종들이 거기서도 우물을 팠더라_창 26:25

하나님이 만나 주시니 이삭이 그곳에 제단을 쌓고서 여호와의 이름을 부릅니다. 이삭이 주체적으로 예배를 드립니다. 스스로 예배드리고, 큐티하고, 우물을 파는 자립신앙이 생긴 것입니다. 힘들어서 말씀을 보았더니 주님이 우물을 파게 하시고, 다투고서 말씀을 보았더니 또 우물을 파게 하셨습니다. 그때마다 샘이 퐁퐁 솟으니까, 말씀이 깨달아지니까 이삭이 이제는 어디를 가도 알아서 예배드리고, 우물을 파게 되었습니다. 내가 스스로 예배하게 되면 우물을 안 파도 됩니까? 우물은 생명과 직결되는 것이라고 했습니다. 그러므로 내가 예배하는 그곳에서 구원의 우물을 파서 다른 사람들을 살려야 합니다.

그런데 똑같이 우물을 팠는데 이삭이 예배가 회복된 후에는 다투지 않습니다. 브엘세바의 우물을 두고 누구와 다투었다는 기록이 없습니다. 이삭이 우물을 파고 또 파며 여러 전쟁을 치른 결과 이제는 믿음의 전문가가 된 게 아닌가 싶습니다. 누가 뭐라 해도 화내지 않고, 인내와 겸손과 온유로 대하게 된 것이죠.

일명 '광고 천재'로 불리는 이제석 씨는 특유의 재치 있는 아이디어로 세계가 주목하는 광고인입니다. 그는 2007년 한 해에만 세계적인 광고상을 29개나 받았고, 그 외에도 수십 개의 상을 휩쓸었습니다. 그러나 이제석 씨가 어릴 때부터 천재로 두각을 드러낸 것은 아닙니다. 의대에 간 형에 밀려 집에서도 주목 받지 못하고, 학창 시절에는 수업 태도가 불량하다고 혼나기 일쑤였답니다. 그러던 중 평소 그림 그리기를 좋아했던 그는 그림으로도 4년제 대학에 들어갈 수 있다는 걸 알고 그때부터 열심히 공부하여 한 대학의 시각디자인과에 진학했습니다. 좋아하는 미술을 종일 배우니 대학 생활 내내 학교 가는 것이 너무 즐거웠답니다.

그러나 열정만 가지고 뛰어들기엔 제석 씨에게 사회의 벽이 너무 높았습니다. 졸업 후 수많은 회사에 지원했지만 학벌에 밀려 줄줄이 탈락한 것입니다. 결국 그는 취업을 포기하고 미술학원 아르바이트와 간판장이를 전전했습니다. 그러나 꿈만은 포기할 수 없어서, 미국 유학을 결심하고 미군 부대를 드나들며 무작정 영어를 익혔답니다. 그 결과 2006년 9월 목표했던 뉴욕 SVA(School of Visual Arts)에 편입했습니다. 그리고 6개월 후부터 온갖 광고 공모전에 응모하여 상을 휩쓸기 시작했습니다.

그가 만든 공익광고는 그동안 우리가 보아 온 광고들과는 조금 다릅니다. 예를 들면, 독도 수호 광고물에는 "독도는 우리 땅"이라는 흔한 문구 하나 없습니다. 대신 욱일기를 덮어쓰고 남의 담을 넘는 한 사람이 등장합니다. 상징적이고도 직설적인 이미지로 그 어떤 말보다도 분명한 메시지를 전달하는 것입니다. 제석 씨는 갖은 편견과 고정관념, 학벌의 벽에 부딪혀 좌절하기도 했지만, 그때마다 우물을 파고 또 파서 마침내 자신만의 길을 열었습니다.

양궁도 수없이 연습합니다. 우리나라 양궁 대표팀의 실력이 세계 최고 수준인데, 밤이고 낮이고 연습을 한답니다. 비 오는 으스름한

새벽에 깨워서 갑자기 활을 쏴 보라고도 한다죠. 그렇게 우물을 파고 또 파서 누구도 따라올 수 없는 실력을 갖추게 된 겁니다.

우리도 믿음에서는 전문가가 되어야 하지 않겠습니까? 이삭이 왜 또다시 우물을 파겠습니까? 우물이 생명의 근원이기 때문입니다. 우리가 예배드리는 목적도 구원의 우물을 파서 다른 사람을 살리기 위함입니다. 그 과정에서 여러 방해를 받겠지만 파고 또 파다 보면 점점 요동하지 않게 될 것입니다.

이삭이 르호봇의 우물을 내려놓고 떠났더니 브엘세바의 우물로 다른 사람들을 먹일 수 있게 되었습니다. 예배가 회복되니 다른 사람을 살리는 인생이 됩니다. 예배가 회복되는 것은 나의 부족을 보는 것이고, 나의 부족을 보면 하나님만 높이게 됩니다. 그러면 어디서든지 떳떳하게 하나님을 공표하게 되는 줄 믿습니다. 자신 있게 "나는 믿는 자이다!" 외치게 될 줄 믿습니다.

우리 모두 인생의 목적지가 달라져야 합니다. 힘든 나의 환경, 수치스러운 죄와 고난을 하나님과 지체들에게 내놓는 것이 브엘세바로 올라가는 적용입니다. 수치를 고백하면 내가 내려갈 것 같아도 하나님이 만나 주셔서 오히려 자유함을 누리게 됩니다. 우리들교회에서 울려 퍼지는 간증을 통해 얼마나 수많은 영혼이 살아났습니까. 비열하고, 치졸하고, 온갖 부끄러운 이야기를 다 내놓았는데, 그런 간증을 듣고 많은 사람이 구원의 우물을 마시게 되었습니다. 그걸 증명이라도 하듯 타교인이신 한 분이 우리들교회에 대해 이런 글을 쓰셨습니다.

우리들교회는 큐티하는 교회로 잘 알려진 교회다. 내가 우리들교회를 보고 가장 놀란 부분은 공개적으로 죄 고백을 한다는 것이다. 교회 주보에도 온통 죄 고백으로 가득하다. 그것도 실명으로.

주보에는 실명으로 실렸지만 이 글에서는 이름을 감추고 이야기하겠다. 예를 들면 이런 글이 실린다. 한 집사님은 남편의 바람을 용서하지 못해 이혼했다고 고백했다. 한 분은 15년 전에 낙태한 죄를 고백하며 회개했다. 또 다른 집사님은 부모의 이혼으로 인한 스트레스를 나이트클럽을 다니는 것으로 풀려 했다고 고백했다. 어떤 분은 아버지의 두 집 살림을 고백하고, 어떤 분은 IMF 외환 위기로 회사가 부도나서 감옥에 다녀온 사실을 고백했다. 거기서 하나님을 만났다고 한다. 또 어떤 분은 첫 남편과 이혼하고 조건 좋은 다른 남자와 재혼했는데 그 남편이 바람을 피운다고 고백했다. 한 집사님은 믿었던 남편에게 숨겨둔 딸이 있다는 걸 알고 간통죄로 고소하려 했다고 고백했다. 또 다른 집사님은 직장이 우상이었는데 정리해고를 당했단다.

참 대단하다. 누구라도 볼 수 있는 주보에 어떻게 이런 고백을 서슴없이 실을 수 있을까? 우리들교회 홈페이지는 한술 더 뜬다. 목장 나눔 게시판에 들어가 보면 외도, 이혼, 재혼, 부도, 자녀의 일탈 등을 고백한 목장의 이야기가 수천 건 올라와 있다. 심지어 로그인을 안 해도 볼 수 있다. 이렇게 공개해도 부작용이 없는지 궁금하다.

그런데 우리들교회에 특별히 죄 많은 사람이 모여서 이런 죄 고백이 넘쳐날까? 그렇지 않다. 그만큼 죄 고백하는 훈련이 되어 있고, 서로의 죄 고백을 듣고 기도해 주는 영성이 뒷받침되기 때문이다.

누구에게나 마음에 쌓아 두고 말 못 하는 죄가 있지 않은가. 공동체에서 죄를 고백하는 훈련이 필요하다. '성도 공동체는 서로 죄를 고백하는 공동체'라는 본 회퍼 목사님의 글이 떠오른다. 고백한 죄는 힘을 잃는다고 했다. 고상하고 교양 있는 척하지만 우리는 모두 사형수였으니 죄를 고백한다고 해서 더 부끄러울 것도 없다. 우리가 감추고 숨기는 것이 정말 그럴 만한 가치가 있는 것인지 생각해 보게 된다.

브엘세바로 내려간 우리들교회의 고백이 올라감의 축복이 되어서 이분의 마음을 울렸다고 생각합니다. 이야말로 구원의 우물을 파서 다른 사람들을 먹이는 것 아니겠습니까. 이분의 글처럼, 우리들교회는 죄를 고백하고 서로 기도해 주는 영성이 뒷받침되어서인지 풍성한 고백이 넘쳐흐릅니다.

우리들교회의 한 고3 아이가 이런 고백을 했습니다. 예레미야 본문으로 큐티를 하면서 나의 애굽은 무엇이고, 바벨론은 무엇인지 생각해 보았답니다. 이 아이가 공부를 잘하는데, 자신에게 애굽은 '열심히 하면 뭐든지 할 수 있다'는 가치관 같답니다. 또 바벨론 포로 생활은 입시에 떨어지는 것이랍니다. 그러나 입시에 떨어져도 그로 인해 하나님을 더 깊이 알고, 하나님의 옳으심을 인정하게 된다면 그보다 더 감사한 일은 없을 것 같다고 합니다.

또 한 청년은 유명한 컨설팅 회사에 지원하여 최종 합격했다는 소식을 알렸습니다. 면접시험에서 다른 지원자들은 자기 역량만을 뽐낸 반면에 청년은 우리들교회 목장에서 하던 대로 자신의 이야기를 솔직히 나누었답니다. 면접관의 여러 질문에도 그동안 들은 말씀대로 공동체의 화합과 질서 순종이 조직 생활에서 가장 중요하다는 걸 강조했답니다. 남과는 다른 대답에 의아해하는 면접관들의 표정을 보면서 '떨어졌구나' 했는데, 글쎄 떡하니 합격했다는 겁니다. 청년은 영적 복에다 백 배의 육적 복까지 주신 하나님께 감사하다고 했습니다. 죄투성이인 자신을 사랑으로 이끌어 주시는 하나님을 생각하면 눈물이 앞을 가린답니다. 아직 어린 청년이라 믿음이 부족하지만, 악하고 음란한 세상 속에서 혼전 순결과 신교제, 신결혼을 외치면서 가고 싶다고 합니다.

또 한 고3 아이는 최근 아빠가 말씀이 깨달아지는 것 같아 너무 감사하다는 글을 나눔 게시판에 올렸습니다. 수능 시험 준비로도 바쁠 텐데 이런 나눔을 올린 겁니다. 아이 표현에 의하면 자기 아빠는 일명 '바른표' 아빠였답니다. 그래서 괜찮은 아빠라고 생각했는데, 우리들교회에 와서 보니 아빠가 정말 말씀이 안 들리는 사람이라는 걸 알게 됐다는 겁니다. 그런데 이 아빠가 최근 고난을 겪고서 자기 죄를 보기 시작했답니다. 이후로 많이 달라져서 시간만 나면 말씀을 이야기해 주고, 자기 죄도 구체적으로 나누어 준답니다. 이런 아빠가 멋있게 느껴져서 자신도 '하나님이 나에게 무엇을 원하실까' 묵상해 보았답니다. 그러고는 어떤 때에도 하나님께 붙어 있기를 원하신다는 답을 얻었다는 겁니다.

우리들교회 유치부 아이들도 얼마나 말씀 적용을 잘하는지 모릅니다. 예배 때마다 이런 고백들이 터져 나옵니다. "밥 먹는 시간에는 군것질을 하지 않을게요", "맛있는 것을 친구랑 사이좋게 나눠 먹을게요", "엄마 일이 다 끝날 때까지 잘 참고 기다릴게요", "나의 욕심을 고백하고 아픈 사람을 위해서 기도할게요!"

우리들교회는 자녀를 위한 기도회라든지 자녀를 위한 설교를 따로 하지 않습니다. 그러나 부모들이 평소에 본을 보이며 가기에 이렇게 자녀들이 믿음의 후사로 자라 가는 것 아니겠습니까. 그러므로 자녀가 어릴 때부터 말씀으로 가르쳐야 합니다. 그러면 "네 아버지 아브라함의 하나님이다" 하며 이삭을 만나 주신 하나님이 우리 자녀들도 만나 주실 줄 믿습니다. 어떠한 상황에도 우리 자녀들에게 올라감의 축복을 주실 줄 믿습니다.

말씀을 맺습니다. 흉년의 브엘세바로 떠나는 것이 올라감의 축복이라고 하십니다. 내려가는 것이 올라가는 것이라고 하십니다. 오늘 내가 한 발 내딛어야 할 곳은 어디입니까? 목장으로 내려가고, 선교로 내려가고, 힘든 가정으로 내려가십시오. 그러면 하나님을 만나는 복, 예배가 회복되는 복을 넘칠 만큼 주겠다고 하십니다. 힘들어도 약속의 땅으로 가면, 그곳에 한 발 내딛기만 하면 하나님이 역사하십니다. 올라감의 축복을 주십니다.

- 내 인생의 목적은 예배입니까? 스스로 예배하고 큐티합니까? 여전히 자립신앙이 없어서 억지로 예배하고 큐티하지는 않습니까?
- 내 죄와 수치를 약재료로 나누며 다른 사람을 위해 구원의 우물을 파고 있습니까?

한 걸음, 한 걸음 발걸음을 옮기면서
낮은 곳으로, 더 낮은 곳으로 가는 것이 신앙입니다.
어디까지 갑니까? 이상한 남편, 아픈 아내,
힘든 가정으로까지 나아가야 합니다.

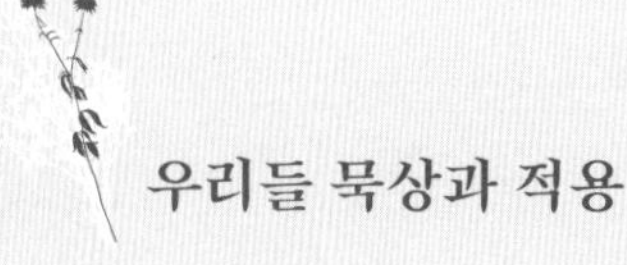

우리들 묵상과 적용

저는 높은 학벌과 많은 재물, 든든한 두 아들까지 있어서 부러운 것이 없었습니다. 그러나 모든 것이 허울에 불과했습니다. 남편이 바람피우며 이중생활을 하고 심지어 제게 폭력까지 행사했기 때문입니다. 그러나 하나님이 고난 가운데 있는 저를 말씀으로 이끄시며 결혼을 지키게 하셨습니다. 이기적이고 교만한 제가 교회 공동체에 속해 고난 받는 지체들과 어울리며 믿음을 키워 가도록 도우셨습니다. 그러면서 저는 하나님이 약속의 말씀을 이루실 것을 믿게 되었습니다. 제 삶의 목적도 우리 가족이 잘 먹고 잘사는 것에서, 수많은 영적 후사를 낳는 것으로 바뀌었습니다.

이렇게 영적인 변화가 일어나자 "하나님, 남편 회사가 망해서 남편이 구원 받으면 좋겠어요"라는 기도가 나왔습니다. 그러자 기도 응답으로 승승장구하던 남편 회사가 부도나고 남편이 구속당하는 일이 일어났습니다. 남편은 그 일을 계기로 교회에 나왔습니다. 제가 세상 욕심을 버리고 구원을 위해 기도의 우물을 파니, 하나님이 르호봇의 번성을 허락하신 것입니다(창 26:22).

그럼에도 불구하고 제가 온전히 하나님을 신뢰하지 못하자 다른 사건들이 일어났습니다. 남편이 교회를 떠나고, 중학생이 된 큰아들은 분노와 우울감에 빠져 오토바이를 타고 물건을 훔쳤습니다. 저는 그런 아들이 혹여나 충동적으로 극단적인 선택을 할까 봐 두려워서 눈물로 기도했습니다. 그렇게 시작한 기도는 여러 고난으로 힘들어하는 지체들과 그 자녀들을 위한 기도로 이어졌습니다. 그러자 하나님은 남편이 가진 세상 권세를 섬기며, 남편이 폭력을 행해도 참기만 한 저의 죄를 보게 해 주셨습니다. 제가 두려움과 우울감에 빠져서 자녀들을 제대로 보호하지 못했기에 큰아들이 방황하는 것임을 인정하고 회개할 수 있었습니다.

이후 빛이신 하나님은 죄인인 저를 만나 주시며 지혜와 담대함을 부어 주셨습니다(창 26:24). 그 힘으로 저는 '죽으면 죽으리라'의 심정으로 남편의 폭력에 맞섰습니다. 그러자 남편은 조금씩 저를 존중하면서 나중에는 저와 함께 가정의 대소사를 의논하고 결정했습니다. 이렇게 주님의 도우심으로 가정이 회복되자 저는 지나온 모든 시험을 기쁘게 여기며, 제 고난과 수치를 자랑할 수 있었습니다. 무엇보다 우리 가정의 간증이 부모와 자식 관계가 분열된 가정, 정신적 아픔을 가진 자녀가 있는 가정에 은혜를 전하는 통로가 되어 기쁩니다. 이것이 흉년 든 브엘세바로 올라가는 적용을 한 것이라고 믿습니다(창 26:23). 우리 가족을 만나 주시고 올라감의 축복을 누리게 해 주신 하나님을 찬양합니다.

영혼의 기도

아버지 하나님, 욕심의 우물만 파느라 누구에게도 인정받지 못하는 우리를 불쌍히 여겨 주옵소서. 말씀에 순종하여 이삭이 우물을 파고 또 팠더니 주님이 르호봇의 번성을 보여 주셨습니다. 안정된 생활도 허락해 주셨습니다. 그럼에도 이삭은 영적인 복을 바라며 르호봇을 떠나 브엘세바로 올라갑니다.

우리도 풍족한 르호봇을 떠나 약속의 땅 브엘세바로 한 발 내딛기로 결단하기 원합니다. 아직 교회 안 나오시는 분들은 교회에 오기로, 교회에 오신 분들은 교적에 등록하기로, 교적에 등록하신 분들은 목장예배를 드리기로 결단하게 하옵소서. 또 원수 같은 남편에게로, 이상한 아내에게로, 방황하는 자녀에게로, 힘든 부모와 형제에게로 한 발 더 내딛게 하옵소서. 우리의 이 한 걸음이 하나님을 만나는 걸음이 될 것을 믿습니다. "나는 네 아버지 아브라함의 하나님이니 두려워하지 말라 내가 너와 함께 있어 네게 복을 주어 네 자손이 번성하게 하리라"는 주님의 약속을 소유하는 걸음이 될 줄 믿습니다.

오직 예배를 인생의 목적으로 삼을 때 구원의 우물로 다른 사람들을 먹이는 인생이 된다고 하십니다. 주님, 어디를 가든지 예배하는 자가 되기 원합니다. 함께해 주옵소서.

수능 시험, 입사 시험 등 각종 시험을 앞둔 자녀들을 위해서 기도합니다. 하나님이 주시고 싶은 것과 내가 바라는 것 가운데, 하나님이 주시기 원하는 것을 구하는 자녀들이 되게 하옵소서. 나의 욕심을 십자가에 못 박고 영육 간에 올라감의 축복을 얻는 자녀들 되게 하옵소서. 우리 힘으로는 할 수 없기에 하나님께 지혜를 구합니다. 최선을 다하여 최선의 응답을 받을 수 있도록 자녀들에게 하나님의 지혜를 부어 주옵소서. 붙어도 떨어져도 "옳소이다" 하며 하나님을 원망하지 않도록 한 영혼, 한 영혼을 붙들어 주옵소서. 만나 주옵소서. 예수님 이름으로 기도하옵나이다. 아멘.

13.

너는 여호와께 복 받은 자

창세기 26:26~33

________ 하나님 아버지,
여호와께 복 받은 자는 어떻게
살아가는지 우리가 알기 원합니다.
말씀하여 주옵소서. 듣겠습니다.

"하나님이 내일 그에게 좋은 점심 식사를 줄 것을 기도하라고 여러분은 나에게 말하겠지만 나는 그를 위해 기도하지 않을 것이다. 나는 그가 죽게 해 달라고, 지옥에 가게 해 달라고 기도할 것이다!" 수년 전, 미국 침례교의 스티브 앤더슨(Steven Anderson) 목사가 '나는 왜 오바마를 증오하는가'라는 제목으로 당시 대통령인 오바마를 향해 저주하는 설교를 퍼부었습니다.

그는 시편 58편을 근거로 오바마가 왜 죽어야 하는지 설명하며, 오바마뿐만 아니라 영부인과 그 자녀까지도 저주했습니다. 그가 오바마를 증오한 이유는 오바마 대통령이 낙태를 지지하기 때문이었습니다. 그는 오바마가 어린 생명을 죽이고 있다면서 구체적으로 오바마가 어떻게 죽어야 하는지 언급하기까지 했습니다. "당신도 낙태됐어야 했다. 나는 당신이 순교자가 되기를 원하지 않는다. 테드 케네디처럼 뇌암으로 죽기를 바란다!" 한 뉴스와의 인터뷰에서도 오바마를 맹렬히 비난하면서 자신은 절대 물러서지 않을 것을 주장했습니다.

그가 담임하는 교회 홈페이지에는 "앤더슨 목사는 신약에 절반에 달하는 100장 이상의 성경을 외우고 있다"라고 그를 소개합니다.

여러분은 이 일을 어떻게 생각합니까? '내가 하고 싶은 이야기를 시원하게 해 줬구나' 합니까? 목사님이 하신 이야기니까 다 맞는 것 같습니까? 아무리 성경을 달달 외우는 사람이라고 해도 이렇게는 세상을 설득할 수 없습니다.

본문에서 아비멜렉이 이삭에게 찾아와 "너는 여호와께 복을 받은 자니라" 하며 이삭을 인정합니다(창 26:29). 세상의 대표라 할 수 있는 아비멜렉이 이삭에게서 하나님을 본 것입니다. 어떻게 이삭은 세상으로부터 "너는 여호와께 복을 받은 자"라는 평가를 받을 수 있었을까요? 함께 성경을 읽으며 여호와께 복 받은 자는 과연 어떤 사람인지 살펴보겠습니다.

여호와께 복을 받은 자는 세상을 설득시켜야 합니다

예수 믿는 사람들은 매력이 있어야 합니다. 그래야 세상을 설득시킬 수 있습니다. 그러면 어떤 사람이 매력이 있을까요? 어떻게 세상을 설득할 수 있을까요? 네 가지로 살펴보겠습니다.

첫째, 인정받을 때까지 기다려야 합니다.

아비멜렉이 그 친구 아훗삿과 군대 장관 비골과 더불어 그랄에서부터 이삭에게로 온지라_창 26:26

이삭은 그랄에서 핍박을 당할 때마다 아무 말도 하지 않고 옮겨 다니며 우물을 팠습니다. 이삭이 인내하고 양보한 것이지만 다른 사람 눈에는 아비멜렉의 괴롭힘을 피해 쫓겨난 것처럼 보이지 않았겠습니까? 때때로 이삭도 '나는 왜 인정받지 못할까' 자존심이 상했을 겁니다. 그러다 주님 때문에 그랄을 떠나 브엘세바로 왔더니 강해 보이던 아비멜렉이 군대장관까지 데리고서 이삭을 찾아옵니다. 이삭의 매력을 딱 알아보고 찾아온 것입니다. 때가 되니까 세상이 인정해 줍니다. 가만히 있었는데 인정받는 일이 생깁니다.

여자 목사라는 이유로 저를 무시하는 분들이 여전히 있습니다. 한 행사에 갔는데 다른 목사님들은 다 소개하고서 제 소개만 쏙 빼놓더군요. 그래서 제가 마지막에 인사하며 "이렇게 제가 무시를 당하며 살아요" 하고 갚아드렸습니다. 어떤 때는 먼저 저를 알아 보고 제 설교에 은혜를 많이 받았다며 인정해 주기도 합니다. 이렇게 제게도 말 못 할 시련이 많지만, 인내하다 보면 세상이 먼저 나를 찾아올 때가 옵니다. 그때까지 기다리면 됩니다. 그러니 성경에 반하는 일을 한다고 대통령을 향해 죽었으면 좋겠다고 저주하면 됩니까? 모두가 옳고 그름을 따지다가 망합니다. 흑백논리가 아닙니다. 우리는 기다려야 합니다.

둘째, 단호할 때는 단호해야 합니다.

> 이삭이 그들에게 이르되 너희가 나를 미워하여 나에게 너희를 떠나게 하였거늘 어찌하여 내게 왔느냐_창 26:27

아비멜렉 일행이 이삭을 인정해서 직접 찾아왔습니다. 그러자 이삭이 "어찌하여 내게 왔느냐" 하고 묻습니다. 이때 "어머나! 그랄 왕께서 어찌 이런 곳에…… 어서 오시시시옵소서" 극존대해 가면서 비굴해서는 안 됩니다. 지금은 단호할 때입니다. 지난 과거에 대한 입장 정리를 분명히 해야 합니다. 그런데 우리가 이 '때'를 모르고 자꾸 거꾸로 행동하니까 인정을 못 받습니다. 자, 이렇게 단호해야 합니다.

셋째, 인내가 최고의 덕목입니다.

> 그들이 이르되 여호와께서 너와 함께 계심을 우리가 분명히 보았으므로 우리의 사이 곧 우리와 너 사이에 맹세하여 너와 계약을 맺으리라 말하였노라_창 26:28

아비멜렉 일행이 이삭에게 "여호와께서 너와 함께 계심을 보았다"고 합니다. 그런데 생각해 보세요. 이삭이 흉년을 피해 그랄에 가서 한 일이 무엇입니까? 자기가 죽을까 봐 아내인 리브가를 누이라고 거짓말했습니다. 또 여기저기서 쫓겨나면서 우물을 파고 또 팠습니다. 누가 보아도 치졸한 모습 아닙니까? 그런데 아비멜렉이 그런 이삭에게서 하나님이 함께 계심을 분명히 보았다는 겁니다. 어떻게요? 어떤 시험을 당해도 기쁘게 여기며 인내를 온전히 이루는 이삭의 모습 속에서 하나님을 본 것입니다. 그러니 하나님이 나와 함께 계심을 보여 주는 데는 인내가 최고입니다.

지나고 보면 인내만 남습니다. 모두가 인내하는 자를 인정합니다. 그래서 영적 진실성의 결론은 인내입니다. 아버지 아브라함이 판 우물들을 그랄 사람들이 메우자 이삭이 다시 팝니다. 그렇게 우물 파고, 다투고, 쫓겨나기를 반복하다가 그랄 골짜기에 이르러 마침내 르호봇 우물을 얻습니다. 그런데 번성을 누린 것도 잠시, 이삭이 모든 것을 내려놓고 흉년의 땅 브엘세바로 떠나 그곳에서 여호와의 이름을 부르며 다시 우물을 팝니다. 이것이 사람의 힘으로는 안 된다는 것을, 하나님이 함께 계시기에 가능하다는 것을 아비멜렉이 보았다는 겁니다.

우리는 인내하지 못합니다. 세상이 끝없이 시비 걸고 꼬드기는데 어떻게 혈기가 안 나겠습니까. 그러나 이렇게 인내하고 또 인내하며 여호와의 이름을 부르다 보면 마침내 열매를 맺게 됩니다. 어떤 열매가 맺힙니까?

넷째, 권위가 생깁니다.

너는 우리를 해하지 말라……_창 26:29a

이삭에게 무슨 능력이 있다고 아비멜렉이 "우리를 해하지 말라" 하겠습니까. 그러나 세상은 목적이 분명한 사람을 무서워합니다. 가만히 있는데도 이삭에게 권위가 생겼습니다. 아무리 흔들어도 요동하지 않으니까 더는 건드리지 못합니다. 지금 사탄이 한 길로 왔다가 일곱 길로 도망간 겁니다.

이스라엘의 5대 제사 중 하나인 소제는 고운 가루와 기름, 유향을 가져다가 제단 위에서 불사르는 제사입니다. 이 소제에 쓰이는 고운 가루는 아무리 씹으려 해도 씹을 것이 없을 만큼 미세하게 빻은 가루를 말합니다. 이 고운 가루같이 되어야 우리가 세상을 설득할 수 있는 것입니다. 예수 믿는 매력은 '인내'에서 나옵니다.

- 나는 당장 인정받지 못해도 잘 기다립니까? 단호하게 입장 정리를 해야 할 일은 무엇입니까? 기다려야 할 때와 단호할 때를 거꾸로 적용해서 곤란을 겪은 일은 무엇입니까?
- 나는 인내로 하나님이 나와 함께 계심을 보이고 있습니까? 툭하면 혈기, 생색을 내서 오히려 "예수 믿는 사람이 왜 그 모양이냐" 소리를 듣지는 않습니까?

여호와께 복을 받은 자는 세상을 인정하면 안 됩니다

이삭이 인내로 세상을 설득했습니다. 그러나 세상을 설득했다고 세상과 같이 놀아서는 안 됩니다. 세상을 인정해서는 안 된다는 것입니다. 다시 29절 앞부분을 보겠습니다.

> 너는 우리를 해하지 말라……_창 26:29a

아비멜렉이 이삭에게 "너는 우리를 해하지 말라"고 당부합니다. "여호와께서 너와 함께 계심을 우리가 분명히 보았다" 해 놓고는 뜬금없이 "우리는 해치지 마" 하는 겁니다. 여호와께서 함께하시는 사람이 어찌 남을 해하겠습니까. 그러니까 세상은 하나님에 대해 설득은 되어도 제대로 알지는 못하는 겁니다. 잘 모르면서 "너는 하나님이 함께하시는 사람이야" 말로만 그러는 것이죠. 그래서 세상은 믿음의 대상이 아닙니다. 사랑의 대상일 뿐입니다. 아비멜렉이 이어서 뭐라 하는지 봅시다.

> ……이는 우리가 너를 범하지 아니하고 선한 일만 네게 행하여 네가 평안히 가게 하였음이니라 이제 너는 여호와께 복을 받은 자니라_창 26:29b

28절에서는 "여호와께서 너와 함께 계심을 보았다"고 했고, 29절 끝에서도 "너는 여호와께 복을 받은 자다" 합니다. 그런데 그 중간에 "너는 우리를 해하지 말라" 하면서 "이는 우리가 너를 범하지 아니하고 선한 일만 네게 행하여 네가 평안히 가게 하였음이라"고 합니다.

지금 아비멜렉이 생색을 내는 겁니다. 자신의 잘못과 죄는 전혀 인정하지 않습니다.

지난 16절에서 이삭보고 "네가 우리보다 강성하니까 떠나라" 하면서 추방 명령을 내렸던 아비멜렉 아닙니까? 또 이삭을 쫓아다니며 우물을 메우고 뺏은 것도 블레셋 사람들입니다. 그러면 먼저 사과하는 게 도리 아닙니까? 그런데 사과는커녕 "너는 하나님께 복 받은 자야, 너는 하나님이 함께하셔" 이러면서도 "나는 말이지 너를 범하지 않았어, 나는 너한테 선하게 대하고 너를 평안히 가게 했어" 하는 겁니다.

우리가 이삭이라면 머리 뚜껑이 열릴 일입니다. 사과한답시고 와서는 속만 더 긁습니다. 반쪽짜리 사과를 하는 것이죠. 내 잘못을 인정하기가 이렇게 어렵습니다. 이것이 세상 사람들의 사과입니다. "내가 잘못했어", "미안해" 이 한마디 하는 것이 죽기보다 어렵습니다. 회개가 안 되니까 맨날 "성경은 무슨 성경이야" 합니다. 정말 세상은 악하고 음란합니다.

믿는 우리도 그렇습니다. 남편, 아내, 시댁, 친정의 수치를 고백하기는 쉽습니다. 반면에 자식의 수치를 고백하기는 정말 어렵습니다. 자식은 곧 나이기 때문입니다. 더 나아가 마지막 원수는 나이기에 내 악을 들여다보기가 가장 어렵습니다.

그러나 "너는 여호와께 복 받은 자야, 너는 여호와께서 함께하시는 사람이야" 아무리 입으로 말해도, 자기 잘못을 보지 못하는 사람은 이삭, 곧 약속의 자녀와 함께 갈 수 없습니다. 결코 믿음의 동역자가 될 수 없습니다. "하나님이 너와 함께하시는 걸 보았어" 하고는 어떻게 "우리를 해하지 말라" 할 수 있습니까. 하나님에 대해 하나도 모르는 것 아닙니까? 자기 죄를 직시하지 못하는 사람은 하나님을 그저 벌 주시는 분, 복 주시는 분 정도로만 압니다. 세상을 너무 사랑하기에 그렇습니다. 그러므로 세상에서 인정받았다고 해서 그들을 동역자로 생각하면 안 되는 겁니다.

결혼도 마찬가지입니다. 아무리 내게 와서 사랑한다고 입바른 소리를 해도, 자기 죄를 못 보고 자신이 하나님 앞에 누추한 인생이라는 걸 모르는 사람은 함께 갈 수 없습니다. 그러므로 분별을 잘 해야 합니다. 나를 인정하고 사랑해 준다고 다 동역자가 아니라는 말입니다. 내가 이런 분별을 못 하니까 결혼생활에서도, 사회생활에서도 배신을 숱하게 당하는 겁니다. 나한테 잘해 준다고 홀랑 믿어서는 안 됩니다. 세상을 인정하면 안 됩니다. 예수 안에서 자기 죄를 보는 사람, 자기 부족을 보는 사람이 진짜입니다. 서두에 이야기한 목사님처럼 성경을 좔좔 외운다고 같은 믿음이 아니라는 겁니다. 내가 예수를 믿어도 여전히 돈 좋아하고, 학벌 좋아하고, 외모를 좋아하니까 자꾸 배신을 당하는 겁니다.

모두를 구원으로 인도하면 좋겠지만 그럴 수 없는 곳이 세상입니다. 하지만 이 땅에서 구원의 일은 계속 이어져야 하기에 세상을 설득하면서 가야 합니다. 그래서 이때 잠시 아비멜렉이 설득된 것입니다. 그러나 설득되었다고 내 동역자는 아닙니다. 하나님을 모르는 아비멜렉과는 함께 갈 수 없는 법입니다. '잠시 설득된 그 사람이 주님께 돌아오는가, 안 돌아오는가'는 주님께 맡기고 우리는 주어진 사명의 길을 가야 합니다.

우리는 구원 받는 자들에게나 망하는 자들에게나 하나님 앞에서 그리스도의 향기라고 했습니다. 그런데 누군가는 우리를 사망에 이르는 냄새로 맡고, 누군가는 생명에 이르는 냄새로 맡습니다(고후 2:15~16). 나는 그리스도의 향기인데, 망하는 자는 나를 사망의 냄새, 썩은 냄새로 여기며 박해하고 비판합니다. 어떤 사람은 나를 욕하고, 어떤 사람은 나를 좋아합니다. 내가 아무리 예수를 잘 믿어도 어떤 사람은 끝까지 박해합니다. 나에게 달린 일이 아닙니다.

그러나 그렇다고 "나를 사망의 냄새로 맡든지, 생명의 냄새로 맡든지 내가 할 수 없는 일인데 나와 무슨 상관이야" 해서도 안 됩니다. 이삭이 인내로 아비멜렉을 감동시켰듯 우리도 세상을 설득시키는 인격을 갖춰야 합니다. 비록 나를 사망의 냄새로 맡는 사람이 있을지라도, 나는 모든 사람에게 그리스도의 향기, 생명의 냄새를 내야 합니다. 이삭처럼 우물을 몇 번이나 파도 참고 참으며 세상을 설득시켜야 합니다. 그렇게 화목하라는 주님의 명령을 세상 끝까지 전해야 합니다. 본문 말씀은 이렇게 적용해야 합니다. 그리스도의 향기로서 세상을 설득해야 하지만 세상과 짝지어 놀아서는 안 됩니다. 블레셋 왕이 나를 인정해 준다고 친구 먹어서는 안 됩니다. 단호할 일에는 단호하고, 분별을 잘 해야 합니다.

서두에 언급한 스티브 앤더슨 목사 외에도 미국의 팻 로버트슨(Pat Robertson) 목사도 남미를 공산주의자와 이슬람 과격주의자의 소굴로 만들려 한다는 이유로 차베스 베네수엘라 전 대통령을 암살해야 한다고 주장했습니다. 와일리 드레이크(Wiley Drake) 목사 역시 오바마 대통령을 공개적으로 비난하며 시편 109편을 인용해 "그의 연수를 짧게 해 달라"고 기도했습니다. 또 낙태수술을 일삼던 한 의사가 피살되자 하나님께 감사기도를 드렸다고 말하기도 했습니다. 그런데 이들이 모두 남침례교 소속 목사라는 것입니다. 남침례교는 미국 개신교의 최대 교파입니다. "원수를 사랑하라" 하신 예수를 믿고 그 진리를 전파해야 할 목사들이 오히려 살인을 권장하는 겁니다. "살인과 증오, 저주의 기도를 서슴지 않는 자들이 어떻게 기독교인이라고 할 수 있을까?" 세상 신문사도 이들의 만행을 고발하면서 이런 질문을 던졌습니다.

세상은 악하고 음란합니다. 이 세상에는 선한 것이 없습니다. 그러나 주님은 이런 세상 가운데서 죄인을 구원하고자 오셨습니다. 죄인을 변화시키려고 오셨습니다. 그러므로 죄는 미워하되, 죄인은 불쌍히 여기고 기다려 주어야 합니다. 그런데 우리는 죄와 죄인을 구분하지 못합니다. 목사들도 그 차이를 몰라서 밤낮 옳고 그름으로만 판단합니다. 도무지 생명의 문제로 보지 못합니다.

죄나 잘못된 정책에 대해서는 얼마든지 비판하고, 논하고 또 논할 수 있습니다. 그러나 누군가의 죄가 아무리 커도 기다리고 또 기다리면서 그가 변화되기를 기다리는 것이 기독교인의 태도입니다. 죄가 나쁜 것이지, 그 사람 속에 사탄의 역사가 물러가면 얼마든지 바뀔 수 있습니다. 그런 간증이 성경에 얼마나 많고 우리 가운데도 얼마나 많습니까!

예레미야서를 보세요. 예레미야가 유다의 멸망을 예고하며 바벨론에 사로잡혀 가는 것이 하나님의 뜻이라고 아무리 외쳐도, 유다 왕들은 애굽을 의지하여 바벨론에 대항하자고 주장합니다. 심지어 예레미야를 돌로 쳐 죽이려 합니다. 그러니까 예수 믿는 사람이 정책에 대한 이견을 개진할 수 있습니다. 그것 때문에 설령 돌에 맞아 죽어도 비판하고 개진할 수 있는 겁니다. 그렇다고 예레미야가 "시드기야를 죽여라, 여호야김을 죽여라!" 했습니까? 하나님 뜻을 거스르는 사람들은 없애야 합니까? 죄는 미워하되 죄인은 사랑하며 기다려 주는 것, 이것이 여호와께 복 받은 자의 태도입니다.

- 나는 요즘 누구와 어울립니까? 함께 갈 수 없는데 내 욕심으로 동역자 삼고 싶은 사람은 누구입니까? 나를 인정해 준다고 세상을 친구 삼고 있지는 않습니까?
- 죄와 죄인을 구분하지 못해서 죄짓는 가족이나 지체, 친구를 불같이 미워하고 정죄하지는 않습니까? 죄에서 빠져나오기를 기도해 주며 기다려 주어야 할 한 사람은 누구입니까?

여호와께 복 받은 자는 세상을 감동시켜야 합니다

이삭이 그들을 위하여 잔치를 베풀매 그들이 먹고 마시고_창 26:30

세상을 설득하는 자는 세상에 베풀 수도 있습니다. 이삭을 보세요. 아비멜렉이 와서 이상한 이야기만 늘어놓고 사과도 하지 않는데 이삭이 그를 위해 잔치를 베풀었다고 합니다. 아비멜렉, 즉 세상 사람에게는 더 기대하지 않는 겁니다. 아비멜렉이 사실을 인정했으니 그걸로 된 겁니다. 더 본질적인 것은 바라지 않습니다. 그래서 아비멜렉을 위해 후히 대접할 수 있었습니다. 나를 괴롭힌 사람을 위해서 잔치를 베푸는 것, 이보다 감동을 주는 일이 어디 있겠습니까. 하나님께 드리고 사람에게도 줄 것만 있는 인생, 이런 인생이야말로 여호와께 복 받은 인생인 줄 믿습니다.

세상을 설득하려면 교만해서는 안 됩니다. 세상에 감동을 주어야 합니다. 그리고 무엇보다 나의 부족함을 솔직히 고백하는 것이 가장 감동을 주는 길입니다. 이것은 아무리 말해도 지나치지 않는 진리입니다. 이삭이 아무리 무시를 받아도 그때마다 인정하면서 떠났습니다. 이삭이 여호와의 이름을 불렀다는 것은 내 힘으로는 아무것도 할 수 없음을 비로소 깨달았다는 겁니다(창 26:25). 내 힘으로는 이 세상을 살 수 없어서 하나님께 부르짖는 것입니다. "나는 부족하여도 하나님은 나를 영접하시리니!"라는 신앙고백으로 나아가는 것입니다.

그런데 쫄딱 망하고, 아프고, 거리에 나앉아도 내 힘으로 살 수 있다면서 절대 하나님을 부르지 않는 사람이 있습니다. 그러니 도무지 하나님을 만나지 못합니다. 그랄 왕 아비멜렉이 그렇습니다. 지금은 이삭을 인정해 주지만 그가 다스린 블레셋 족속은 평생 이스라엘을 괴롭힌 족속으로 남았습니다. 절대 하나님께 돌아오지 않습니다.

이렇게 절대 안 돌아오는 사람이 이 땅에 있습니다. 내가 아무리 감동을 주어도 안 돌아옵니다.

그러니 생각해 보세요. 밑바닥까지 내려가도 하나님의 이름을 부르지 않는 사람이 너무 많은데, 조금 망한(?) 내가 하나님의 이름을 부르며 사니 이것이 선물이지 무엇이겠습니까! 힘든 그 자리에서 여호와의 이름을 부르짖으면서 또 우물을 팝니다. 그러니 세상도 인정하는 겁니다. 사소한 데서부터 인정받는 것이 진짜 아닙니까? 우리가 진정 여호와의 이름을 부르면 세상에서도 인정을 받을 수밖에 없습니다.

한 책에서 읽은 내용입니다. 우리가 신나거나 즐거울 때 우리 몸에서는 엔도르핀이 나옵니다. 이 엔도르핀이 면역력을 증가시켜 우리 몸을 건강하게 한다는 것은 이미 많이 아는 사실입니다. 그런데 그보다 무려 5,000배 강한 호르몬이 있습니다. 바로 '다이도르핀'입니다. 이 다이도르핀은 우리가 살아가면서 감동을 받았을 때 생성되는 일명 '감동 호르몬'이라고 합니다. 이와 반대로 아드레날린은 우리가 불쾌하거나 미움에 사로잡혔을 때 생성되는 호르몬으로, 몸속 산소를 잡아먹어서 이른바 '악마 호르몬'이라고 부르기도 한답니다.

감동할 때 엔도르핀보다 5,000배 강한 좋은 호르몬이 생성된다고 하는데, 사람이 언제 감동합니까? 진솔함과 진실함이 느껴질 때 항상 감동합니다. 인간은 100% 죄인이기 때문입니다. 최고의 진솔함은 자기 부족을 보는 것입니다. 잘난 척하면 감동을 줄 수 없습니다.

인간에게는 자존적인 교만이 있어서 자신의 부족함을 잘 직면하지 못합니다. 그러나 내가 하나님 앞에 죄인이라는 것을 처절히 깨달은 사람은 모두에게 감동을 줍니다. 죄인인 나를 사랑해 주시는 하나님의 은혜에 내가 감동하고, 그런 나의 고백을 듣는 이들도 감동합니다. 그래서 인간 최고의 감정은 회개입니다. 다시 말해 회개가 감동의 토대라는 것입니다.

저는 우리들교회가 부흥하는 비결도 진실한 회개의 간증에 있다고 생각합니다. 목장예배 때마다 온 지체가 진솔하게 나누고 회개하며 5천 배의 감동 호르몬이 흘러넘치니까 전도도 절로 되지 않겠습니까.

멋있는 침대보다 감사한 것은 잠입니다. 또 아무리 맛있는 음식이 많아도 잘 먹고 소화시키는 것이 중요합니다. 그런데 회개하여 평안을 누리는 사람은 잘 먹고 잘 잡니다. 회개의 감동을 누리는 사람은 하나님이 지으신 모든 것에 감사합니다. 풀포기도 감사하고, 하늘도 땅도 감사하고, 물도 감사합니다. 내게 붙여 주신 가족에도 감사하고, 걸어 다닐 수 있는 다리가 있어서 감사하고, 목소리가 있어서 감사하고, 예배드릴 수 있어서 감사하고, 적게라도 헌금을 드릴 수 있어서 감사합니다.

이런 감사는 엔도르핀의 기쁨과는 다릅니다. 그저 깔깔깔 웃는 것보다 내 속의 더러움을 보고 회개할 때 5천 배의 기쁨과 감동이 있다고 하지 않습니까. 우리들교회 교인들이 이런 회개의 감동을 누리면서 감사하고 예배를 사모하니까 그 식구들까지 감동시키는 줄 믿습니다. 아파도, 힘들어도 예배를 사모하며 가는 그 모습을 보면서 남편이, 아내가, 부모가, 자식이 감동합니다. 특별 새벽기도회나 성경 공부 프로그램 하나 없는데 우리들교회가 어떻게 부흥하겠습니까. 이렇게 서로가 서로를 보며 감동하면서 가기에 부흥하는 줄 믿습니다. 최고의 전도는 상대를 감동시키는 것입니다. 내 삶으로 상대를 감동시키는 것입니다. 밥 해 주고, 선물 주어도 감동 받지만, 인간은 다 죄인이기에 내 죄를 진솔히 고백하는 것이 최고입니다.

영국 하트퍼드셔대학교의 심리학 교수인 리처드 와이즈먼(Richard Wiseman)의 책 『59초』에 나오는 내용입니다. 그는 "나의 이력서에 흠잡힐 부분이 있다면 면접에서 어떻게 이야기하는 것이 좋을까? 처음부터 약점을 언급하는 것이 좋을까, 아니면 장점을 먼저 이야기하는 것이 좋을까?"라는 물음을 던지면서 한 실험을 소개합니다.

듀크대학의 심리학자 에드워드 존스(Edward Jones)와 에릭 고든(Eric Gordon)은 특정인의 이야기를 녹음한 테이프를 실험 참가자들에게 들려주었습니다. 그중에는 그가 시험에서 부정행위를 저질러 처벌 받은 내용이 있었는데 그 이야기를 한 집단에게는 처음에, 다른 집단에게는 나중에 들려주었답니다. 그러고는 이야기의 주인공에 대한 호감도를 조사했습니다. 그랬더니 부정행위를 처음에 고백한 녹음본을 들은 사람들은 전부 그에게 호감을 느꼈다는 것입니다.

다른 상황에서도 마찬가지였습니다. 예를 들면, 재판이 시작될 때 변론에 약점을 노출한 변호사가 나중에 약점을 노출한 변호사보다 더 호소력이 있었다고 합니다. 그 이유를 분석해 보니 많은 사람이 약점을 처음부터 노출하는 것을 솔직함의 증거로 받아들였다는 겁니다. 또한 곤란한 문제를 먼저 이야기할 만큼 진솔하니까 결코 자신을 속이지 않을 거라고 믿는다는 겁니다.

그렇다면 자신의 이력에서 좋은 측면도 먼저 이야기하는 게 좋을까요? 이번에는 화자(話者)가 장학금을 받아 유럽 여행을 다녀온 이야기를 앞 실험과 똑같은 방식으로 두 집단에게 들려주었습니다. 그랬더니 정반대의 결과가 나왔습니다. 장학금 이야기를 나중에 했을 때 더 많은 호감을 얻었다고 합니다. 장점을 나중에 이야기하면 자연스럽게 그 이야기가 나온 것처럼 보이지만, 으뜸 패를 일찍부터 내보이면 잘난 체하는 것으로 비칠 수 있다는 겁니다. 그래서 좋은 측면을 이야기할 때는 솔직함보다 겸손함을 보여 주어야 한다고 합니다.

이렇게 세상 학문도 자기 부족함을 고하는 것이 호감을 얻는 비결이라고 하지 않습니까? 하나님 앞에서 나의 부족을 보는 자, 회개하는 자가 세상을 감동시킬 줄 믿습니다.

- 내가 여전히 세상에 기대하는 것은 무엇입니까? 기대가 너무 지나쳐서 세상을 감동시키기는커녕 세상도 절레절레하는 사람은 아닙니까? 나의 죄를 회개하고 고백하는 진솔함으로 세상을 감동시키고 있습니까?
- 나는 엔도르핀의 기쁨만 최고라고 생각하지 않습니까? 그보다 오천 배 좋은 회개의 감동을 누리고 있습니까? 회개의 감동이 있는 목장예배에 열심히 참여합니까?

여호와께 복 받은 자는
현실적인 문제도 반드시 해결해 주십니다

31 아침에 일찍이 일어나 서로 맹세한 후에 이삭이 그들을 보내매 그들이 평안히 갔더라 32 그날에 이삭의 종들이 자기들이 판 우물에 대하여 이삭에게 와서 알리어 이르되 우리가 물을 얻었나이다 하매_창 26:31~32

이삭과 아비멜렉이 서로 맹세한 후 아비멜렉이 평안히 갑니다. 그리고 언약을 체결한 그날 이삭이 물을 얻습니다. 주님은 여러 가지 시험을 기쁘게 여기면서 인내를 온전히 이룬 이삭에게 마침내 모든 것을 주십니다.

예배가 회복되고 상처가 치유되었어도 현실적인 문제가 해결되지 않으면 신앙에 회의가 찾아옵니다. 가정 문제, 학업과 취업 문제, 결혼 문제, 직장이나 사업 문제가 해결되지 않으면 우리는 아무것도 된 일이 없게 여겨집니다. 그래서 현실적인 문제도 중요합니다.

사람이 살려면 반드시 물이 있어야 합니다. 그런데 문맥을 자세히 살펴보니, 25절에서 이삭이 우물을 파고 32절에서 물을 얻었다고 합니다. 우물을 파는 것과 물을 얻는 것은 다릅니다. 아직 물의 문제가 해결되지 않았던 겁니다. 이삭이 흉년에 브엘세바에 와 예배드리면서 우물을 파고 또 팠습니다. 그러다 아비멜렉에게 승리한 그날, 화평을 선포한 그날에 주님이 우물에서 물을 얻게 하십니다.

이삭이 흉년을 피해 도망갔습니다. 물이 없어서 도망갔습니다. 그러나 다시 흉년의 땅으로 돌아와 우물을 팠습니다. 하나님이 약속하신 땅에서 '한 그루의 사과나무를 심겠다'는 마음으로 우물을 파고, 아비멜렉과도 화해하여 언약을 체결하니 그날에 물을 딱 얻습니다. 먼저 영적 문제를 해결하신 후에 육적 문제를 해결해 주시는 하나님입니다.

이삭은 어디를 가든지 예배드리며 우물을 팠습니다. 그랄 왕과 화해하는 중에도 우물을 팠습니다. 흉년의 땅이라고 가만히 있어서는 안 됩니다. 계속 우물을 파야 합니다. 가만히 있다고 하늘에서 물을 뚝 떨어뜨려 주시는 것이 아닙니다. 대통령을 저주한다고 세상이 바뀌는 게 아닙니다. 세상을 설득하려면 오늘 한 사람의 영혼 구원을 위해서 나아가야 합니다. 일도 하고, 공부도 하고, 운동도 하고, 이력서도 내고, 예배드리고…… 그런 가운데 흉년의 땅에서 샘물이 터질 줄로 믿습니다. 이것이 여호와께 복 받은 자가 살아가는 태도입니다. 세상을 설득하고, 세상에 감동을 주면 주님이 반드시 현실적인 문제도 해결해 주십니다. 우리가 균형 잡힌 삶을 살지 못하기에 아직 현실적인 문제가 해결되지 않는 겁니다.

백 배의 육적 복을 받은 이삭에게도 현실적인 문제가 해결되지 않은 기간이 있었습니다. 하나님은 육의 복을 주셨다가도 영의 복을 주고자 고난을 허락하기도 하시고, 그 고난 가운데 우리가 주님을 바라보면 다시 육의 복도 주십니다. 오직 하나님만 바라보라고, 하나님께만 영광 돌리라고 우리를 여러 모양으로 끊임없이 인도해 가십니다.

다윗은 전쟁에서 거둔 전리품을 하나님께 드리고 성전을 짓기 위해 비축했습니다. 그런데도 그가 나이 많아 늙도록 부하고 존귀를 누리다가 죽었다고 합니다(대상 29:28). 하나님께 드린다고 가난해지는 것이 아닙니다. 이삭이 르호봇의 번성을 내려놓고 흉년의 땅 브엘세바로 갔어도 하나님이 물을 주셨습니다. 내가 낮고 천한 일에 헌신한다고 천해지는 것이 아닙니다. 하나님께 나의 모든 시간, 재물, 은사를 드릴 때 반드시 복을 주십니다. 부하고 존귀하게 해 주실 줄 믿습니다.

그가 그 이름을 세바라 한지라 그러므로 그 성읍 이름이 오늘까지 브엘세바더라_창 26:33

브엘세바는 '맹세의 우물', '일곱 우물'이라는 뜻입니다. 그런데 이 브엘세바라는 이름은 아브라함 때부터 등장합니다(창 21:31). 이는 그 물줄기가 일시적으로 메말랐다가 이삭 때에 다시 솟아났음을 보여 줍니다. 이삭이 이를 기념하여 다시 브엘세바라 이름 지은 것입니다. 즉, 이삭이 브엘세바라 부른 것은 "아버지의 우물이 나의 우물이고 아버지의 하나님이 나의 하나님"이라는 고백이기도 합니다.

"그 성읍 이름이 오늘까지 브엘세바더라" 하는데, 이 언약이 우리에게도 이어져 모두 하나님을 만날 줄 믿습니다. 내가 죽어도 자녀들이 나를 믿음의 부모로 기억하고 하나님을 찾을 줄 믿습니다. 할렐루야!

우리들교회 한 집사님의 나눔입니다. 이분이 교회 홈페이지에 나눔 글을 올렸는데 그 제목도 참 재미있습니다. “남의 편만 드는 남편과 여자 편만 드는 여편네.” 이분의 남편이 이런답니다. 지금부터 우리 염장을 지를 테니 각오하기 바랍니다.

이 남편은 새벽기도도 열심히 나가고, 분리수거도 잘하고, 집 청소도 잘하고, 생활비도 꼬박꼬박 준답니다. 잔소리도 하지 않고, 집사님이 짜증 내도 잘 받아 주고, 와이셔츠도 스스로 다려서 입는답니다. 아침밥도 차려 주면 먹고 안 챙겨 주면 혼자 차려 먹는답니다. 다이어트 하느라고 저녁을 굶어서 저녁상 차리는 수고도 덜어 준답니다. 주일예배, 수요예배, 목장예배 빠짐없이 나가고, 십일조도 꼬박 드리고, 날마다 큐티하고, 회사에서 전도도 열심히 하고, 담배도 끊고, 술도 안 마신답니다. 게다가 예배 때마다 설교를 깨알같이 적어서 이 집사님에게 준답니다. 어때요? 염장이 막 질러지죠? 정말 대단한 남편입니다.

그런데 스스로를 여편네라 칭한 이 집사님은 정작 남편에게 맨날 가자미눈을 하고서 ‘당신이 어디까지 가나 보자’ 한답니다. 남편이 자신을 칭찬해 주기를 바라는데 그러지 않으니 불만이라는 것입니다. 그래서 자신은 아내가 아니고 ‘여편네’랍니다.

그런데 사실 이 남편이 이렇게 변한 것은 아내가 감동시켰기 때문입니다. 남편의 구원을 위해서 집사님이 열심히 섬긴 결과 남편이 이렇게 백팔십도 변화된 것이죠. 이 집사님, 정말 대박 나지 않았습니까? 그야말로 여호와께 복 받은 자입니다.

또 한 남자 집사님은 제 설교에서 잘못을 잡아 내겠다는 일념으로 설교를 스무 번이나 들었답니다. 그러다 이 집사님이 그만 설교에 은혜를 받아 버렸습니다. 이제는 제 설교는 토씨 하나에도 의미가 있다면서 설교 노트를 만들어서 전부 기록한답니다. 말씀이 안 들릴 때는 이렇게 무서운 자기 생각이 앞섭니다. 그러나 이런 분도 기다리니 바뀌지 않습니까? 구원은 옳고 그름의 문제가 아닙니다. 죄와 죄인의 문제가 다르다는 것을 기억하며 내 옆에 그 한 사람을 긍휼히 여기고 기다리기 바랍니다.

말씀을 맺습니다. '여호와께 복 받은 자로서 어떻게 세상을 설득할 것인가' 이것이 우리의 과제입니다. 세상을 설득하려면 인정받을 때까지 기다려야 하고, 단호할 때는 단호해야 하며, 인내로 하나님을 보여야 합니다. 그러면 저절로 권위가 생깁니다. 내가 목에 힘준다고 되는 게 아닙니다.

그러나 세상을 설득해야 하지만 인정해서는 안 됩니다. 세상은 우리의 동역자가 아닙니다. 분별해야 합니다. 우리가 세상을 감동시키면 주님이 현실적인 문제도 해결해 주실 줄 믿습니다. 특별히 나의 부족을 회개하며, 설득시키는 것을 넘어 감동을 주는 자가 되게 해 달라고 기도하기 바랍니다. 모든 감사도 회개로부터 나옵니다. 가정에서도, 학교에서도, 회사에서도 내가 회개의 감동을 줄 때 승리할 줄 믿습니다. 우리는 세상의 빛이 되어야 합니다. 말씀의 빛, 회개의 빛을 들고 세상에 나가 모두를 감동시키는 여러분 되기를 축원합니다.

• 하나님이 나의 어떤 현실적 문제를 해결해 주셨습니까? 가만히 앉아 문

제가 해결되기만 기다리지는 않습니까? 내가 구원을 위해 우물을 파고 또 팔 때 주님이 현실적 문제도 해결해 주실 줄 믿습니까?

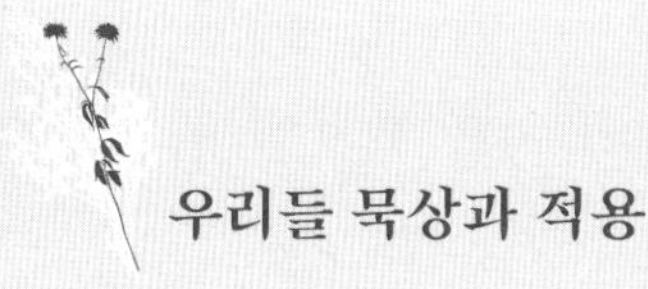

우리들 묵상과 적용

아버지의 사업 실패로 경제적 어려움을 겪은 저는 돈을 많이 벌고 싶었습니다. 그러다 보니 청년 시절 하나님을 만났어도, 돈 많은 시댁이 좋아 보여서 부자 남편과 불신결혼했습니다. 이후 시험관 시술로 어렵게 자녀를 얻었습니다. 그런데 딸이 '신경섬유종증'이라는 희소병 판정을 받자 저는 딸을 방치한 채 똑똑한 아들에게만 정성을 쏟았습니다. 제 욕심대로 아들을 영어 유치원과 영재 교육원에 보내서 과한 교육을 받게 했습니다. 남편은 저를 못마땅해하며 술과 일에 빠져서 점점 가정을 외면했습니다. 저는 그런 남편과 언젠가 이혼할까 봐 두려워서 남편 몰래 비자금을 모으기 시작했습니다. 비자금은 억 단위까지 불어났고, 저는 더더욱 돈 욕심에 사로잡혀 아이들과 남편을 잘 챙기지 못했습니다.

하나님이 이런 저를 불쌍히 여기셔서 고난과 수치를 나누는 교회 공동체로 불러 주셨지만, 교만한 저에게 교회는 마치 흉년의 브엘세바처럼 느껴졌습니다(창 26:23). 그렇게 성공과 돈을 좇다가 스스로 지쳐 버린 뒤에야 교회 공동체가 사모되었습니다. 예배와 말씀으로 양육을 받으면서 가정의 머리인 남편에게 순종하지 못하고, 자녀를 제 욕심대로 키우려 한 죄를 보게 되었습니다. 이후 저는 남편에게 비자금을 모았다고 고백하고, 가정의 질서를 따라 남편의 자녀 교육법에 순종하기로 했습니다. 부부 관계가 차츰 회복되자 남편과 함께 목장예배도 드리게 되었습니다.

하지만 제 안에 여전히 세상 가치관이 남아 있어서 자꾸 지체들이 판단되었습니다. 배우자의 외도로 힘들어하는 지체의 나눔을 들어도 속으로 외모와 성격을 평가하며 무시했습니다. 그러던 어느 날, 남편은 목장예배에서 외도 사실을 고백했습니다. 저는 이 일을 계기로 교만한 제 모습을 뉘우치며 지체들을 온전히 체휼하게 되었습니다. 그런데 얼마 지나지 않아 남편이 목자로 세워지자 '나보다 신앙생활을 짧게 했으면서 어떻게 목장을 인도하려고?' 하는 생각이 들었습니다. 하지만 제 생각과 달리 지체들은 솔직한 남편을 따르며 좋아했습니다. 그 모습을 보고서야 '여호와께 복 받은 사람은 편해야 하는구나. 나는 인정받는 데만 집중하느라 감동을 주지 못했구나' 깨달을 수 있었습니다(창 26:29). 이렇게 남편과 저 자신을 객관적으로 보게 되자 인간관계가 편해졌습니다. 남편도 알코올중독을 인정하고 약물 치료를 받으며 술을 끊었습니다. 또한 부부가 함께 말씀과 목장의 우물에서 얻은 은혜의 물을 나누며 삶으로 복음을 전하게 되었습니다(창 26:32). 우리 가정에 찾아오시고 최고의 복을 허락하신 하나님, 감사합니다!

영혼의 기도

주님, 여호와께 복을 받은 자로서 세상을 설득하는 것이 우리의 과제라고 말씀하십니다. 믿지 않는 배우자와 자녀, 친척, 상사, 동료를 설득해야 하는데, 우리는 조금도 인내하지 못해서 오히려 무시만 받습니다. 이렇게 세상 세력과의 싸움에서 늘 지다 보니까 '내가 싫어하는 사람이 없어졌으면 좋겠다, 지옥에 갔으면 좋겠다'라는 생각까지 합니다. 완악한 우리를 불쌍히 여겨 주옵소서.

누군가를 미워하는 것도 살인이라고 말씀하셨는데, 우리는 늘 미움에 사로잡혀 인내하지 못합니다. 인정받을 때까지 기다리지 못하고, 단호하지도 못해서 내 삶으로 하나님을 도무지 보이지 못합니다. 또 어쩌다 인정을 받으면 세상을 동역자로 여기면서 세상과 어울리려고 합니다. 너무 분별력이 없습니다. 이 모든 것은 내 죄를 보지 못하기 때문입니다. 세상에서 인정받고 싶다는 욕심 때문에 누구에게도 감동을 주지 못하는 우리를 용서해 주옵소서.

"너는 여호와께 복을 받은 자니라." 이 말씀을 오늘 내게 주신 약속의 말씀으로 받기 원합니다. 나는 여호와께 복을 받은 자이기에 부족하여 넘어져도 하나님이 다시 일으켜 세워 주실 것을 믿습니다. 이 약속의 말씀을 마음에 새기며 하나님을 의지하오니 붙들어 주옵소서.

비록 인내하지 못해도 늘 예배와 말씀 앞으로 나아가도록 우리를 이끌어 주시는 하나님, 감사합니다. 예배와 말씀을 통해 나 자신이 얼마나 더럽고 추한 죄인인지 직면할 수 있도록 도와주옵소서. 부족하고 지질한 모습까지도 진솔히 보이며 모든 사람에게 회개의 감동을 전하는 자가 되게 하옵소서. 그리하여 세상으로부터 "너는 여호와께 복을 받은 자"라는 고백을 받아 내는 우리가 되게 하옵소서. 예수님 이름으로 기도하옵나이다. 아멘.

위대한 결혼

초판 발행일 I 2022년 4월 8일
2쇄 발행 I 2022년 6월 30일

지은이 I 김양재

발행인 I 김양재
편집인 I 김태훈
편집장 I 정지현
편집 I 김수연 진민지
디자인 I 디브로
표지 일러스트 I 김진주

발행한 곳 I 큐티엠
주소 I 경기도 성남시 분당구 판교공원로2길 22, 4층 큐티엠 (우)13477
편집 문의 I 070-4635-5318 **구입 문의** I 031-707-8781
팩스 I 031-8016-3193
홈페이지 I www.qtm.or.kr **이메일** I books@qtm.or.kr
인쇄 I ㈜정현씨앤피
총판 I ㈜사랑플러스 02-3489-4300

ISBN I 979-11-92205-10-6

큐티엠(QTM, Quiet Time Movement)은 '날마다 큐티'하는 말씀묵상 운동을 통해
영혼을 구원하고, 가정을 중수하고, 교회를 새롭게 하는 일에 헌신합니다.